中共湖北省委宣传部
中南财经政法大学　共建 新闻与文化传播学院项目成果

普通高等学校"十四五"规划文学与新闻传播类专业数字化精品教材

编委会

主　任　罗晓静

副主任　余秀才　张　雯

委　员（以姓氏拼音为序）

陈国和　胡德才　李　晓　石永军
吴玉兰　王大丽　徐　锐　阎　伟
朱　恒　朱　浩　张红蕾　朱云飞

普通高等学校"十四五"规划文学与新闻传播类专业数字化精品教材

- 中央高校教改项目"融合传播人才培养模式创新"
（项目编号：31412010302）成果

视听节目策划实务

Planning Practice
of Audio-visual Program

石永军　黄进　编著

华中科技大学出版社
http://www.hustp.com
中国·武汉

图书在版编目(CIP)数据

视听节目策划实务/石永军,黄进编著.—武汉:华中科技大学出版社,2022.8(2025.2重印)
ISBN 978-7-5680-8302-7

Ⅰ.①视… Ⅱ.①石… ②黄… Ⅲ.①电视节目-策划 ②广播节目-策划 Ⅳ.①G222.3

中国版本图书馆 CIP 数据核字(2022)第 122897 号

视听节目策划实务

石永军　黄　进　编著

Shiting Jiemu Cehua Shiwu

策划编辑：周晓方　杨　玲
责任编辑：林珍珍
封面设计：原色设计
责任校对：张汇娟
责任监印：周治超

出版发行：华中科技大学出版社(中国·武汉)　　电话：(027)81321913
　　　　　武汉市东湖新技术开发区华工科技园　　邮编：430223
录　　排：华中科技大学惠友文印中心
印　　刷：武汉市籍缘印刷厂
开　　本：787mm×1092mm　1/16
印　　张：14.5　插页：2
字　　数：340 千字
版　　次：2025 年 2 月第 1 版第 3 次印刷
定　　价：49.90 元

本书若有印装质量问题,请向出版社营销中心调换
全国免费服务热线：400-6679-118　竭诚为您服务
版权所有　侵权必究

总序
FOREWORD

教育经历了"传统"与"现代"的断裂,"大学"也发生了从中世纪到现代的转变。一般认为,1810年德国柏林大学的创立标志着现代大学的诞生。现代大学不仅是教育机构,也是研究机构,推崇"学术自由"和"教学与研究的统一"。这种研究型大学的理念对世界高等教育影响深远,既为现代大学的形成奠定了基础,也在很长时间内规范着大学的评价体系。20世纪以来,大学则被赋予越来越多的功能,包括人才培养、科学研究和社会服务等,但无论大学怎样转变和多功能化,尤其是到了当下,有一个共识逐渐形成并被强化,即人才培养始终是大学最核心的功能。习近平总书记在2016年全国高校思想政治工作会议上明确指出:"高校立身之本在于立德树人。只有培养出一流人才的高校,才能够成为世界一流大学。办好我国高校,办出世界一流大学,必须牢牢抓住全面提高人才培养能力这个核心点,并以此来带动高校其他工作。"

人才培养涉及面很广,几乎贯穿高等教育的各个环节。教材,是育人育才的重要依托,是课堂教学的关键载体,在落实立德树人和人才强国战略中具有基础性地位和作用。高校教师是教材建设的主体,但高校教师在教材建设中的积极性并不高。究其原因,很大程度上是高校绩效考核中科研成果所占比重远远高于教学成果,教材建设的激励机制严重不足。随着《深化新时代教育评价改革总体方案》(以下简称《总体方案》)的出台,如何改革教师评价方式成为高等教育领域最受关注的问题之一。《总体方案》强调"坚持破立结合","破"的是重科研轻教学、重教书轻育人等行为,"立"的是潜心教学、全心育人的制度要求。教育评价是引导教育发展方向的"指挥棒",在《总体方案》出台前后,国家还出台了若干教材建设规划和教材管理办法,目的在于提高教材建设工作的科学化和规范化。提高教师参与教材建设的积极性,开创教材建设的新局面,已成为新时代背景下高等教育发展的必然趋向。

学术著作的撰写和出版具有很强的个人色彩,教材的编写和建设则往往需要组织领导和机制保障。从宏观层面来看,自改革开放以来,高校教材建设经历了实践与探索、发展与创新的不同阶段,并作为"国家事权"纳入我国高等教育的"顶层设计"之中,成为高校教育教学改革与人才培养模式变革的重要结合点。具体到我们学院组织编写这套"普通高等学校'十四五'规划文学与新闻传播类专业数字化精品教材",既是为了接续学院在新闻、文学和艺术教育方面的优良传统,也是学院在学科专业建设、教学质量提升和人才培养目标实现方面立足当下、展望未来的努力和尝试。

中南财经政法大学新闻与文化传播学院成立于2004年9月,其实学院的新闻、文学、艺术等专业的开办与学校的历史一样长久,源头是1948年学校前身中原大学创建之初设立的新闻系和文艺学院。1948年,随着解放战争节节胜利,新解放区迅速扩大,党的政治宣传任务需要一定数量高素质的新闻宣传人才。同年8月26日,中原大学新闻系在河南宝丰县成立,时任中原大学副校长并全面主持学校工作的正是新华日报社第一任社长潘梓年。中原大学新闻系举办了两期培训班,共招收学员130余人,教学任务分别由中原局宣传部和新华社中原总分社的负责干部来承担,主要讲授时事政治和新闻业务知识两类课程,其中新闻业务知识课包括新闻记者的修养(陈克寒)、新闻的评论和编辑工作(熊复)、农村采访工作(张轶夫)、军事采访经验(李普、陈笑雨)、新闻摄影(李普)、新闻工作的编辑排版校对等工作(刘国明)等。在战火纷飞的年代,中原大学新闻系为革命事业及时输送了一批急需的新闻宣传人才,他们大多终身奋战于党的新闻事业中,成为著名的编辑、记者和在新闻战线担任一定职务的领导干部和业务骨干。新闻系随中原大学南迁武汉后,也曾筹备过招收第三期学员的事宜,因种种原因未能继续办下去。但可以自豪地说,中原大学新闻系为我国的新闻教育和宣传事业做出了应有的贡献。

文艺学院和文艺系,是中原大学最早设立的院系之一。1948年9月中原大学招生广告显示,当时学校设有文艺、财经、教育、行政、新闻、医务六个系。同年10月,中共中央任命范文澜为校长,潘梓年为副校长。首任校长和副校长均在文学理论领域颇有建树,范文澜的《文心雕龙注》是龙学最有影响的著作之一,潘梓年于1926年出版的《文学概论》是较早参照西方的文学理论研究文学的著作。同年12月,中原大学组建了文艺研究室,著名电影导演、表演艺术家崔嵬为主任。文艺研究室下设戏剧组、音乐组、创作组,另有1名美术干部。1949年六七月间,以文艺研究室为基础,文艺学院成立,崔嵬任院长、作家俞林任副院长,在专业设置上包含戏剧系、音乐系、美术系、创作组、文工团。在两年多的时间里,文艺学院共培养了音乐、戏剧、美术、文学等专业毕业生及各种短训、代培生1136人,他们分布在中南地区和全国宣传、文艺、教育战线上,为我国文化艺术教育事业的发展做出了显著贡献。1951年8月,中原大学文艺学院划归中南军政委员会文化部领导。

因为20世纪50年代全国范围内的高等教育院系调整,学校的新闻、文学和艺术教育曾中断多年。1997年,学校重新开办新闻学专业,创建新闻系,相关学科专业建设步入新的发展阶段。2004年,新闻与文化传播学院正式成立。2007和2008年,学院先后成立中文系和艺术系,使建校之初就有的新闻、文学和艺术教育得以薪火相传。经过二十多年的快速发展,学院已经具备了较为完整的人才培养体系,现下设新闻传播学系、中国语言文学系和艺术系,开设了新闻学、广播电视学、汉语言文学、数字媒体艺术、网络与新媒体五个本科专业及网络与新媒体—法学实验班,其中网络与新媒体、汉语言文学专业入选省级一流本科专业建设点,拥有新闻传播学及中国语言文学一级学科硕士学位授予权和新闻与传播、汉语国际教育专业硕士学位点,新闻传播学为湖北省重点学科、中国语言文学为学校重点学科。

2019年7月,学校与湖北省委宣传部、省教育厅正式签订"共建中南财经政法大学新闻与文化传播学院协议",学院发展进入新阶段,也迎来了改革和发展的"十四五"规划。学院在"十四五"规划期间的发展目标是,专业建设进一步优化和发展,学科建设逐步增强,人才培养进一步彰显特色,国际合作办学逐步拓展,科学研究再获新的突破,师资队伍结构合理优化。本学院的教学研究与改革工程作为重大行动之一,其具体措施就包括了组织编写出版新闻、中文和艺术专业的系列教材。目前我们推出的系列教材，既有彰显学院在经济新闻、创意写作、文化产业、数字影像等方向人才培养特色的《财经媒体与新闻报道案例》(吴玉兰主编)、《创意写作课》(罗晓静、张玉敏主编)、《儿童文学理论与案例分析》(蔡俊、李纲主编)、《文化产业创意与案例》(王维主编)、《数字雕塑基础》(卢盛文主编)，也有展示教师将研究专长与课堂教学有机融合成果的《视听节目策划实务》(石永军、黄进编著)、《汉字溯源》(谭飞著)、《应用语言艺术》(李军湘主编)、《中国当代小说选讲》(陈国和主编)、《欧美新闻传播理论教程》(王大丽主编)、《唐诗美学精神选讲》(程韬光主编)、《实用汉语史知识教程》(甘勇主编)、《整合品牌传播概论》(袁满主编)等。

我们深知教材编写之不易，并对编写教材始终保持敬畏之心！系列教材的出版，凝聚了每一位编写者多年潜心教学的思考和付出，也得到了华中科技大学出版社人文分社周晓方分社社长、策划编辑杨玲老师等的大力帮助，在此一并表示由衷的感谢！

我们希望以此为契机，深入贯彻习近平总书记在全国教育大会上的讲话精神，认真落实教育部"以本为本"的指导思想，以高水平教材建设为契机，以培养富有创新意识和开拓精神的复合型人才为目标，与时俱进、深化改革、开拓创新，进一步推动学院在教学质量、课程建设和教学改革等方面取得突破性进展。

中南财经政法大学新闻与文化传播学院院长、教授

罗晓静

2021 年 8 月 5 日于武汉南湖畔

序一
FOREWORD

在当今社会,新媒体视频、音频迅速发展,已成为当代媒介热点,并引领媒体未来发展的方向。视听节目与影视作品既有联系,又有差异,它受益于广播电视节目的基因,又拥有互联网传播的优势,特别是它具有便捷接受、即时互动、共享资源等优势,远非传统媒体能比。如何去驾驭这个对于社会影响极大的新形态,以及了解其独特的创作规律,都需要我们深入探讨。曾几何时,中国原创视听节目推动广电媒介领先市场,然而,国外版权引进市场的爆款节目逐渐弱化了国内传媒的创意与竞争力。实际上,中国不缺乏创意,只是缺乏开放包容的创意、策划与制作的结合,即缺乏合适的创作土壤和创意机制。

本书的意义在于,将多年的理论探索和实践经验相结合,通过逐步厘清视听节目独特的创作理念和创作规律,探寻符合视听节目的创新机制,从而探索一条根植于中国深厚文化资源的视听节目创制之路。

首先,强调了节目创意策划的科学性。本书将策划流程分为三阶段九环节,其中除了凸显创意的重要性之外,还特别强调了科学调研和合理评价对节目创作的基础性作用。

其次,强调了视听节目产品的叙事要点。本书从叙事学的视角阐释了视听节目主题、悬念、冲突、情感、节奏等创意策划的八个重点或着力点,力图以此为抓手,推动节目元素、节目模块、节目形态、节目模式的创新变化。诚然,有了这些着力点,就有了比较明确的路径,可以从此入手打造新的特色节目。

最后,关注了视听节目的融合发展。本书认为融合视听产品是指由"视频+音频+图+文+用户参与+沉浸式交互"等元素构建的视听节目新形态,由此,从融合视听产品的多元素构成、移动式接收、多元化需求、沉浸式交互等特征入手,结合Vlog等典型产品进行了深入解读和分析,为融合视听产品的策划提供了理性化的指导和可操作性的借鉴。

在视听创作空间广阔的当下，作者希望本书可以激发读者的创意热情，触发读者的策划冲动。节目创意策划并非难事，掌握基本的方法加上鼓励敢想敢做敢试错的机制，就有成功的概率，这也就达到了本书的目的。

华中科技大学广播电视与新媒体研究院院长、教授

石长顺

2022 年 7 月

本书是石永军教授在他讲授的"视听节目策划"课程内容基础上扩充完善而来的。石永军教授曾在广电行业从业二十年,从记者、编辑、主持人、制片人到总台节目管理者,长期在一线从事节目策划、生产及管理,实践经验非常丰富,主持参与的不少节目获得中国新闻奖、中国名优栏目奖等国家级大奖。2020年开始,我邀请他在武汉大学给广播电视专业和播音主持专业学生讲授"视听节目策划"这门课。石永军教授的课课程思路新颖,案例丰富,讲解生动,有很强的实用性和启发性,有效地激发了学生的节目创意策划热情,受到了学生的热烈欢迎,同时也触发了石永军教授将授课内容成书出版的想法。

　　通览本书,发现其有三个特色。

　　第一,理论扎实。虽然是应用型教科书,但理论逻辑清晰深入,而且颇有创新之处。书中厘清了节目元素、节目环节(模块)、节目形态、节目模式四个概念的内涵及相互之间的逻辑关系。长期以来,无论是节目生产者还是研究者,对这四个概念定义均比较模糊,导致这方面意义表达与思考逻辑的模糊,在节目策划交流讨论中经常会出现话语错位,这为节目策划实践和学术研究都带来不少困扰。本书对此进行的清晰界定,对视听节目的研发和研究有着基础性的推进作用。

　　第二,案例丰富。本书共涉及五大类九十多个视听节目案例,这些案例都是具有典型性、代表性的视听作品。每个节目案例都有详尽的讲解和音视频链接,对于读者观摩、思考、启发灵感大有裨益。例如,音频节目的策划要点和案例讲解就很有特色,充分挖掘主持人优势,洞察用户需求与使用场景、平台化与本土化策略,发挥直播流优势等充分体现了融合时代音频节目的生产与传播特点。

　　第三,文字生动。书中的文字表达生动活泼,例如将节目定位这个比较抽象的概念具象化,对象地位即给谁看,内容定位即做什么,形式定位即怎么做,表述清晰,通俗易通。

本书除了供高校师生教学和学习之外,对业界节目创意策划人员也会有所启发,可以使创意策划的思路更加条理化、规律化,对增强创意策划人员创作的可持续性大有裨益。我相信,只要是对视听节目创作感兴趣的人士,都可以从本书中得到启示。

武汉大学新闻与传播学院院长、教授

强月新

2022 年 7 月

目 录
CONTENT

- **第一章　视听节目策划基础：从元素到模式 / 1**
  - 一、视听节目与栏目 / 2
  - 二、节目策划 / 4
  - 三、视听元素 / 4
  - 四、视听节目形态 / 6
  - 五、节目模块（环节）与节目模式 / 8
  - 六、节目类型、节目形态的联系和区别 / 12
  - 七、节目模式、节目类型的联系与区别 / 13

- **第二章　策划重点：故事、主题、要点与叙事手法 / 14**
  - 一、故事、情节与细节 / 14
  - 二、故事主题 / 17
  - 三、悬念 / 20
  - 四、冲突 / 23
  - 五、情感 / 26
  - 六、节奏 / 29
  - 七、叙事手法 / 32
  - 八、叙事视角 / 33

- **第三章　视听节目策划的步骤与内容 / 36**
  - 一、策划与创意 / 36
  - 二、寻找创意 / 38
  - 三、策划的层次 / 40
  - 四、策划的目的 / 42
  - 五、策划流程三阶段 / 43
  - 六、策划方案内容 / 46
  - 七、节目制作手册 / 51

第四章　新闻类节目策划 / 65

一、新闻节目的类型与功能 / 66
二、新闻节目策划的原则与要点 / 67
三、消息类新闻节目策划 / 68
四、专题类新闻节目策划 / 71
五、评论类新闻节目策划 / 75
六、纪实类新闻节目策划 / 79
七、民生新闻节目策划 / 82
八、法制新闻节目策划 / 85
九、国际新闻节目策划 / 88
十、地方新闻节目策划 / 92
十一、早间新闻节目策划 / 96
十二、晚间新闻节目策划 / 99
十三、公民新闻节目策划 / 103
十四、新闻脱口秀节目策划 / 105

第五章　公益类视听节目策划 / 110

一、公益类视听节目特点和种类 / 110
二、公益类视听节目策划——以《等着我》为例 / 113
三、慈善帮扶类视听节目策划——以《欢乐送》为例 / 117
四、调解帮扶类视听节目策划——以《金牌调解》为例 / 120
五、公益类视听节目策划小结 / 124

第六章　娱乐节目策划 / 126

一、娱乐节目特征与类型 / 126
二、娱乐节目策划原则与要点 / 131
三、求职类节目策划分析——以《非你莫属》为例 / 134
四、才艺选秀类节目策划分析——以《出彩中国人》为例 / 137
五、音乐选秀类节目策划分析——以《中国好声音》为例 / 140
六、游戏类真人秀节目策划案例分析——以《奔跑吧兄弟》为例 / 143
七、竞技闯关类真人秀节目策划案例分析——以《男生女生向前冲》为例 / 146
八、文化脱口秀节目策划分析——以《天天向上》为例 / 150
九、文化类节目策划分析——以《朗读者》为例 / 152
十、游戏类节目策划分析——以《快乐大本营》为例 / 156
十一、网络脱口秀节目策划案例——以《吐槽大会》为例 / 159
十二、相亲交友类节目策划分析——以《非诚勿扰》为例 / 161

第七章 音频节目策划 / 166

一、音频节目特点与功能 / 166
二、新闻评论类音频节目策划 / 169
三、新闻娱乐脱口秀类音频节目策划 / 172
四、美食类音频节目策划 / 175
五、广播剧策划 / 178
六、新媒体音频节目产品策划 / 181
七、音频节目策划总结 / 185

第八章 融合视听产品策划 / 189

一、融合视听产品的特征 / 190
二、Vlog 产品策划与案例分析 / 191
三、H5 产品策划与案例分析 / 199
四、慢直播策划与案例分析 / 209

后记 / 217

第一章 视听节目策划基础：从元素到模式

2020年5月1日央视主持人康辉、撒贝宁、朱广权、尼格买提进行了"为了美好生活"带货直播。央视新闻客户端、各电商平台同步播出。

《端午奇妙游》系河南卫视策划制作的中国节日系列节目之一，2021年6月12日在大象新闻客户端、河南卫视播出。

一、视听节目与栏目

◇ 提问:什么是视听节目?
◇ 思考:①节目和栏目有什么区别?
　　　　②《为了美好生活》《端午奇妙游》是栏目吗?

1.视听节目

视听节目是指由连续的画面和声音构成的信息内容产品,是通过各类视听平台传播,作用于人类视觉、听觉系统的精神产品。

简单地说,视听节目是通过视听平台传播的视听内容产品,其中有两个重点:第一,它是视听内容产品;第二,它通过视听平台传播。节目首先必须是视听内容产品,也就是由连续的画面和声音构成的信息内容产品。但如果产品没有传播,还不能算是严格意义上的节目,视听产品只有通过视听平台传播,才能被称为节目。

众所周知,通过广播、电视等媒体平台传播的视听内容产品是视听节目。那么,爱奇艺、抖音、快手、斗鱼、B站、喜马拉雅FM、九头鸟FM等新兴媒体平台算不算视听平台? 在该类平台上发布的内容算不算视听节目?

我们认为,凡是能公开传播视听产品的媒体平台,都是视听平台。这包括了传统的广播电视台以及新兴的网络视听媒体平台。新兴的视听平台既包括传统媒体主办的网络广播电视台、IPTV、App、微信公众号、微博等,又包括商业视听媒体,如爱奇艺、腾讯视频、优酷、抖音、快手、B站等。

◇ 讨论:这些平台上的内容哪些是节目? 哪些不是节目? 公众上传的UGC(user generated content)内容算不算节目?

如果泛泛来说,只要是视听平台传播的视听内容,都可以称为节目,但是从严格意义上来说,很多内容都不是节目,这中间是有衡量标准的。那么,标准是什么?

我们认为标准有以下三个:较高的制作水准、明晰的内容环节和一定的品味境界。我们认为,至少具备了这三项标准的视听产品才能被称为节目。

◇ 思考:①还有没有其他标准?
　　　　②为什么要有标准?

标准意味着专业水准,意味着有专业的创意策划、专业的采制包装、专业的传播推广。有了标准,才有了专业;有了专业,才能够提高水准;有了提高,才能为社会贡献更优质、更丰富的视听节目,为人们提供更美好的精神产品。几乎人人都会玩抖音、发快手,但不是人人都会做节目。

这样的标准之下,绝大部分UGC视听产品都不算节目。不可否认,UGC的水准也在提高,特别是一些专业人士或专业团队的加入,大大提升了用户自创内容的品质,实现了从UGC到PUGC(professional user generated content),再到PGC(professional generated content)的转换。这些具有较高水准的视听产品自然就是视听节目,例如,李子柒的美食田园节目(见图1-1)。

大家深入了解可以发现,占据各大视听平台头部的顶流节目,都不是一个人在战斗,背后都有专业的策划与制作团队。

图1-1 李子柒的美食田园节目

2.节目和栏目

下面我们要对节目和栏目做个区分。

节目是一种泛指,包含了所有的符合标准的视听产品,只要符合上面三条标准的视听产品,不管是在什么平台传播,都是节目。

栏目是一种特指,特指那些具有固定名称、固定模式、固定内容、固定风格、固定时段、固定时长、固定播发频次的视听节目。

传统广播电视媒体对栏目的定义要求相对严格一些,基本都要具备前面提到的条件。而在新兴的视听平台上,要求相对宽松一些。首先,没有时段要求,因为新兴媒体没有线性播出的要求,只有版面与位置的安排,当然,大型视听平台会预告自己出品的一些节目的上线时间,这就是新兴媒体更注重栏目化的一种策略。另外,新兴媒体播出的时长、播发频次也相对灵活些,时长可以长一点,也可以短一点,播发频次可以为日播、周播、季播,也可以间隔更新。但是在名称、模式、风格、内容这些方面,新兴平台和传统媒体有相对一致的要求。

传统媒体的栏目有《新闻联播》《焦点访谈》《新闻与报纸摘要》等。

新兴媒体的栏目有《创造营》《吐槽大会》等。

◇ 讨论:被称为"央视boys"的四位央视主持人多次开展各种直播活动,如《人人都爱中国造》《买遍中国助力美好生活》《央young之夏》,哪些成了栏目?

为什么要栏目化?

这就涉及栏目存在的意义。栏目是视听节目发展过程中形成的制作播出的特定方式,是人们对节目制播方式不断优化的结果。这种栏目化的方式对视听节目的发展具有现实的意义。我们认为栏目的意义在于以下三点:第一,定期播出,可以培养用户约会意识、视听习惯,增加用户黏性,即吸粉;第二,便于树立节目长期品牌,提升节目影响力,获取长期经济效益和社会效益;第三,便于媒体编排管理、推广营销,提升媒体平台整体影响力,一个好的栏目能够极大地提升媒体平台的影响力。

可以说,一个好的媒体平台就是由一系列好栏目促成和支撑的,反过来,好的平台又可以为新栏目的成长和推广发挥极大的促进作用。

◇ 思考:栏目还有没有其他的意义?
◇ 举例:你知道哪些知名视听栏目?

二、节目策划

我们做视听节目策划,实际上很多时候是在做视听栏目的策划。当然,也包括单个节目的策划和日常栏目运行中的节目内容策划。本书将重点聚焦视听栏目的策划。

那么,什么是策划? 策划是一种策略、谋划或者计划,是对未来可能发生的事情进行的系统性、可行性的安排。

而节目策划是在充分调查、了解节目市场环境及相关环境的基础之上,遵循一定的方法或者规则,为将来可能要制作播出的节目进行的一种筹划、谋划和计划。它通过巧妙、合理、周密的安排来保证节目的创新性、可行性和成功率。

策划不仅包括传统广播电视媒体的视听节目策划,也包括新兴网络媒体的视听节目策划。但是我们心里要清楚,我们实际上多数时候是要做栏目策划。栏目策划是一个完整节目框架和制作流程的创造与建构过程。

节目策划要掌握一定的规律和方法,必须要先掌握一些基础概念,并且把这些概念及相互间的关系弄明白,策划就容易进行了。这些概念将在下文详细介绍。

三、视听元素

1. 元素

首先要引入一个概念——元素。

元素是什么?

哲学上认为,元素是一切实在物体的最简单的组成部分。数学上认为,元素是组成集的每个对象。化学上认为,元素是构成元素周期表上的物质名称。元素在周期表中的位置不仅反映了元素的原子结构,也显示了元素性质的递变规律和元素之间的内在联系。元素周期表意义重大,科学家正是用此来寻找新型元素及化合物。

2. 视听元素

视听元素即构成视听节目的基本要素,它具有承载和表现内容、表达和蕴含意义的功能。

节目中每一个能够析出的元素必定有它的任务和功能。承载和表现内容是工具功能,表达和蕴含意义是符号功能。有的节目元素实现工具功能,如大屏幕、话筒、座椅;有的节目元素实现符号功能,如节目名称、logo、宣传语;有的节目元素同时实现工具和符号功能,如主持人、旋转的椅子、亮灯。如果不具备这两个功能,属于节目中可以剔除的物件或内容,就不是节目元素。

视听节目的构成元素有哪些呢?

这需要对视听元素进行分类,我们认为视听节目元素可以分为以下八类(见表1-1)。

表 1-1　视听节目元素表

类别	元素内容
价值元素	公平正义、诚信关爱、团结协作、爱国奉献等社会主流价值观
逻辑元素	目标、主题、规则、程序等
戏剧元素	悬念、冲突、情感、节奏等
人物元素	主持人、嘉宾、参与者、现场公众、网络用户等
场景元素	场景、视角、logo、灯光、服装、化妆、道具等
背景元素	背景片、宣传片、片花、字幕、表情包等
声音元素	人声、环境声、音响声、音乐等
时间元素	发生时间、时间顺序、时间长度、直播录播、播发时段等

这些元素是大的元素类别划分,每个类别下还可以细分出构成它的具体元素。例如,价值元素不仅包括爱国、敬业、诚信、友善等社会主义核心价值观,还包括宽厚包容、扶危济困、尊老爱幼等社会公认的道德价值,综合起来就是社会的主流价值观。人物元素中的嘉宾包含人数、身份、出场方式、说话方式等。声音元素中的音响声包括各种人工合成和自然录制的声响效果;音乐内容就更多了,可以有各种乐器的独奏和协奏、人声演唱、古典民族流行音乐等。

表 1-1 意在提示节目策划人在策划创新时应该注意,节目可能会具有的八类元素。在分类中不可能列举所有元素,需要创作者自己多加思考。

就拿涉及元素相对较少的谈话节目来举例。

从价值维度,我们要设定节目重点体现什么价值;从逻辑维度,我们要明确选择话题的主要题材是什么,以及对话规则是什么;从戏剧维度,我们要考虑对话方式是对抗式、解读式还是应和式,怎样设置悬念,节奏是怎样的,由谁把控等;从人物维度,我们要确定需要"哪些人"即几位主持人,几位嘉宾,嘉宾是明星、专家还是素人,怎样出场,需不需要现场观众,与网络端用户如何互动等;从场景维度,我们要决定是室内,还是室外,有几个机位、几个话筒,以及服装、座位、桌子、节目 logo 的样式与分布;从背景视角,我们要考虑需不需要现场放片,节目宣传语是什么,需要几个片花,字幕的样式和出现方式等;从声音元素,我们要考虑需不需要音响音乐制造氛围,需不需要现场乐队等;从时间元素,我们要考虑是直播还是录播,以及时间长度等。

节目元素表的意义重大,正如科学家可以使用化学元素周期表来寻找新型元素及化合物一样,视听节目的创作者可以使用视听元素表来启发、寻找、组合和创造新型元素及结合物,从而来开发新节目。

3. 视听元素划分的依据与逻辑

上文提及的八种视听元素的划分是有内在逻辑的。总体上说,节目元素可以分为两大类,即内容元素和形式元素。

价值元素、逻辑元素和戏剧元素这三类属于内容元素;人物元素、场景元素、背景元素、声音元素和时间元素这五类属于形式元素。

内容元素需要通过形式元素来体现,形式元素为展现内容元素而存在,内容元素的创新需要形式元素的创新来呈现。两者相互依存,不可或缺。

内容元素的三种类别中，价值元素是一个节目的灵魂，节目中要体现创作者的价值追求。视听节目策划实际上是策划创作的一个视听故事。一个故事当然要体现创作者的对社会、对人类的思考和精神追求，有了这些思考和追求，节目才有灵魂和高度，这就构成了节目的价值元素。视听故事必然要有故事情节，从开头、发展、高潮到结尾，一环环紧密相扣，故事环节和发展过程就是节目的逻辑元素。视听故事要想精彩、吸引人，就必须有悬念、冲突、融入情感，把控节奏，这就是戏剧元素。

对于形式元素的五种类别，实际上可以从空间和时间两个维度来理解。我们知道，任何故事必定是在一定的时空中展开的。可以这么说，故事就是某些人物（包括动物）在某段时间内在某些场景中和背景下发生的言语与行为，这些构成故事的人物、行为、场景、背景可以被记录为视听信号，从而构成视听节目。那么，这些人物及其行为就构成了人物元素，故事的场景就构成了场景元素，背景就构成了背景元素，故事中的各种声响构成了声音元素，时间就构成了时间元素。

四、视听节目形态

通过对视听元素的分析，我们了解了节目策划的初步着手点，但要进行节目策划，还需要引入几个重要概念，其中之一就是视听节目形态。

视听节目形态是指视听节目的形式样态。这些形式样态是由多个节目元素或节目模块进行有机组合构成的，外在表现为视听元素的相对独特、相对简单的呈现方式，这些相对独特、相对简单的呈现方式又可以称为基本节目形态。我们接触到的丰富多彩的节目类型，其实是由一些基本节目形态构成的。对于基本节目形态的划分，是件非常困难的事情，因为划分的维度较多，可以从真实客观性、传播速度、可预见性、人物角色定位、人物行为特点等各个维度进行划分，很难按一个逻辑维度进行统一划分。

为了便于认知基本节目形态，我们只能进行综合区分，将形式界限相对清晰、结构形式相对简单、个性特色相对显著的节目形态，称为基本节目形态。

我们认为，视听节目可以划分为直播类、纪实类、真人秀、戏剧类（虚构）、动漫类、谈话类、竞赛类这七种基本形态。

1. 直播类

直播类是对客观现场的声音画面信息进行同步传播的制播方式。由于记录传播的同步性，传播者一般较难对传播的信息进行再加工，直播类视听节目的客观真实性相对较高。同时，由于是声音画面同步传播，传播的速度是所有节目形态中最快的。需要特别指出的是，直播具有不可预见性，用户不知道后面事情会发生什么变化，这种不可预见性会产生悬念，这是吸引用户观看的重要元素。例如，直播空间站宇航员出舱进行太空行走和工作时，能不能出舱，能不能行走，过程中会遇到什么问题，都具有强大的吸引力。再如，日本朝日电视台曾经直播歹徒劫持公共汽车事件，其中有好几个小时，公共汽车中什么动静都没有，但是收视率不断上升，因为不可预见性在吸引观众的关注。直播分为新闻现场直播、演播室直播、文艺现场直播、会议直播等，其中新闻现场直播，特别是突发新闻现场直播具有最明显的直播类视听节目的典型特点。

2. 纪实类

纪实类是对事件现场、生活现场等客观现场的声音画面进行记录和编辑加工，然后再传播的节目方式。由于是对客观现场的记录,声音画面信息具有相对较高的客观真实性,但是,经过了传播者的选择、编辑、加工,节目内容不可避免地带上了传播者一定的主观倾向。此类节目形态是一种最为普遍、数量最多的节目形态,各类视听新闻报道、专题片、纪录片都属于此类。

3. 真人秀

此类形态是指在既定场景中,参与者按既定规则进行的个性化较强、自由度较大的交流和行动。参与者、场景、规则和目标是特定的,参与者的个体活动具有自主性,可以有较大的自由发挥空间。这些活动的声音画面被记录下来,并对视听用户传播——参与者明白这一点,所以他们的行为和话语除了展示个性外,也具有表演性。这些声音画面所表现的信息处于虚拟与真实之间。很多娱乐节目,如偶像选拔类、歌唱类、舞蹈类、社交类、野外生存类节目,都采用这种真人秀的方式。

4. 戏剧类

戏剧类是参与者按剧本设定的故事情节和人物角色进行再现的节目形态。参与者的言行不代表自己,代表的是剧本指定的人物角色,其言行是一种纯粹的表演。剧本设定的场景、情节和人物是根据节目需要创作的,或是对现实的艺术化再现,或是完全虚构。戏剧中个人自由发挥的空间较小。此类典型的代表如电视剧、电影、广播剧、情景再现作品等。

5. 动漫类

严格来说,动漫分两种类型。一种是动画,简单地说,动画指绘制的画面组合进行连续动态的呈现,这是由制作者按设定的环节、情节和人物角色需要进行连续画面绘制与声音配合,来共同呈现动态的作品。另一种是漫画,漫画是指单幅或多幅画面构成的静态作品,而动画是连续画面构成的动态视听作品。动漫可以由人工手绘,也可以由计算机辅助生产。动漫作品创作的自由度很大,场景、人物、情节可以完全虚构,具有超出现实世界的想象力和表现力。当然,也可以按照现实的场景、人物进行再现,具有模拟现实、再现现实的能力。动画与漫画的关系密切,很多漫画被改编制作成动画。动漫类包含各种二维动画片、三维动画片、漫画作品、计算机模拟场景作品、数据可视化作品等。

6. 谈话类

谈话类指由对话参与者对某件事或某个话题进行陈述、议论,发表看法与观点的节目形态。谈话者可以是单人或多人,可以是主持人或各类嘉宾。此类节目又被称为脱口秀,按人数可以分为单人脱口秀和多人脱口秀。随着媒体技术的发展进步,谈话可以跨越空间连线完成。谈话类节目包括新闻访谈节目、生活访谈节目、财经访谈节目、方言访谈节目等。

7. 竞赛类

竞赛类指参与者按一定的规则进行比赛,通过一轮轮比拼选出最终获胜选手的节目形态。此类节目的最大特点就是它的对抗性和冲突性,由对抗带来冲突,带来悬念。最典型的就是体育比赛节目,如直播奥运会的各项比赛,此外还有知识竞赛类、歌手比赛类以及各类选拔类节目。竞赛类节目一般采用竞赛淘汰的方式,以增加节目的刺激性和观赏点。竞赛类节目不仅是一种独立的节目形态,而且逐渐成为各类节目的重要构成部分。

◇ 提示:上文列出的这些基本节目形态可以单独成为一类节目,当然,更多的时候是对这些基本形态进行组合或融合,产生类型众多、形式丰富的节目。例如,纪录片属于纪实类,但有的纪录片除了对现实状况的纯粹记录之外,还加入了演员的再现式演绎或电脑动画,即戏剧类或动漫类,从而形成与传统纪录片不同的节目形态。另外,在直播节目中,除了事件现场状况的直播之外,还可以加入主持人与嘉宾的谈话点评、前期拍摄的纪实类短片,也可以加入借助电脑制作的模拟动画等。

我们划分这些基本节目形态,是为了提供基本的标签,帮助我们认识和区分各种节目,为我们的节目策划提供一个基本的思路。我们可以仔细观察各个节目,看是否可以给它贴上相应的基本节目形态的标签。例如,《男生女生向前冲》就是真人秀类+竞赛类。

◇ 讨论:《国家宝藏》包含了哪些基本节目形态?
◇ 提示:节目形态的组合只是给予了节目宏观的基本思路和方向,因为真正的创新不能局限于此,还必须对节目形态中基础的微观的构成——节目元素,以及中观的构成——节目模块(环节)进行改变,对涉及的元素或模块进行变异性运用、增减与组合,才能真正有所创新,开发出新的节目模式。

五、节目模块(环节)与节目模式

上文我们已经详细介绍了节目元素和节目形态,下面我们要介绍节目模块(环节)和节目模式这两个概念,以及"元素—模块—形态—模式"这一关系。

1."元素—模块—形态—模式"

我们来看一张图(见图 1-2),用以理解"元素—模块—形态—模式"这一关系。

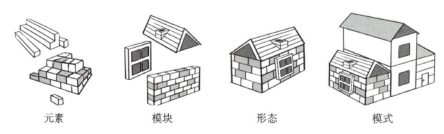

元素　　　　模块　　　　形态　　　　模式

图 1-2　元素—模块—形态—模式关系示意图

元素就是建房的基本原材料,模块是对基本原材料进行加工后形成的预制构件,形态是用构件搭建的单个房子,模式则是多种单个房屋的组合。

节目元素是节目构成的基本元件和材料。

节目模块(环节)是几种视听元素的有机组合。有机组合意味着几个元素按照某种特定的逻辑关系组成。模块或环节虽然称呼不一样,实质是一样,是一个事物的一体两面。如果从内部关联出发,几个元素的组合就称为模块;如果从外部关联出发,模块就构成了节目的环节,是节目相互关联的众多环节中的一个。总的说来,节目一般是由开场、发展、高潮、结尾几个大模块(环节)构成,不同的节目会根据自身的特点划分出不同的模块(环节)。例如,选秀类节目一般由开场介绍、分组、训练、演出、投票、淘汰与复活、决赛、出道演出等环节构成;谈话类节目通常由开场介绍、话题介绍、轮流发言、互动、总结发言等环节构成。

几个模块和环节组合在一起,就可以构成一种基本节目形态。基本节目形态可以单独成为一个节目,也可以成为大型节目的构成部分。

由节目元素、模块、形态共同构成的总体组合,形成一个相对固定的个性化明显的最终节目呈现状态,即节目模式。节目模式以具体的个体节目面貌出现,由具有特色的个性元素和特色的环节构成,具有一定的原创性和独特性,是一种创新的知识产品。一般来说,节目模式会有所不同,如果节目模式雷同,就会被认为是抄袭,在尊重知识产权的时代,是会受到法律制裁的。

这样,就形成了"元素—模块—形态—模式"的创新链条,节目元素如果进行变化,相应的模块就会跟着变化,节目形态也会有所变化,最终的节目模式必将或多或少发生变化。

2. 从元素到模式的创新路径

节目创新中,我们能不能抛开模块和形态,直接从元素到模式呢?当然可以。我们再来看看元素和模式之间的关系。

从根本属性上说,节目模式就是节目元素的有机组合。不同的元素组合可以构成形态不同的节目。

以飞行的大雁为例。每一只大雁都是一个元素,多只大雁不同的排列组合方式,构成了不同样式的雁阵(见图1-3)。

图 1-3 不同样式的雁阵

雁阵的形成是大雁长期飞行形成的一种自觉行为,是出于大雁飞行省力和安全的需要。我们观察可以发现,雁阵有一些基本的样式,一字形、人字形、三角形……这些可以称为模块或基本形态。

雁阵的变化,可以是单个大雁的逐个调整,也可以是模块或基本形态的组合调整。复杂的雁阵可以由一字型雁阵和人字形雁阵等基本形态组合而成。人们经过长期观察发现,雁阵通常是由小的雁阵组合而成,而不是一只一只添加而成,因为由小的雁阵进行组合更方便快捷。

节目创意策划也是这样,可以从节目元素入手,完全重建,但是效率会较低,也可以采用一些基本的模块或节目形态,然后再增减元素或对其中的组合方式和元素进行变异调整,从效率和效果上来说,后者会更好。

3. 节目创新的四种方法

由此，可以有四种基本的节目创新方法。

（1）元素组合创新法：从节目基本元素出发，通过增减元素或改变元素的呈现方式、所在位置、组合方式等达到创新。

元素的增减或原有元素的变异＋关联方式的变异＝新节目。

这是一种从微观入手的创新方法，原创性高，效率较低。

（2）模块组合创新法：从构成节目的模块出发，通过增减模块或变异模块的呈现方式、所在位置、组合方式达到创新的方法。这是一种从中观入手的创新方法，有一定原创性，效率较高。

（3）形态组合创新法：从节目的基本形态出发，将各种基本形态进行组合。这是一种宏观的创新方法，因为节目的基本形态相对较少，排列组合的数量有限，经过多年的发展，现有的排列组合多数都被用过，所以这一种创新方式原创性较低，容易雷同，但是效率高。

（4）混合创新法：对以上创新方式的综合运用。混合创新法有两种具体的路径。一种是想到了很好的创意点子（新的元素或新的元素组合方式），将它具化落实为新的模块与新的形态，再与其他的模块与形态进行组合，最后形成新的节目。另一种是首先为节目设定总目的和总要求，然后设定一些基本的形态或模块，再对涉及的元素进行增减、变异，从而达到整体创新的效果。一般可以借鉴几个类似的节目，将其分解成形态与模块，再细分为元素，看其中哪些形态、模块和元素可以增减与变异，从而策划出新的节目。

混合创新法一般要经过从宏观、中观到微观，再从微观、中观到宏观的多次循环，对其中涉及的形态、模块（环节）、元素多次调整，从而实现节目的创新，相对来说，可以兼顾节目创新的效率与效果。

在节目实践中，我们的节目创新策划至少会运用上述四种方法中的一种。

◇ 提示之一：节目元素、节目模块的调整不是随意的组合，而是按照相应的目的和要求进行的有意识的安排。也就是说，选择哪些元素、元素和模块之间如何联系，是一种有意识、有目的的创造性活动，这就是节目创意与策划的要点。节目创新性活动需要一些更具体的步骤引领和实施，这些将在后面章节中详细讨论。

◇ 提示之二：上文提及的主要是围绕节目形态、节目模块和节目元素进行的策划，是一种从节目内部出发的创新方法，但是我们知道，节目的创新策划、生产运行、推广维护涉及各种内外部因素。一个新节目的产生，可以说是内外部因素共同作用的结果。这些外部因素包括用户需求、社会期待、国家要求、创新制度、经费、人员、技术条件、媒体定位、互动方式、营收方式、营销渠道等。为了达到节目创新策划的目的，必须对影响节目创新的相关外部因素及外部环境进行相应的考量。只有这样，才能够保证创意策划出来的节目能够正常运行，并达到预定的目标。这些内容，我们也将在后面章节中详细讨论。

4. 观摩与讨论:《学徒》(英文名:The Apprentice)、《创造101》、《乘风破浪的姐姐》

◇ 商战秀:《学徒》

- 目标:年薪25万美元的职位;
- 如何赚钱、如何设计营销方案;
- 如何组织团队、如何面对失败;
- 评委:老板;
- 学徒:平民16～18位;
- 第一季2004年1月8日在NBC播出。

◇ 女团成长秀:《创造101》

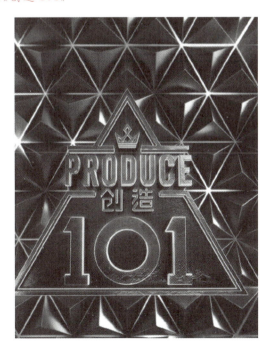

- 召集101位偶像女团练习生;
- 通过任务、训练、表演、考核,让选手在明星导师训练下成长;

- 经过循环投票、淘汰等流程,最终通过人气投票选出11位女练习生,组成偶像团体出道;
- 引进韩国《produce 101》;
- 第一季2018年4月21日腾讯视频播出。
◇ 逆龄女团秀:《乘风破浪的姐姐》

- 邀请30位30+姐姐辈女艺人;
- 通过合宿生活、排练与舞台竞演,最终选出7位成员"破龄成团";
- 主题:青春永远,不论处在任何人生阶段,都可以像姐姐一样勇敢出发;
- 第一季2020年6月12日芒果TV播出。

讨 论

1. 这些节目包含了哪些基本节目形态?
2. 这些节目中相同的模块(环节)和元素有哪些?
3. 这些节目中不同的模块(环节)和元素有哪些?

六、节目类型、节目形态的联系和区别

节目类型指所有节目的类型,它也有多重的划分维度,可以从节目的内容、受众、风格、目的、表现方式、传播方式,甚至是载体来划分。

以内容划分,可分为新闻节目、娱乐节目、文艺节目、公益节目、体育节目、财经节目、法制节目、农业节目、军事节目等;以受众划分,可分为少儿节目、女性节目、老年节目等;以目的划分,可分为新闻资讯节目、生活服务节目、科教节目、文献片、对外节目、带货节目等;以载体划分,可分为广播节目、电视节目、网络节目、电影等;以表现形式划分,可分为消息类新闻、连续报道新闻、现场直播、评论性节目、调查性节目、专题节目、访谈节目、纪录片、真人秀、戏剧类节目、动画片等。

在节目类型分类中,可以说,节目表现形式和节目形态基本上重合。节目表现形式是由单一或多个节目形态构成的,是节目最终呈现出来的结构状态。节目形式是为节目内容服务的,是节目内容的载体,是节目内容的外在呈现。

关于节目类型的划分,业界、学界经常说的六分法、四分法,都有一定的道理。六分法将节目分为六大类型:新闻类节目、言论类节目、知识类节目、教育类节目、综艺类节

目和服务类节目。① 四分法则将节目划分为四种类型：新闻节目、娱乐节目（文艺节目）、教育节目（社教节目）和服务性节目。② 无论是六分法还是四分法，都是基于传统广播电视进行的节目类型的划分，在视听新媒体风起云涌，视听节目种类日新月异的当下，应该对其进行调整，以适应新形势的需要。

我们认为视听节目类型至少包括以下七类：新闻纪实类、谈话言论类、综艺娱乐类、公益文化类、戏剧类、动画类和营销类。这个分类既包含视频类节目，又包含音频类节目；既包括传统广播电视节目，又包含新型媒体平台播出的节目。我们现在处在一个媒体融合的时代，我们进行节目的策划，也要基于媒体融合、融合传播的现实状况与现实需求。

讨论

1. 是不是可以说，每个类型的节目都是由基本节目形态构成的？
2. 体育类节目可以包含哪些基本节目形态？以奥运会比赛直播为例进行说明。

七、节目模式、节目类型的联系与区别

节目类型是对某一类具有相同特征节目的归类与划分，是对划分结果的一种概括性指称。与概括性的节目类型不同，节目模式是对某一个具体节目表现形式的描述，指某个表现形式具有显著的自身特色，节目框架清晰且表现形式相对固定的节目。节目模式与每一个具体节目挂钩，包括节目从创意到文本，再到节目制作，最后到市场营销的完整操作流程，是可以交易的产品③，是受知识产权保护的智力成果。某一类型节目中可能会有多种不同的节目模式。

如果一个节目受到了用户、市场、社会的高度认可，意味着节目成功；如果这个节目的表现形式与运营模式独特、新颖、清晰、稳定，那就意味着一个新的节目模式的诞生。新的节目模式和节目，可以作为文化产品通过各种交易渠道，发行到世界各地，通过一次投入、多次销售产生较大的文化影响和经济回报，最终形成一个成功的节目模式，这是视听节目策划的终极追求。

讨论

1. 《学徒》《乘风破浪的姐姐》《创造101》属于什么节目类型？
2. 这三个节目的模式够独特吗？模式相似度如何？

---

① 周笑.视听节目策划[M].北京：高等教育出版社，2015：124.
② 谭天.电视节目策划实务[M].广州：暨南大学出版社，2011：15.
③ 刘昶，甘露，黄慰汕.欧洲优秀电视节目模式解析[M].北京：中国广播电视出版社，2010：8.

第二章　策划重点：故事、主题、要点与叙事手法

《国家宝藏》是中央广播电视总台2017年推出的季播文博探索节目，节目融合了演播室综艺、纪录片、舞台剧表演、真人秀等多种表现形态，通过国宝守护人、考古学者、文博人员、讲解员等共同讲述"国宝"前世今生的故事，让公众感受到"国宝"所代表的中国文化的传奇。

视听节目实际上就是一个个视听故事。策划就是引导我们寻找好故事，讲述好故事的路径与方法。本章从八个方面探寻故事策划与创作的着力点，并以这八个着力点为策划抓手，带动从节目元素、节目模块、节目形态到节目模式的创新变化。

一、故事、情节与细节

讲故事就是叙事。

所谓叙事（narrative），在修辞意义上是指某人在特定场合出于特定目的向其他人讲述某事。显然，我们所赖以生存的社会中叙事无处不在，我们通过叙事去理解世界，也通过叙事来讲述世界。

有学者指出，目前传播竞争的特点在于，传播渠道的拥有和掌控能力对于传媒产业核心竞争力形成的贡献将越来越小，而传播内容的原创能力及内容资源的集成配置能力，以及对于销售终端的掌控能力及终端服务链、产业链、价值链的扩张能力却越来越

成为形成传媒产业核心竞争力的要素。① 这意味着,"内容为王"始终是传媒产业制胜的法宝。

视听节目的核心竞争力正是叙事能力。从小时候的睡前童话到如今的电视剧集,我们对讲故事从不陌生,所谓故事,精简概括来说都是某人遭遇了某事,这短短几个字看似简单,实则需要深入剖析。

1. 故事以人为中心

故事必须以人为中心。故事是展现在过去、现在、将来的世界中一个个人的人生蕴含着的"命运"。人物之间的关系产生冲突、悬念等要点正是命运感和故事性的体现,是故事不可或缺的部分。人通过与故事中的他人比较,来评价自己处境的好坏,通过与故事中的过去比较,来评价自己的未来,否则个人的一切就是无法预测、无法应对、无法评价的偶然,这就是故事的"以人为本"。虽然也有很多以动物为主角展开的优秀故事创造,但绝大多数都是以拟人化的形象呈现或聚焦于动物与人的关系,即便是纪录片《动物世界》,也有人的视角、讲述和故事加工,因而即便没有人的直接出场,事件的背后一定会有人的存在和力量在发挥作用。

2. 情节是故事的主干

情节是故事的主干,是故事开始、发展、高潮、结局的支撑点。从叙事学的角度来看,情节是具体人物在具体场景中发生的具体行为和言语,它构成了整个故事的一个个环节。正如讲故事的标准框架:"在很久很久以前,发生了这样一个……,然后……,然后……,最后……"。情节不是简单罗列材料与事实,而是对发生在过去的事情加以贯穿、组织与阐释。按照因果逻辑组织起来的一系列情节,其设计必须脉络清晰,递进合情,衔接合理,不能杂乱、生硬和跳跃。只有做到合情合理、逻辑顺畅,才能充分体现出人物之间、行为之间的冲突,推动故事发展。

3. 情节需要细节支撑

如果说情节是故事的"骨架",那么细节就是故事的"血肉",能使视听节目真实自然、有血有肉、充满生活气息。细节通常指生活细节,它依附于生活线之上,人物本身的独特神情与对话独白、习惯动作与衣着打扮、性格特征与兴趣爱好,甚至是某些不起眼的小物件,都可以成为我们在细节创作中的亮点。例如,《等着我》节目中求助者总会带着一些物件上场讲述,如照片、信件、衣服、硬币等,一方面,它们会成为故事的切入点;另一方面,具象的物品让当事人的情感在讲述中有了依托的载体。②

由此,我们对故事的基本要素就有了较为清晰的了解:任何形式的视听节目,或传播思想,或传递信息,都不能仅仅从概念到概念、从道理到道理,必须有典型人物和事件,也就是要有故事,故事要有情节,情节中要有细节。通过情节真实展现个体的人生经历和前途命运,通过细节以小见大,不仅能讲述一个生动鲜活的故事,更能折射出深层次的时代特征和社会变迁脉络,培植节目的兴奋点与感染力。

4. 讲好故事

但故事的核心——叙事还需要进一步研究,即怎么讲好故事。讲好故事有两层含

---

① 喻国明."去碎片化":传媒经营的新趋势[J].视听界,2005(4):21-23.
② 梁爽.《等着我》:访谈节目与真人秀的深度嫁接[J].电视研究,2018(1):50-52.

义:一是内容,即什么人碰到了什么事;二是话语,即故事是怎样被人讲出来的。这两个核心问题概括而言就是讲一个"好故事"与"讲好"一个故事。

讲一个"好故事",也就是寻找一个与人自身以及人所置身的世界最密切相关的故事,这个故事越是与人自身以及人所置身的世界相关,越具有命运感,越是一个好故事。

"讲好"一个故事,需要从事件发展的时间顺序转向故事叙述的逻辑顺序,在时间顺序上是"后来……后来……"的山重水复,在逻辑顺序上则是"因为……所以……但是……"的柳暗花明,紧凑的环节能使观众始终处于兴奋、紧张和期待的状态。叙事过程中新元素的插入,使情节由直线匀速前进变为曲线变速发展,大起大落、高潮迭起,使叙事本身产生惊险、紧张的语义功能,从而满足了观众"为什么"与"后来呢"的双重期待,使故事真正生动活泼、引人入胜。逻辑顺序落实在实操中就是要针对故事叙述中多个便于操作的环节进行创意和策划。

接下来,我们以《焦点访谈》(见图 2-1)——中央电视台于 1994 年推出的深度新闻报道栏目为例,来看看严谨的新闻是怎样讲故事的。

图 2-1 《焦点访谈》logo

在"新闻反映什么——讲什么故事"层面,《焦点访谈》体察民情、关注民生,以低视角、平等的姿态倾听百姓话语,对社会底层民众和弱势群体给予极大关注,始终聚焦于"领导重视、群众关心、普遍存在"的国计民生;记者和当事人之间的交谈有着相当清晰的脉络和层层递进的结构,通过对新闻人物、新闻事件的采访,对新闻事实的背景、过程或后续进行深度解析,坚持在全面完整掌握事实的基础上选取恰当的角度,着力探求"背后的新闻",也就是探求"好故事"。

在"新闻如何反映——怎样讲故事"层面,《焦点访谈》改变新闻播报方式,力求讲好故事。第一,采用访谈形式,主持人由"播新闻"过渡到聊天式"说新闻"。第二,让民众表达,普通民众出镜所"谈"内容被前者所"访"问题限定,能在满足公众知晓权的同时给予被访民众一定的话语权。第三,具有一个完整封闭的叙事流程:百姓利益受损——记者调查取证——执法者出面、惩罚非法行动——百姓利益得到补偿——对其他非法行动主体形成威慑——达到稳定政治与社会的功效,整个流程中,故事情节宛如剥笋,层层展开。第四,设置紧张冲突的悬念,以记者视角追踪线索、采访知情者直至真相水落石出,这种替代参与的特权式体验能极大增加受众的参与感和节目的真实性。

> **观摩与提问**
>
> 1.《罚要依法》有哪些好的情节和细节?
> 2.这一节目中,情节与模块(环节)、细节与元素有没有对应关系?

二、故事主题

所谓主题,是指栏目或节目要展示、表达的精神内涵,也是节目策划的指导思想。从学生时期的作文写作到现在的节目策划,我们对主题从不陌生,面对同样的素材、事件、人物和故事,选择切入的视角不同,最后展现的内容可能千差万别。正如作文老师常说的,"有一个好的主题立意,作文就成功了一半",好主题同样也是视听节目策划的起点。

1. 主题:高度与新鲜

概括来说,好主题有两个共同特点:高度与新鲜。

首先,好主题必须要有高度,应该体现公平正义、爱、勇敢、诚信、尊重、团结、胜利、和谐、勤劳、爱国等社会主流价值,例如,《极限挑战》(见图 2-2)第三季的主题——劳动最光荣,《舟舟的世界》(见图 2-3)的主题——每个生命都值得尊重。

图 2-2 《极限挑战》节目海报

图 2-3 《舟舟的世界》节目海报

节目不能停留于"搞笑"甚至"恶搞"的较低层面吸引观众,更不能给予受众错误扭曲的价值引导,要试图挖掘素材背后思想层面、价值层面的内涵。2021 年 8 月 3 日开始,国家广播电视总局开展了为期一个月的网络综艺节目专项排查整治,要求严格控制偶像养成类节目,重点加强选秀类网络综艺节目管理,严格控制投票环节设置;坚决抵制追星炒星、泛娱乐化等不良倾向和流量至上、拜金主义等畸形价值观;进一步压实网络综艺节目制作和播出机构主体责任,加强对粉丝群体的正向引导,强化平台"水军"和"黑粉"治理。

策划者应坚持履行自身传递社会正能量的责任,加强高尚思想文化引领,为推动人类社会精神文明的发展做出贡献。

其次,好主题应有新鲜度,与时俱进,与社会热点趋势相吻合。时代不一样,人群不一样,环境不一样,观众感兴趣的主题也不一样,在选取主题时要融入时代特点。我们通过剖析内地综艺节目的发展以小窥大。1983年除夕之夜,《春节联欢晚会》首次在央视播出,全国人民迎来了电视综艺节目的开端,近四十年来,内地综艺节目从单一到多元、从严肃到活泼、从综合到细分、从明星表演到全民参与,大致可分为综艺晚会时代、明星游戏时代、益智游戏时代、综艺选秀时代和全民娱乐时代五大阶段。最初由于节目制作的人力、物力、财力等成本限制,央视的综艺节目一枝独秀,但受限于时代条件,表现形式多为简单的"我演你看"。随着电视资源逐渐丰富,观众不再满足于简单的"观看者"角色,开始渴望更新更丰富的节目类型,甚至希望参与到节目之中。从单一的表演内容到明星在舞台上与主持人或观众互动的《快乐大本营》《欢乐总动员》,到普通百姓参与的竞猜益智游戏类的《幸运52》《开心辞典》,到激发全民热潮的平民综艺选秀《超级女声》《我型我SHOW》,再到全民游戏、表演的《智勇大冲关》《全家都来赛》……综艺节目的发展演变清晰地呈现出个性多元与全民参与的发展脉络,始终以社会环境为依托、以媒介发展为助力、以受众需求为核心来策划节目主题。

而热点作为高质量、深层次的话题,受众面广,社会关切程度高,往往是政府工作的重点甚至难点,也是新闻舆论引导的重点。敢于触及矛盾甚至促进矛盾的转化与解决,也是视听节目的价值所在,但同时也要注意切入视角和呈现内容的选择,要把握分寸、正确引导,坚持媒体的社会责任。

讨论

你欣赏的节目主题有哪些?不中意的节目主题有哪些?

2. 主题的三种形态

一般来说,主题有三种形态。

第一种是理想主义的,即大团圆的喜剧结局。这种符合国人审美和欣赏习惯的形态最受欢迎,不论剧作的故事情节如何曲折,只要最后结局是圆满、令人欢喜的,观众便喜闻乐见。大型公益寻人类节目《等着我》(见图2-4)依托普通人不普通的寻人故事,借助国家力量搭建全媒体寻人平台,以"为缘寻找、为爱坚守"为主题,致力于寻找生命中最想找到的人,帮助求助者实现"团圆梦",观众共同见证希望之门开启后亲人团聚、落泪相拥的场景,心满意足地共享这一时刻的喜悦,节目一经播出便获得业界的广泛关注,收获了良好的口碑。

第二种是悲剧性的。悲剧是现实生活中悲剧困境的表达与升华,是令人思考、发人深省的主题,而并非一味的颓丧废弃。如今视听节目中悲剧性的主题不算常见,新闻报道中的悲剧也以矿难、空难、地震、水灾、车祸等天灾人祸居多,对于社会弊端与生命脆

图 2-4 《等着我》节目海报

弱的沉思较少。一般而言,这种单纯悲剧性的色彩并不适于在专业媒体上传播,易导致负面影响,在策划悲剧性选题时,应注意表现作为主体的人在苦难面前的生命力量和坚定追求,重在揭示其中蕴含的崇高悲剧精神对人性的超越与救赎。在悲剧新闻报道中,主流媒体更要时刻保持理性头脑、坚守道德底线、客观报道事实、正确引导舆论,发挥悲剧新闻的积极作用,维护社会信息系统良性运转。

第三种是理想与悲剧兼顾的正剧,即表现"真善美"与"假恶丑"之间的尖锐较量与冲突,其结局或是"真善美"胜利,或是"假恶丑"暂时得势,给观众留下期待、疑惑及思考的空间。以这种形态的主题创作的作品是最多的,因为它与现实生活距离最近,符合生活的常态,在创作中能做到源于生活又高于生活,所以它的真实性最强,观众与其思想和感情的共鸣度也最高,冲突也利于引人入胜的叙事的展开。例如,央视常有以缉毒警察为主角的新闻调查类节目,《天网》《夜线》《一线》等节目中均有系列报道,节目刻画毒贩的狡猾隐蔽、残忍狠毒以衬托缉毒警察的丰富经验、专业能力和崇高责任理想。

3. 主题与题材

◇ 提示:以上阐述的主题是宏观抽象的精神内涵,应与节目表达的具体选题区别开。进行节目策划的第一步是明确主题、定位与宗旨,主题具有内容识别与选择功能,在正确、全面地理解和把握栏目或节目主题、定位、宗旨的前提下,才能进行寻访选题、找准切入口的工作。

对于节目题材的选取,《实话实说》策划人杨东平曾经有过如下归纳:一是新闻性、社会性话题,观众对于这一类话题有较高的接受度与关注度,例如新冠肺炎疫情、高考、奥运会等;二是社会性问题,如空气污染、农民工权益、房地产热、煤矿安全等问题;三是关于人们生活方式的话题,如吸烟、美容、收藏等;四是婚姻家庭类话题,如婚恋相亲、夫妻调解、婆媳关系等;五是教育类话题,如课外辅导、学区择校等;六是主旋律话题,如热爱生命、爱岗敬业等。在实践中,选题不应拘泥于简单的分类,着眼老百姓生活、把握社会进程与趋势、培养话题敏感度,这才是节目策划人员应有的素养。

另外,在栏目策划中应注重系列选题的运用,即批量"生产"人物或事件,以某一主题贯穿节目,形成系列,在一个时期形成轰动效应。2019 年春节期间《焦点访谈》连续推出系列节目"总书记来过我们家",深入采访十八大以来习近平总书记曾经走访过的家庭,以《重生映秀欢乐年》《坝上人家万户春》《黄土高坡致富路》《小巷街坊千家好》《大山深处气象新》《农家炕头平伙香》六集节目讲述他们通过奋斗摆脱贫困的故事,折射他们所在村庄、街道、社区的新变化,反映中国脱贫攻坚工作的喜人成果,反响极为热烈。

不仅单一栏目可以选择系列选题,而且不同栏目也能形成联动效应,扩大社会影响。中央电视台科教频道(CCTV-10)推出"大会"系列文化益智综艺,包含《中国汉字听写大会》《中国成语大会》《中国谜语大会》《中国诗词大会》等栏目(见图2-5),营造了一个涵盖古与今、小众与大众、传统与现代的文化传播矩阵,以大众文化的有益形式满足大众的精神需求,甚至营造出全社会的浓厚文化氛围。

图2-5 "大会"系列文化益智综艺

批量策划选题能使主题更集中,内容更丰富,视野更开阔,甚至能引起其他媒体的"联动宣传"。还可以配合社会重大事件或传统节日,既能体现时效性,又能体现节目的规模效应。观众可能无法记住每一个人物与事件,但一定会对系列选题留下印象,极有利于树立栏目和品牌形象,传播核心价值。

◇ 提示:通过上面两部分的叙述,我们已经初步触及了故事的内核,但节目的策划与创作过程还远远没有结束,尤其在视听节目市场竞争日益激烈的今天,独家选题、独特视角及独有深度等变得稀缺,视听节目的竞争往往体现为表现形式上的竞争,如何使用各种有效的方法展示主题达到最佳的传播效果和吸引观众眼球,已经成为各视听节目策划人共同关注的问题之一。

故而,在明确主题的前提下,应强调叙事技巧的使用,以强化节目内容的可看性。叙事技巧可以概括为故事四要点,分别是悬念、冲突、情感和节奏,接下来我们对此一一阐述。

三、悬念

1. 悬念的含义与构建

作为讲故事的基本手法,悬念是指人们欲知而未知之事——通过给出人们比较关心的事情的部分信息,让人们产生想知道事情发展、事情结果或事情原委的欲望。在视听节目策划中,通过悬念叙事是形式创新和内容创作的一种基本方法。设置悬念既是构建节目内容框架的基本手段,也是激发视听用户观看兴趣与期待心理的重要方法。

在视听节目叙事策划中,需要对悬念进行整体结构的安排,即悬念的构建。悬念的构建必须以节目形象定位、素材特点、叙事方式等为基础,设置整体悬念结构和收视兴奋点,不同类型的视听节目应使用不同的悬念表现方法。

根据节目素材的不同来源与性质,可将视听节目分为纪实类节目和艺术虚构节目两类。纪实类节目包括新闻、纪录片、谈话节目等,其素材是已知的、过去的、非虚构的,不能对素材本身进行过度加工,不能歪曲信息的本来面目;艺术虚构节目包括电视剧、综艺节目、动画动漫等,其素材是虚构的、可控的,来自前期策划、编剧和导演对各类叙事元素的综合性运用和创造性发挥。

由于两类节目叙事情节、叙事风格上的差异,悬念的构建必须具有针对性。纪实类节目的悬念设置必须以客观事实为基础,杜绝虚构和人为策划因素,一般而言,只能在节目制作后期根据故事情节的发展和人物矛盾的自然冲突,运用图像、语言、文本等叙事元素进行结构和悬念切入点的设置,达到自然悬念的效果。譬如,电视新闻节目可以将整个新闻事件分解成多个片段的故事情节,打破传统的由原因到结果的叙事方式,实现多个故事片段跳跃式的推进。艺术虚构节目则具有更多的发挥空间,既可以同纪实类节目一样在后期制作阶段进行二度悬念设置,强调悬念对叙事流程的重构,也可以在节目前期策划阶段,根据节目定位、风格、受众群体收视特点等来确定整体的悬念应用方式,如真人秀节目采用多个小游戏决出胜负的形式分配任务或奖惩,从而推动情节发展。

2. 悬念的种类:结构性悬念与兴奋性悬念

依据悬念在节目整体叙事结构中的不同作用,可以将其分为结构性悬念和兴奋性悬念。

结构性悬念是贯穿节目始终的总体悬念和大悬念,主要作用在于构建节目的整体框架,突出节目的总体构思,揭示节目主题和思想内涵。具有不同故事性的节目对结构性悬念的运用也不同,一般而言,综艺、游戏类等故事性不强的节目在创办之初与策划阶段就人为设置好了节目的叙事模式和悬念的构建方式;而电视剧和新闻纪实等强故事性节目一般在故事开端或者情节展开之前迅速地抛出总悬念,而谜底往往随着逻辑顺序的展开直至节目最后才予以揭示,使观众遵循叙事思路来感受节目氛围,并领会节目的思想主题,充分满足自己的好奇心与求知欲,甚至引起共鸣。例如,浙江卫视《奔跑吧,兄弟》中参与明星经过一系列比拼后,才能揭晓谁能赢得最终大奖;重庆卫视《拍案说法》每期都以"欲知后事如何,且听下回分解"来结束;央视《等着我》故事讲述结束、希望之门开启后,观众和寻人者才知道是否寻找到想找的人……结构性悬念在如今的视听节目中被普遍运用,甚至成为"标配"与必备的叙事技巧。

兴奋性悬念通常是小悬念,在节目中起到铺垫故事情节、烘托人物形象、提高观众收视兴趣的作用。一些视听节目具有情节曲折、人物性格复杂、游戏环节繁多等特点,在叙事过程中必然会派生出一些新情节,仅仅依靠单一的结构性悬念难以支撑起节目框架并持续吸引受众注意力。《焦点访谈》节目的制片人就曾明确提出,节目中每隔两三分钟要有一个兴奋点才能牢牢抓住观众,这就要求我们必须在总悬念抛出以后,在不断推进的情节中人为设置兴奋性悬念,使其或并行或递进地涌现,从不同侧面与总悬念相联系,逐步地表现、丰富并深化主题,同时增强受众渴望知晓故事情节的紧迫感。以电视婚恋交友栏目的代表《非诚勿扰》(见图 2-6)为例,观众透过电视镜头提前知晓男嘉宾的心动女生,但现场女嘉宾并不知情,这就人为制造了观众与节目嘉宾的信息落差,为其观看节目埋下极好的伏笔,难免对男女嘉宾随后的互动产生期待。因此,在"男嘉宾能否与心动女生牵手成功"的总体悬念之下,不断揭秘男嘉宾的身份信息和 24 位单身女生以亮灭灯表达的意愿,以"爱之初体验""爱之再判断""爱之终决选""男生权利反转"等环节进行兴奋性悬念的设置与揭晓,逐步确定最后的速配结果,层层递进,扣人心弦。

图 2-6 《非诚勿扰》节目 logo

3.悬念的表现方式:冲突型与拟制型

构建悬念需要使用一定的手法和方式,才能表达这一叙事技巧背后的主题,使视听用户有所感悟。在应用悬念时需要明确,用户注意力作为稀缺资源极易转移,因此悬念的设置应尽量简明统一、紧扣主题,不能过于深奥曲折,更不能将手段当目的,脱离故事主题。

依据节目叙事节奏和风格的差异,悬念的具体表现手法可以分为以下两种。

第一种是冲突型表现方式,即展现冲突,制造未知或不可预见性。既可以采用倒叙等叙事手法把故事的全部、局部或某种迹象与征兆向观众做预先提示,也可以通过游戏、投票、对抗等规则的操作和设定,将叙事结构进行分解与递进,加剧人物冲突,增强故事的曲折性。这一悬念表现方式通常运用于矛盾冲突剧烈、情节复杂的视听节目中,例如,法制类节目主持人用简洁明快的语言开篇,迅速抛出结构性悬念,谜底藏在故事情节中等待揭晓;挑战类综艺节目设置层层关卡,挑战者需要逐个闯关击破,甚至还有紧张的时间限制……运用叙事手法后一般还会做进一步的解读与探讨。

第二种是抑制型表现方式,即设问,也称"卖关子"。这是一种抓住观众急于获知内情的迫切心理,故意放慢或打断叙述节奏,延缓事件进程的悬念表现方式。例如,电视剧每一集结束都定格在悬念即将揭开和冲突最为激烈的时刻,让人心中挂念,只想立马观看下一集;在中心情节发展过程中插入其他次要情节线索,甚至转向对另一事件的追溯,造成"戏中有戏";综艺节目在高潮阶段插入人物的抒情性独白再次铺垫,或意料之外地出现滑稽怪诞的行为动作……由于观众的情感随着叙事进展不断起伏,这种方法还可以对观众的情绪进行一定的控制,进一步调动观众的好奇心,使其沉浸在节目之中。

◇ 提示:悬念设置效果如何,用户的视听感受是最终的评判标准,但是,我们在策划过程中也有普适的评判标准来进行自我考查。首先,好的悬念设置应该能够引起受众强烈的收视兴趣,吸引其注意力,这也是我们设置悬念的初衷;其次,悬念结果应该出人意料但又在情理之中,不任意夸大、不随意捏造,如果过度的期待无法得到满足,反而会激发人的失望与反感情绪;

最后，悬念应是节目展开的线索，更是内容和形式的统一，既突出主题又有效传达作品的内涵，手法与技巧要为内容服务，绝不能本末倒置。

你感兴趣的节目中有哪些悬念？这些悬念是靠什么形成的？

四、冲突

1. 冲突的内涵

毛泽东曾在《矛盾论》中指出："矛盾存在于一切事物的发展过程中。"冲突即矛盾与对抗。现实世界中充满了冲突，最合法的冲突是竞赛，最激烈的冲突是战争……可以说，冲突构成了生活的本质，但生活冲突往往处于零散交错、进展缓慢的原始状态，戏剧性冲突往往将生活冲突集中概括、加工拔高，使其更加具体尖锐，在叙事中集中地表现出来。冲突的过程火花四溅、扣人心弦，冲突的结果扑朔迷离、出乎意料……在影视创作中，冲突、危机、高潮、结局四部曲被称为剧作的"起承转合"，冲突成为推动故事发展的内在动力。

冲突落实在各种环节中，环节即情节，环环相扣，使参与冲突的人物动作不断发展推进，因果相承，首尾连贯，最后成为故事。德国哲学家黑格尔分析了三种不同的冲突情境：第一，由不可抗力形成的冲突，如身患疾病或者自然灾害等；第二，不为人的意志所转移、与生俱来的冲突，如家庭出身和社会阶级关系等；第三，源自个体心灵的差异的冲突，它是以前两种冲突为基础产生的重要结果。黑格尔认为心灵上的冲突才能显现人类伟大的人格，是真正理想的冲突情境。

不可抗力和与生俱来的冲突往往没有很好的解决办法，过于浓厚的悲剧性色彩也不允许运用过多的艺术技巧，一般情况下只在新闻类节目中出现。视听节目叙事技巧的应用以最后一种冲突为主，接下来我们对此展开详细论述。

2. 冲突的类型

以叙事主体——人为参照，可以将人的冲突划分为人与环境的冲突、人与人的冲突和人的内心冲突三种类型。

第一种是人与环境的冲突，包括人与自然环境和社会环境两方面的冲突。环境是指视听节目中为制造戏剧冲突、刻画人物性格、表现故事主题而展现的"特定环境"，可按照性质划分为自然环境和社会环境。

人与自然环境的冲突可以是自然环境作为节目人物的对立面直接产生冲突，展现人与自然的矛盾，追求冲突解决过后人与自然的和谐相处及人对自然的敬畏之情，例如，探险纪录片《荒野求生》聚焦于人在最恶劣、最艰难的环境中谋求生存；自然环境也可以作为导致人与人之间冲突的诱发因素和故事背景，明星真人秀节目往往以孤岛、荒原、乡村为拍摄地，人为设置游戏或对抗方式争夺节目提供的奖励，例如《爸爸去哪儿》以"寻找食材""做饭"等生活需求构建基本内容结构，穿插抽签入住房屋、50元采购食品、比赛搭建野营帐篷等游戏与竞赛环节，为观众带来许多充满童真的乐趣。

所谓社会环境,是指人类生活的大环境,包括时代背景、风俗习惯、传统势力、文化观念以及特定的政治、经济体制和道德规范、行为准则、等级出身等。人与社会环境的冲突往往聚焦于社会规则,希望引起观众的反省与思索,例如《乘风破浪的姐姐》立足选秀,却能做到直击社会痛点、深化主题(见图 2-7)。节目一经播出就引发了社会舆论的广泛关注,中年、女性、独立等关键词点燃了某种被压抑已久的大众情感,其旨在打破传统选秀模式,跳出迎合的圈子,做一个真正意义的"30+"实力女团,更是打破年龄对女性的禁锢,让其有更多精彩的选择。

图 2-7 《乘风破浪的姐姐》宣传海报

1. 设定的环境如何与主流价值导向相吻合?
2. 一个谈心节目设在"解忧咖啡馆"和"解忧酒馆",哪个更合适?

第二种是人与人的冲突,这是最主要最关键的部分,视听节目的主要情节和人物关系都是由人际矛盾构成的。"人与人之间的冲突,不尽相同,在不同理念的支撑下各种各样的欲望滋生繁衍,有生理上的满足、物质上的享受和精神上的追求。在实现自己欲望的过程中,每个人的个性都会凸显,由此造成的冲突一触即发。"[①]因此,人与人之间的冲突既有性格冲突,也有理念冲突和欲望冲突,这三者往往相互渗透,密不可分。

人的先天个性和后天成长环境各不相同,不可避免地产生性格冲突,这是产生戏剧性冲突的重要因素,节目甚至会刻意强调或放大性格差异,制造反差,产生更强的可看性。所谓理念,主要是指人的观念、意念,包括价值观、人生观、爱情观以及人生理想、信仰等,理念冲突既可以是个体之间的,也可以存在于阶级、集团甚至整个社会之中,往往不可调和,冲击力更强。另外,在节目流程的引导下,渴望胜利与奖励、规避惩罚与不幸的情绪使节目参与者成为欲望客体,形成对立状态和激烈的欲望冲突,甚至会展开争夺。需要注意的是,在展现人与人之间的冲突时,把握好"度"非常重要,杜绝低俗冲突,不应依靠制造低俗新闻或话题吸引观众眼球。

---

① 言爽.浅析韩国明星综艺节目在中国网络的传播[D].上海:上海师范大学,2010.

第三种是人的内心冲突，它是永恒存在的。人面临数种矛盾而必须择其一时，内心冲突往往是最有冲击力和感染力的，因为相较于可修饰的外部行为，内心想法更为隐秘和真实，更能表现出人的本性。节目通过神情动作的捕捉、人物采访的独幕式追述镜头、第三方专家或亲属剖析等方式捕捉真实而富有特点的外在细节，将人的内心活动外化，人物的心理活动越复杂，其所表现出来的思想、情感、性格冲突就越激荡人心，也越能够激发观众的兴趣。

人的冲突虽然分为人与环境、人与人以及人物的内心冲突三种类型，但它们之间并非是截然分开、泾渭分明的，实际上这三者联系在一起时才能具有丰富的内涵：环境的冲突是铺垫，更是前提，人与外部的冲突都来源于内心的抉择，人与人之间的冲突还能推动人与环境、内心冲突的发展，故而三者在同一档节目中不仅能够完美共存，甚至可以起到叠加强化的效果。

另外，还需要注意，仅仅展现人与外界的冲突不能构成真正意义上的冲突，只是停留在文艺样式的表面现象，空有形式，却缺少内核，要么使作品充斥着毫无意义的、荒诞不经的视觉冲突，要么就是空中楼阁、缺乏回味，脱离甚至违背生活现实。好的作品中外部冲突与内心冲突缺一不可，甚至需要相互作用、相互扭结，共同推进故事情节的发展，正如美国影视剧作家罗伯特·麦基所说："冲突法则不仅是一条审美原理，它也是故事情节的灵魂。"①

3. 冲突案例

2015年由湖北卫视播出的谈话类节目《非正式会谈》就是极好的冲突案例代表，节目邀请来自十个不同国家的在华青年，与主持人一起围绕当前年轻人普遍关注的热点话题展开讨论，带领观众用不同于中国文化的全球视角，审视、思考、探讨问题，在冲突中呈现文化差异（见图2-8）。

首先，通过话题设置制造冲突。节目每一期的提案都聚焦于社会性、价值观等争议性较强的生活话题，涉及亲情、爱情、生活、工作、社交、梦想、人生选择等多个方面，不可避免地产生人与人之间的理念冲突；来自不同国家的青年代表具有差异性和矛盾性的各国文化背景，在"全球文化相对论"环节更是专门探讨碰撞性的文化议题，从一些具有辨识度的、公认的议题内容，如各国著名的大学、各国代表性动物，到一些具有趣味性和生活气息的议题，如各国的零食、各国的奇葩影视，不断细致文化议题，甚至还有专门针对"国家偏见"的讨论。一个个议题让每一个国家的青年所代表的文化都逐渐丰满起来，将人与社会环境的冲突直截了当地摆上会议桌，旨在打破观众的固有偏见和刻板印象。

其次，依靠嘉宾组合强化冲突。为了确保外国嘉宾的个性冲突得以展现，节目组势必对其加以"标签化"呈现，如介绍韩国青年代表金韩一为"有机暖男"、德国青年代表潘天楷为"日耳曼公文包"、伊朗青年代表华波波为"最不像博士的博士"等，可以看出所谓的"个性标签"是节目中青年的国家、文化和个人特点的融合呈现；节目中某位嘉宾发言之后，节目组甚至会有意安排与其个人风格或国家文化差异较大的嘉宾进行反驳，以此凸显冲突；而各国青年相互探讨、争论，进行文化上的摩擦交融和观点上的交锋碰撞，实

---

① 罗伯特·麦基.故事[M].周铁东,译.天津：天津人民出版社,2016:257.

图 2-8 《非正式会谈》宣传海报

则都是认知与内心冲突的呈现,不仅让观众增长知识、拓宽眼界,更能使其拥有多元的观念和视角,培养包容开放的心态。

最后,借助后期突出冲突。一个半小时的节目一般由不固定的"羞耻小剧场"环节和固定的"全球文化相对论"环节(包括提案、表决、讨论和游戏等内容)组成,内容丰富、环节复杂,必然需要依靠后期"二次创作"留下精华吸引观众。例如,在第一季的第二期节目中,当会长刘仪伟抛出"要求嘉宾写汉字"的问题时,镜头立即反转呈现了各位嘉宾的微妙表情,并搭配以花样字幕和强调环节转变的音效,为整个场景营造考试前的紧张氛围。后期会借助紧凑的剪辑节奏和激烈的声音字幕,打破重组原有的节奏,将最核心的事件加以凸显,抓住典型冲突来提升节目的戏剧性,扩大节目的感染力。

《非正式会谈》聚焦于各国文化的碰撞冲突,满足观众放眼全球、了解世界的需求,因此一经播出就吸引了观众的注意力。

你感兴趣的节目中有哪些冲突?这些冲突有什么效果?

五、情感

古语有云:"感人心者,莫先乎情。"情感不仅是精神的门户,更是艺术的血液,俄国文学家托尔斯泰也说过:"艺术是用感情感染人们的手段。没有感情,就没有生命!"[1]

---

[1] 孙显军.电视谈话节目中的情感策划[J].声屏世界,2003(6):25-26.

出于人类自我满足的需求和寻觅真情的渴望,情感是一切文学艺术的永恒主题,是艺术作品得以不朽的灵魂所在。

1. 情感的内涵

从故事的角度看,所谓情感,是人对环境(包括人物、事件、冲突等)的情绪感知,是故事的强化剂。人是产生情感的唯一主体,故而情感通俗而言就是"人情味",喜、怒、哀、乐、爱、恨、情、仇等都属于情感范畴。

哈特指出,"娱乐工业和各种文化工业的焦点都是创造和操纵情感"[1],詹金斯在《融合文化》中提出了"情感经济"的概念,认为情感会影响受众的观看选择和决策行为[2],因此视听节目作为关注人精神内容的产品,同样呼唤情感力量的参与,甚至要求其贯穿始终,只有关注社会大舞台上个体生命鲜活的酸甜苦辣、喜怒哀乐,才能真正贴近观众、贴近生活、贴近现实,满足受众情感共鸣与宣泄的需求。视听节目策划时必须顾及人的情感、情绪因素,关注人的情感世界,表现人的内心波折,这也是节目人文关怀之所在。

当下,越来越多的视听节目认识到人文关怀和情感能量对于受众的情感引导乃至节目的品牌构建的重要作用,开始逐步探索故事的人文化、情感化表达,将娱乐价值、知识价值和情感关怀有机融合在一起,创造属于自身的独一无二的符号。例如,《见字如面》采用明星读信的节目形式,让人们感动的不仅仅是信中的文字,更是文字中透出的浓浓情感,无论是秦朝士兵给母亲的信,还是萧红给弟弟的信,这些亲情、爱情、友情等人类共通的情感,即使跨越千年,也能让人们感同身受。

2. 情感的表现层面

视听节目中对情感的表现有多个方面和层次,让我们以大型公益寻人类节目《等着我》为例逐层剖析。

一方面,可以展示爱情、亲情、友情等真挚的情感,培养观众的公共情感,构建共享的情感纽带,通过传达人类社会中必不可少的重要情感类型,为普通人提供情感价值和情感支撑。《等着我》节目中的故事以亲情为主,透露出我国传统的"家文化"观念;辅以恩情、友情的故事,如曾参加过抗美援朝的90岁老兵祝老伯仅有一张黑白照片和一个地址,跨越半个多世纪寻找当年的救命恩人;再以爱情、师生情为节目增添亮色与欢乐氛围,以驱散浓厚的离别悲伤情绪,如著名的收藏家、作家马未都寻找恩师栾景全,感念其给予14岁的自己一个登台机会,从而奠定了他功成名就的基础。观众与嘉宾在悲喜交加的多元情感体验中共享重逢团聚的满足感。系列情感叙事使观众深刻体会到中国人对"情"的重视、对爱的坚守、对缘的寻找。

另一方面,可以聚焦生命的艰辛与坚持、成功的艰难与喜悦,达到美善统一、美善合一,形成主流的情感价值观。《等着我》节目里,在主持人与嘉宾的对话中,"为缘寻找,为爱坚守"的寻人故事一一呈现,如"智障哥哥只身坐车未归,全家人倾家荡产寻人""儿子上学期间被拐,母亲独自一人苦寻二十年""电视《失孤》原型郭刚堂十八年骑行万里寻子"……可以看到在艰难漫长的寻觅背后,这些或苍老或悲苦的面庞上洋溢着最朴素

---

[1] Michael Hardt. Affective Labor[M]. Duke:Duke University Press,1999:95.
[2] 亨利·詹金斯.融合文化[M].杜永明,译.北京:商务印书馆,2012:62.

的情感,希望之门的开启不仅带来新的希望与喜悦,更是将背后的价值观、道德观凝聚撒播,使我们在仪式的洗礼中感受着情感的震撼。

3. 情感运用的适度性

由于情感的特殊性,在流行与热闹背后存在许多争议与困境。早在2008年,国家广电总局就曾下发一则"整改令",严厉制止情感类节目的低俗化倾向,并要求各电视台对自己旗下的情感类节目进行"自查",可见某些情感类节目已经背离了聚焦情感探讨的初衷。

事实上,随着视听媒体对情感故事的层层剖析,神圣而神秘的个人情感在大众媒体这一公共平台上成为"光明话题",私人话语堂而皇之地进入公共空间,人们面对镜头的情感表达也愈加直白。私密情感逐渐公开化。

一方面,花边小报式的内容选材使媒体媚俗化。随着越来越多的视听节目开始注重情感的运用,同质化带来的收视率竞争压力导致某些节目选择"另辟蹊径",以婚外情、性爱等情感边缘内容,甚至非法代孕、近亲结婚、情杀等禁忌内容为主题,编造极端、荒诞、夸张的猎奇性故事,使视听节目演变为一个个"以猎奇为动机,以窥视为目的,以隐私为依托,以媚俗为结果"[①]的荧屏秀场。有学者对此给出了一针见血的批判,指出如今的某些大众媒体"不在于理性的建构,而在于感情的狂欢;不在于意义的生产,而在于符号的消费;不在于精神的提升,而在于世俗的表达"[②]。

另一方面,使用过度煽情的手段,滥用情感的力量。煽情作为激发情感的手段有其存在的必要性,但必须把握"度"。首先,单纯的情感宣泄过于廉价,某些自导自演刻意"卖惨"、嚎啕大哭的场面使观众尴尬无语,缺少对当事人精神世界和思想信念的关注,只会使节目走向声嘶力竭、矫揉造作;其次,有些主持人为追求激烈冲突刻意袖手旁观甚至煽风点火,促使矛盾扩大化、尖锐化,某些调解类节目任由嘉宾在舞台上争吵、对骂,甚至动手,人的情感世界敏感脆弱,涉及当事人私密和人性扭曲的部分时极易产生强烈的情绪波动,这时更要注意对场面的把控;最后,有的节目为了"催泪"不择手段,刻意通过问题引导、情景再现和信息披露等方式揭开当事人的伤疤,以痛苦换取收视率、点击率,缺乏对当事人最基本的尊重和人文关怀,有悖媒体人的专业素养。

从短期来看,这种过度刺激眼球的内容也许能有效捕捉受众游离的注意力,带来可观的收视率与经济回报;但从长期来看,只有刺激感官但缺少内核的内容极易让人形成审美疲劳,其所带来的吸引力与影响力都是短暂而脆弱的,不仅无法培养忠实受众,而且会降低媒体自身的品质,严重时甚至会恶化大众媒体的信息传播环境,扭曲社会大众的价值观,削减社会"公器"的公信力与影响力,产生负向的引导作用。

节目策划应始终牢记视听节目不是简单的故事编写和廉价的情感操弄,吸引观众也不是终极目标,视听节目有责任弘扬人类情感中的真善美,对情感的运用绝不能背离社会主义核心价值观,需要以健康向上、积极乐观的情感导向,发挥精神产品应有的社会团结、社会监测、道德弘扬和心理治疗等作用。

---

① 郭景萍.情感社会学:理论·历史·现实[M].上海:三联书店,2008:82.
② 李红春.当代中国私人领域的拓展与大众文化的崛起[J].天津社会科学,2002(3):109-113.

讨论

你感兴趣的节目中有哪些动人情感？它们是如何感染人的？

六、节奏

1. 节奏的含义

波列斯拉夫斯基曾说过："一件艺术品中包含的各种不同要素的有次序、可衡量的变化——所有这些变化递进般地刺激观赏者的注意力，并毫不偏差地引向艺术家的最终目标。"[1]这里所说的变化，正是指节奏，其能直接影响节目的呈现效果，因此在视听节目策划中重视节奏、研究节奏把控的技巧非常必要。节奏是指故事发展变化的速度，节目节奏是指画面、声音、场景等视听元素运动变更的速度。好的节奏能够与受众的心理契合，信息传播与受众情绪产生"共振"，调动受众更强烈的收看欲望，达到传播效果最大化。

2. 节奏的构成

策划时想要把握好视听节目的节奏，有必要对其构成要素进行分析。影响视听节奏的主要因素包括受众与画中人互动共振的心理节奏，以景别变化节奏、镜头切换节奏为主的画面节奏，以及音乐、音响配合的声音节奏等。在策划中视听节奏一定要与叙事节奏相符并为之服务，切忌喧宾夺主，避免产生脱离叙事情境的视听跳跃。

心理节奏包括观众心理和主持人、嘉宾等节目参与者的心理，它们共同作用，构成节目的叙事节奏。节目参与者作为故事主角，在节奏引导中占据主导地位。首先，主持人对节目进展起至关重要的作用，其心理素质与专业能力极大地影响着节目中心理节奏的把控和双向互动的交流，有时主持人还需要引导甚至掌控嘉宾的心理变化；其次，嘉宾需要展现自己真实自然的状态和独特真诚的人格魅力，吸引人们的关注和兴趣；最后，观众已不满足于"受传者"的角色，也渴望参与节目互动，同时节奏的本质是情感的运动变化，把握受众的情感也非常重要，因此节奏要为受众服务，只有贴近受众的观看与理解习惯、把握受众接收与互动节奏，才能递进般地刺激并吸引其注意力和情感投入，使节目节奏与受众的接收节奏产生共鸣、形成互动。

比如2010年播出的《王刚讲故事》第43期"虐子疑云"，便是一个充满冲突的故事。首先冲击观众眼球的是一个不到两岁的孩子因被残酷虐打而遍体鳞伤、深度昏迷的画面，为什么会出现如此反常的事件？为什么父亲会如此狠心？第一次冲突在急促的节奏中揭晓答案——孩子父亲为了要挟在外打工的妻子回家而虐打孩子。紧接着对孩子父母的介绍节奏趋于缓慢，观众的心理节奏从气愤转为疑惑；第二次冲突来自这个孩子非父亲亲生的事实，节奏骤然加快；第三次冲突是这对夫妻原来是名义上的非血缘兄妹关系，矛盾纠葛更加复杂；接下来又揭示孩子遭毒打的间接原因是孩子妈妈打工时怀了别人的孩子，仓促和"哥哥"结婚，生下孩子后又外出打工，性格内向的父亲在独自照顾

---

[1] 理查德·波列斯拉夫斯基.演技六讲[M].郑君里，译.北京：中国电影出版社，1980：112.

孩子的烦乱和对妻子的猜疑心理逐渐扭曲、变态。节目进行到此,矛盾冲突似乎已经结束,节奏也更加平缓,但接下来讲述的是最能打动人的结局——孩子在医院挣扎了60多个小时后身亡。伴随着主持人愤慨的语调和医院悲伤的氛围,故事节奏看似缓慢,实则又紧张起来,受众的心理节奏也达到了最高点,在整个过程中受众心理变化可概括为惊讶—疑惑—气愤—同情—愤慨,节目的整体节奏也随之起伏波动。

画面节奏包括景别的变化幅度和镜头的切换节奏。镜头的视觉强制作用可以使观众的注意力集中在导播的画面之中,景别改变的不只是画面构图,还有观众情绪的融入程度,远景内置的情感较为中立、客观,而近景与特写镜头的情感则更为充沛、丰富;与故事情节细节匹配的镜头切换能使画面具有流畅感与节奏美感,缓解观众因注视单一景别过久产生的审美疲劳,还能产生视觉的跳跃感,使叙事节奏加快,因此把握画面节奏要考虑到镜头内部情绪变化与时长的对应关系,抒情场景要降低景别切换频率,处于矛盾冲突的高潮部分则要相应加快,尤其是两极镜头(极远与极近)的切换会产生强烈的对比,可辅助表现人物内心的激烈活动与巨大震动。

声音节奏可以细分为语言节奏和音乐节奏。语言交际作为视听节目的重要组成部分,对节目整体节奏的影响不言而喻,要想掌握语言节奏,一方面需要一定的语言表达技巧来驾驭声音变化;另一方面要调节、控制语流、语速、语气、语势等,使语言特征渐次明朗成熟。音乐作为一种表演艺术,本身就具有鲜明的节奏性与情绪性。它对内在情绪节奏的影响显而易见,快节奏的音乐使人产生紧张、兴奋、刺激、活跃的感受,慢节奏的音乐会让人放松、平静、舒畅,而杂乱无章的音乐节奏则让人心烦、躁动、不安。恰当的音乐不仅能以其本身的节奏情绪渲染氛围,更能将观众迅速带入强烈的情感场之中。

3. 快节奏与慢节奏

以快慢的相对性为依据,可以将节目节奏分为快节奏和慢节奏两类。

快节奏常见于新闻、竞技类综艺节目,以紧凑、冲突的情节呈现大量的信息。快节奏中,1~3秒的镜头较多,一般使用蒙太奇的镜头表述方式,即通过镜头与镜头之间的相互组合,呈现快节奏;并配合快节奏的音乐音响烘托情绪,力求达到"三分钟一个起伏,十分钟一个高潮"。

慢节奏常见于纪录片、慢综艺,它呈现出了故事节奏缓慢、剧情松弛的生活流状态。慢节奏中,3秒以上甚至是5秒、10秒的镜头较多,没有直接的核心主题表达和过多的镜头拼接技巧,力图展现人物行为状态的原貌,呈现慢节奏;并配合旋律优美的音乐音响,符合节目舒缓减压的内容设定与情节发展。

长久以来,由于受众注意力的稀缺性与易转移性,除故事内容非常平缓放松、完全不适合加快节奏来调动观众情绪的部分节目外,绝大多数叙事都采用快节奏的模式,以期在较短的时长内牢牢抓住观众的眼球,获得较好的收视效果,但情况于2017年开始悄然发生改变。

在快节奏生产和消费过剩的视听节目市场环境中,一种和快综艺截然相反的综艺节目逐渐兴起,甚至依托互联网平台的优势迅速发展形成规模,这就是慢综艺。

目前视听市场中有旨在体验生活、接近自然的生活体验类慢综艺,如《向往的生活》《三个院子》等;有以明星经营、接待素人的模式进行的经营类慢综艺,如《亲爱的客栈》《中餐厅》等;也有聚焦于父母与孩子相处的亲子类慢综艺,如《爸爸去哪儿》《妈妈是超人》等;还有以明星组成旅行团队的旅行体验类慢综艺,如《花儿与少年》《花样姐姐》等;

更有 2019 年伊始新出现的情感观察类慢综艺,如《妻子的浪漫旅行》《我家那闺女》等。

这一系列节目的共同特点就是"慢"——慢节奏、慢生活、慢理念,没有烦琐复杂的闯关游戏,没有紧张刺激的任务设置,没有人物的性格角色脚本,没有规定情境的限制,而是将内容主题定位到嘉宾的日常生活状态与交际行为、真实情感体验与精神感悟之中,使用全程纪实拍摄和慢节奏剪辑的方式,在展现节目真实性与体验性的同时,向受众传达一定的文化价值理念,"在满屏都是竞争、游戏的节目氛围中,这些节目慢下来,平心静气,读诗读信,用稀缺而有价值的内容来做电视"①。

慢综艺代表作品《向往的生活》中,何炅、黄磊、刘宪华三人在一处农家小院过着自给自足的生活(见图 2-9),"守拙归田园",平日邂逅三两好友,沏一壶香茗,敞开心扉畅谈往事,展现一幅温馨恬淡、自力更生的生活场景。节目在不破坏整体节奏与统一基调的前提下,一方面通过镜头记录起床、买菜、做饭、吃饭、聊天等普通生活情景下的亮点,展现出"采菊东篱下,悠然见南山"的美好田园生活,切合观众对理想生活方式的向往;另一方面提炼出师生情、友情、亲情等副主题,力求在平静生活中寻找人性美好的闪光点,满足观众"诗和远方"深层次的内心需求,引发共鸣。

图 2-9 《向往的生活》海报

采用慢节奏的慢综艺形成了一种全新的节目形式,在快节奏市场消费过剩的节点成功转移了受众注意力,吸引了大批的用户群。也许在社会节奏过快的当下,年轻人与职场人士的生活、工作压力逐渐增大,他们在浮躁、压抑中始终无法逃离压力与内卷,被无可奈何推搡着前进的同时,他们仍希望有一处可以喘息的空间,心中仍有对慢节奏生活的向往和更深层次的追求,于是慢综艺打造的幻想性"拟态环境"成为其放松心情、寄托情感的"桃花源"。

讨论

1. 你感兴趣的节目采用什么节奏?
2. 这个节目为什么能吸引人?
3. 该节目中的节奏主要包括哪些元素?

---

① 殷俊,刘瑶."慢综艺":电视综艺节目的模式创新[J].理论前沿,2017(11):50-53.

七、叙事手法

叙事结构与手法的分析一直用以鉴赏文学作品,但视听节目本身以文字脚本和画面呈现为依托,前文也说到了视听节目就是讲故事,因此,文学中的叙事手法同样适用于视听节目。

所谓叙事手法,即讲述故事的结构方式,分为顺叙、插叙、倒叙、平叙等。不同的叙事手法在表达上有不同的侧重点,采用叙事手法时要根据人物及故事特点来选择表现力更强、叙事效果更好的手法,以达到更为直观的效果。当然,好的视听节目不会局限于单一的叙事手法,往往是多种手法相互穿插、相互作用,清晰地表达人物或事件的特点,旨在为讲述故事和表现主题服务。

1. 顺叙

顺叙是指以时间为主要线索,按照事件发生、发展的时间先后顺序一环一环依次展开故事。事件本身是沿着时间逻辑向前顺序发展的,因此顺叙是新闻、综艺等绝大多数视听节目的基本叙事手法。画面、声音等叙述情节的基本元素连接起来,组成了对整个故事的基本叙述,但是阐述完整的故事往往还需要其他材料的补充。有时为了符合逻辑顺序,需要打散重组时间顺序,因此单一的基本叙事并不能够满足传播者传播信息以及观众接受信息的需求,插叙、倒叙等叙事手法必不可少。

2. 插叙

视听节目中所有故事都不会纯粹从头到尾地讲述,需要使用插叙来增添文本意义。所谓插叙,是指在叙述主要事件的过程中,根据表达的需要,暂时中断主线而插入的另一些与中心事件有关的内容的叙述,特别适用于一个事件涉及多个场景、多个任务的情况,例如婚恋相亲节目中男嘉宾的表白短片、新闻调查栏目中的知情者采访等。

首先,插叙能补充节目意义,可以在叙事完成之后补充说明某种情况,如新闻报道中的现场记者连线,也可以从另一个角度或通过另一些人叙述同一事件,如综艺中常出现的回忆式明星独白,它在提供更多信息的同时,使叙事更加完整、客观;其次,插叙还有烘托渲染的作用,插入与"主干"故事相关的内容,虽是"节外生枝",却能使"主干"更加挺拔粗壮。

从某种意义上而言,顺叙构成了文本的能指,而插叙使文本的所指凸显出来,但一定要分清主干与插入内容的主次关系,插入的内容绝不能影响主线故事的发展。

3. 倒叙

倒叙是指把事件的结局或某一突出的片段提到前面来展示,然后再从事件的开头进行叙述,常用于结果为先的节目或事件之中,如新闻调查类节目,率先揭露某些惨痛现象甚至是悲剧结局,使观众形成巨大的心理冲击;又如在新闻报道中,对于本身知名度不高的人物创造的重大新闻事件,首先告知事件结果,能吸引观众继续了解事件主体。

倒叙将"前"与"后"相互倒置,段落内容一般具有完整性和系统性,它的出现一般有两个叙事目的,一是戏剧性地表现过去事件或补充故事的背景材料,二是为满足故事人物情绪的需要而插入重要场景或画面。倒叙的叙事手法能利用事件最为突出的部分制造悬念与冲突,迅速引起观众的共鸣和好奇心,再回到事件的起因娓娓道来,这样的表达方式使话语空间更加广泛、更加深刻、富有张力。

4. 平叙

平叙就是平行叙述,即两条或以上的故事线索平行展开,叙述在同一时间内不同地点所发生的两件或两件以上的事。通常是先叙一件,再叙另一件,常称为"花开两朵,各表一枝",例如两队的排演准备、销售活动、探险进展等,新闻、综艺、纪录片都经常使用这一叙事手法。平叙可以将相同时间内发生的事情分别进行完整叙述,使观众全面地了解状况。这种表达方式看似普通简单,却可以为观众提供更直观、更全面的视角与观点,符合视听节目的客观性原则。

有些现场直播很有代表性,例如宇航员太空出舱的直播。直播画面上有时会同时出现两个机位的镜头,一个是舱外宇航员行走的镜头,另一个是舱内操作员操作的镜头——以平叙的方式展开,围绕时间主线来分别叙述宇航员在舱外和舱内的行动,可以真实全面地展现事件场景与人物行为。

截至目前,绝大多数的视听节目都会综合使用这几类叙事手法,以突出节目需要强调的观点和人物的特点,但其在运用上从不存在放之四海而皆准的标准模板,不同的叙事手法都有其优缺点,不同的组合模式也有不同的生命周期和适用范围,关键在于如何把握和控制其适用的节奏与节点,以讲好故事,引起共鸣。无论怎样组合叙述,都要保证完整、连贯、通顺的内容及逻辑上的合理性,使观众理解叙事内容,这是最基本的前提。

> **讨论**
>
> 1. 你所感兴趣的节目使用了哪些叙事手法?
> 2. 有没有只用一种叙事手法的节目?

八、叙事视角

叙事视角是指叙事者讲述故事的角度,不同的叙事角度能给故事结构带来不同的风格和趣味性。事件本身以多面的完整形态存在,但一旦加入叙事主体,就诞生了视角问题。视听节目策划时运用哪一种叙事视角也是需要考虑的一个问题,视角的选择直接影响受众的进入度与理解力。故事讲述必有视角,节目策划必有视角,只不过有时候策划者没有对此加以关注而已。以人物与叙述者的关系为依据,法国结构主义批评家兹韦坦·托多洛夫对叙事视角进行了划分:"叙事者>人物"的全知视角、"叙事者=人物"的内视角与"叙事者<人物"的外视角。[①]

接下来,我们对以上三个角度的叙事视角进行分析,并以《上新了·故宫》作为案例,以期加深对叙事视角的理解。

1. 全知视角

全知视角又称为"上帝视角",这种视角中叙述者比任何人物知道得都多,对故事的

---

① 兹韦坦·托多洛夫.叙述作为话语[M].北京:文化艺术出版社,1985:183.

前因后果和人物的行动、心理活动等内容全知全觉,而且可以不向观众解释他是如何知道这一切的。电影、电视剧、小说、真人秀中经常采用全知视角,例如描写各种人物的现实活动以及内心活动。

《上新了·故宫》利用鸟瞰式的航拍镜头对整个故宫进行全景拍摄,以"上帝之眼"全知全能的叙事视角开始讲述。画外音在赋予叙事者全方位独立意识的同时,补充解释画面中呈现的内容。全知全能的画外音(叙事者)了解每一位历史人物的故事,知晓每一件文物的价值,甚至能够叙述每一座建筑物的前世今生,辅以特效字和解说词,扮演解释内容、丰富画面、补充说明的重要角色。同时采用御猫鲁班的拟人化口吻带来更形象生动的体验,譬如第二集介绍畅音阁时,以畅音阁的空镜头为画面,配合"御猫说"的画外音,既阐述了畅音阁的意义,也细化了历史故事:

"乾隆时期畅音阁的演出堪比今天的大型演唱会,那场面实在是让本喵眼花缭乱,一幕幕上天入地的精彩表演又将宫廷戏曲推向了顶峰,乾隆爷八十大寿时徽班进京,热闹的生日庆典促进了国粹京剧的诞生,爱新觉罗的后代们也保持了一贯的艺术品位。"

2. 内视角

内视角又称为人物主观视角、零聚焦视角,这种视角中叙述者所知道的同某个人物知道的一样多,叙述者只借助某个人物的感觉和意识,从被摄对象的视觉、听觉及感受的角度去传达和表现故事,以表明某种立场或产生某种叙事效果,期间也可以穿插其与其他人物之间的动作、交流等元素,以丰富叙事层次。内视角既可以采用第一人称的叙事手法,以嘉宾叙述或场景重现的方式给观众带来真实直观的感受甚至是沉浸式体验,也可以通过第三者发表个人看法与观点,为观众提供新的观察视角、思考方向。内视角因其独特的创作方式、拍摄效果和感染力度,常用于电视剧、电影、新闻现场报道、真人秀等节目,如出镜记者的现场报道。

《上新了·故宫》节目的常驻嘉宾和飞行嘉宾作为叙事者,以他们的限制视角展开故事叙述。在叙事中,一方面由叙述者扮演故事中的人物,以小剧场的形式还原、演绎历史故事,通过第一人称抒发情感并表达观点,在探寻紫禁城的学霸时,周一围扮演康熙,其台词将康熙皇帝对于求学的执着热爱和与大臣的矛盾冲突展现得淋漓尽致:

"你们愿意做那掩耳盗铃之辈,朕不管,可朕,此生定要做个明白人……传武英殿,将《钦定格体全录》抄录三本,一本交予巴多明,一本留在武英殿,一本送到乾清宫,此事,留待后人评说吧。"

另一方面,通过局外人探寻事件发展、聚焦历史事件,邀请故宫专家适时按照史料记载予以解答、补充,以第三人称来发表个人观点。如朱赛虹老师根据周一围找到的解剖图,以主观评价引导观众从多方面了解历史人物故事:

"那么多皇帝里头,懂自然科学技术的,还就是康熙,他对于学霸这两个字来讲真的是名副其实当之无愧,圣祖。"

3. 外视角

外视角又称为旁观者视角、客观视角,这是全知视角的对立面,因为叙述者无法知道当事者内心,所以对其所叙述的一切不仅不全知,甚至比当事者人物知道得还要少。在叙事中外视角以摄像机为视点,客观记录人物的语言、动作等外在表现和历史事件的直观发展走向,不掺杂情感、思维的表露、评说,追求纪实本真,是一种观察式、客观性的纪实表达,因此外视角能充分调动观众的参与意识,观众在观看节目时有多种理解方式与广阔的发散空间,甚至还能在节目的基础上进行"二次创作",依托故事内容建立起立体想象。

《上新了·故宫》使用客观的外视角记录故宫文物工作者修补文物最真实的工作场景与工作状态,观众在摄像机外视角下能够看到文物修补具体的操作流程与细节。例如镜头跟踪拍摄红色缂丝云龙男蟒袍的修复织绣过程,文物工作者用棉签进行细小除尘,尔后用修复材料的捻金线对破损处进行补配,补配缂丝的龙纹图则是由缂丝织机按单双数的形式打尾修复……纪实性的拍摄客观中立地记录下整个文物修补过程,增强了外聚焦的真实感,呈现出更加震撼的视觉效果。

故事只要被讲述,就一定是从某种视觉范围即叙事视角展现。叙事视角并非依赖主观喜好随意选择,而是依赖于视听节目的叙事主体、节目策划人员看待故事的角度以及节目想呈现给观众的信息披露程度,甚至受到社会环境、文化背景等多方面的制约与影响。

讨论

1. 有没有只运用一种叙事视角的视听节目?
2. 为什么节目中可以运用多种叙事视角?
3. 突发新闻现场直播会用到哪些叙事视角?

◇ 提示:本章分为八个方面,看似很多,但掌握了其中的逻辑,就比较好理解了。节目策划就是找到一个好故事,然后再找到讲好这个故事的方法。好故事要有情节,好情节要有细节。好的故事一定有好的主题,主题要有高度和新鲜度。好的故事一般是有悬念、有冲突、有情感和富有节奏的,这些都可以依靠环节和视听元素的组合来实现。讲故事的基本方法称为叙事,叙事必定要有角度。

第三章 视听节目策划的步骤与内容

视听节目策划是一个周密翔实的创造性工作,其中包含必要的步骤和内容。有了必要的步骤,策划工作才有了科学性操作性的保证,才可能产生丰富翔实的内容;有了翔实的内容,策划出来的节目才可能有亮点和看点,节目才可能获得市场和社会的认可。本章我们将从创意出发,去了解节目策划的必要步骤和具体内容。

一、策划与创意

◇ 思考:创意与策划有什么区别?

1. 创意

创意可以从静态和动态两个角度来定义。静态的创意是指创新的立意、巧妙的构思、独特的灵感、奇妙的办法,即常说的"好点子、好主意";动态的创意是指创造这些新立意、新构思、新灵感、新办法的创造性思维活动过程。

节目创意是关于节目内容和形式的新构思、新立意、新手法,在内容上可以表现为新主题、新故事、新价值等,在节目形式上具体可以表现为新人物、新场景、新环节、新元素等。例如,不同于其他偶像选秀节目选择20岁左右的年轻人,《乘风破浪的姐姐》选择了30+的女性参与选秀,节目主题则对应是"青春永远,勇敢出发",选秀人物这个元素的变化,实际上也是主题的变化,这就是创意(见图3-1)。

图3-1 《乘风破浪的姐姐》选秀人物

从节目元素这个维度看,创意就是视听新元素或元素组合方式的新变异。

◇ 例如,《中国好声音》的椅子元素,呈现方式从固定到旋转,带来节目看点(见图3-2)。

图3-2 《中国好声音》的椅子

从节目模块或环节出发,创意也可以是一种新的节目模块或节目环节。

◇ 例如,《等着我》节目设立的开启希望之门环节(见图3-3)。

图3-3 《等着我》设立的开启希望之门

从节目形态出发,创意则是一种新的节目形态组合。

◇ 例如,B站中有制作公司开播了动漫人物+现场直播的视频直播节目(见图3-4)。

河南卫视2021年上线播出的中国节日奇妙游系列,可以称为全新的节目形态,是戏剧故事+动画+演出的综合形态(见图3-5)。

2. 策划与创意的关系

创意与策划紧密相关。节目创意是一种创造性活动,是节目策划活动的核心。但是,创意具有碎片性和个体性,它往往创造出一个新的意义点或闪光点,是创新思维和灵感的瞬间迸发。创意往往处于策划的前端。策划是人们为了实现某一特定目标而进行的构思、规划、设计、论证、比较等一系列具体行为过程,它更加强调思维的缜密性、逻

图 3-4　B 站的视频直播节目

图 3-5　河南卫视中国节日奇妙游系列

辑性和完整性,它往往在创意之后发生,是对创意的贯彻和实践。

优秀的节目策划一定是以优秀的创意为核心而完成的。人们依据节目制作的客观规律和原则,把优秀创意采用科学方法组织起来以完成节目总目标。如果没有优秀的创意,策划往往缺乏内在活力,难以实现预期的目标和效果;离开了策划提供的科学严谨的步骤与架构,创意实践的可行性会降低,创意也就很难体现自身的价值。

如果说调查研究是策划的前提和基础,那么创意则是策划的灵魂所在。当然,创意离不开现实生活,离不开文化积淀,也离不开调查和研究,创意是在这些基础上进行的突破性的思维活动。

节目创意从何而来?

二、寻找创意

创意的基本方法无非勤思苦索、好学多问、相互激发或给自己压力以"急中生智",创意不同于梦想、幻想、联想、冥想、好奇、执意、异想天开等。下面提供视听节目创意的步骤、法则、思维方法供读者参考。

1. 创意的步骤

第一，列出愿景。将节目创意的主要愿景列出来。例如，节目类型、节目主题以及节目的主要内容、风格、定位等。

第二，设想。提出完成愿景的初步设想，包括节目形态、节目模块。

第三，析出元素。将这些设想涉及的元素进行解析列出，与节目元素表的主要元素进行比对。

第四，追问。思考涉及的元素能否增减，能否变异，能否组合，从而形成新的元素模块。

第五，对比。看市场上有无类似的节目，它们的形态、模块、元素特色是什么，思考我们的节目能否有所不同，能否变异借鉴。

第六，总结。最终提出一个节目创意设想。

◇ 提示：以上创意的步骤主要供个人思考时借鉴，而优秀的创意往往需要集中团队集体的智慧。下面我们就介绍运用集体智慧产生创意的过程。

2. 创意的法则——头脑风暴法

头脑风暴法（brain storming）也称集思广益法，头脑风暴法不是具体的创意方法，而是一种创意产生的过程法则，即把团队成员集合在一起，从不同角度提出无任何限制的多种方案，从中找出创意点子。头脑风暴最早是精神病理学的用语，指精神病患者的精神错乱状态，现在转化为团队成员无限制的自由联想和讨论，其目的在于激发创造性设想。

(1) 头脑风暴法原则。

① 禁止批判（褒贬）原则：对任何设想不做判断性评判，包括批评和赞扬。

② 自由奔放原则：围绕主题自由设想，不受拘束。

③ 先求设想数量：求数量，在单位时间内尽可能提出多种设想。

④ 借题发挥规则：结合别人的设想，进行改变或组合，提出更新奇的设想。

(2) 具体流程。

确定主题（需要解决的问题），确定主持人（主持人需要开朗幽默健谈，熟悉头脑风暴法原则，能够营造会议气氛），确定参加者 5～10 人（团队成员和相关方面专家），确定 1 名记录员（最好不是正式参加会议的人员）。会议召开时间一般控制在一小时以内，会议期间不受外界干扰，会议氛围要求自由奔放，主持人引导讨论主题，并能够随时记录并展示与会者提出的设想。会后，再组织专家和团队成员对列出的各种设想进行分类论证，选出创新性高、可行性高的创意设想，或者是将几种设想进行综合。

头脑风暴法适用于创意策划的全过程，遇到难题，就可以应用此法，一般能够有效产生新设想、新创意、新办法。但是此法也有局限性：第一，对与会者素质要求较高；第二，会议筹备与整理分析全过程花费时间较长。

(3) 头脑风暴法的变异形式。

① 默写式头脑风暴法：5～6 个团队成员参与，在 5 分钟内在卡片上写 3 个主意，然后传给下一位，下一位在上一位的基础上，继续在 5 分钟之内写 3 个主意。这样一圈下来，就有了很多主意，然后团队成员再一起对这些主意进行评价完善。

②卡片式智力激励法（CBS法）：最初10分钟，各人在卡片上写设想；接下来30分钟，轮流发表设想；余下20分钟，与会者相互交流探讨，以诱发新设想。

③卡片式智力激励法（NBS法）：5~8人参加，每人提5个以上设想，一张卡片上写一个设想。会议开始后，各人出示自己的卡片，并说明，若有新设想，可立即写下来。将所有卡片集中分类，并加标题，然后再讨论。

3. 创意思维方法

头脑风暴法这种集体自由联想方式可以创造出一个知识互补、思维共振、相互激发、开拓思路的氛围，鼓励参与者将自由联想和创造，确切地说是将想象力、联想力、创造力激发到最大程度。在这个过程中，可以运用以下几种创意思维方法。

（1）联想组合法。通过促使成员去联想那些之前根本联系不到一起的事物，将平时无联系的节目元素、节目环节进行联想组合，从而产生思维的大跳跃，突破逻辑思维的屏障而产生更多的新奇怪异的设想，而有价值的创造性设想就孕育在其中。这是以丰富的联想为主导的创意方法，其特点是创造一切条件，打开想象大门，提倡海阔天空，抛弃陈规戒律，由此及彼传导，发散空间无穷。虽然从方法层次上看属于初级层次，但它是打破思想壁垒的第一个突破口。组合的方式有成对组合、内插式组合、辐射式组合、系统组合、焦点组合、模块组合等。关键特点是把似乎不相关的事物有机地合为一体，并产生新奇想法。

（2）元素变异法。列出节目中可能的关键元素，引导团队成员对这些元素的呈现方式进行无限制联想，看能不能改变元素的呈现方式，能不能增加或减少元素。

（3）逆向思维法。从反向提出问题进行思考，以求得比正向提问更理想的效果。这种技法的核心是从对立的、颠倒的、相反的角度去想问题，逆常规思路进行思考。比如，相亲节目的嘉宾一般都是年轻人，那么能不能让中年人、老年人做嘉宾？

（4）形态分析法。对创意对象的主要变数（即主要组成部分）及其各种形态进行分析和列举，然后通过形态组合，罗列所有方案，从中找出独创性和实用性强的设想。

> **思 考**
>
> 上面列举的四种创意思维方法，对比节目创新的四种方法（元素组合创新法、模块组合创新法、形态组合创新法和混合创新法），有什么联系和区别？

三、策划的层次

策划是以目标为起点，以信息为基础，以资源为依据，围绕创意这个核心展开的思维活动和实践活动。

策划具有层次，如图3-6所示。

顶层是媒体策划，是指对媒体发展方向和发展路径的规划，属于战略层面。栏目策划是在媒体策划的指引下进行的战术策划。节目日常内容策划则是在栏目策划的基础上进行的具体内容策划。

1. 媒体策划

媒体策划是对视听媒体平台的发展方向、整体形象、目标、功能、结构等进行的宏观

图 3-6　策划层次

谋划,其遵循以下原则。

(1)媒体策划应把最大限度地满足用户群体的需求作为策划的出发点。

(2)媒体策划应将追求经济效益和社会效益的双赢作为策划目标。

(3)媒体策划应注重体现媒体风格定位,这关乎节目整体走向,例如是精英视角还是平民视角,是严肃严谨还是轻松活泼。

(4)媒体策划应注重为公众提供平等互动参与的机会。

(5)媒体策划应注意运用公众喜闻乐见的传播形式。

笔者曾参与中国地面频道十强之一的湖北经视转型发展策划。在适应社会发展变化的大背景下,从不断满足用户的需求出发,为媒体提出了升级转型的发展思路和理念。

◇ 媒体策划案例:

湖北经视与"大民生"

基本理念:民生本土服务。

开掘话题的公共性:从个体到公共,从边缘到主流。

增强舆论的引导性:从展示到引导,从宣泄到沟通。

注重视野的开阔性:从局限本土到放眼全国、走向海外。

建立帮扶的长效性:从临时帮扶到爱心基金,从单个栏目到系列公益。

注重情感的提升性:从苦情到亮色,从伤感到感动。

这个媒体策划案例给出了一个什么愿景?你能够从中感受到策划指出的转型方向吗?

2. 栏目策划

媒体策划是宏观性、方向性的,对栏目的发展具有指导意义。栏目策划是为落实媒体策划顶层设计的思路而进行的规划,在完成媒体发展总目标过程中起中坚支撑作用。

一个媒体平台必须有一批品牌栏目做支撑,才能成为一个强势的媒体平台,一个强势媒体平台又能为品牌栏目的成长起到强大的支撑作用。一个新栏目出现在不同平台上,可能会有完全不同的市场表现和发展命运。

栏目的策划涉及栏目名称与主题、宗旨和目标、内容定位、对象定位、风格与样式等,在后面策划方案内容部分将对其进行详细介绍。

◇ 提示:本书重点研究的是栏目策划,兼顾节目日常内容策划。

3. 节目日常内容策划

节目日常内容策划进行的是节目每一期的具体内容策划,保证节目的日常运行,以最终体现栏目的定位和特色。具体有以下步骤。

(1)通过上期节目市场信息反馈,了解节目收视收听走势和用户反映,分析用户心理,考虑节目选题。

(2)搜集与节目相关的信息资料,通过自身渠道、用户留言或来电、报纸、杂志、网络、相关组织机构等各种渠道搜集信息线索,初步筛选节目选题。

(3)召开策划会议,讨论当期节目选题,拟订当期选题策划方案。

(4)试行策划方案,调查了解相关的人和事,及时调整策划方案。

(5)详细制订当期节目策划单,包括人员配置、时间、具体任务分配以及对各环节的要求,如编导、主持、摄像、后期制作、节目包装等。

(6)执行策划方案,贯彻落实策划思想。

(7)当期节目制作。

(8)节目最后录制、合成包装。

(9)节目播出。

(10)收集反馈信息(收听收视率、点击量、转发量、节目评论等),为下期节目策划做前期准备。

媒体策划、栏目策划、节目日常内容策划的参与者分别是谁?参与者有没有重合?

四、策划的目的

对于为什么要进行节目策划,可以从微观和宏观两个视角来看。

1. 微观视角

(1)生产者。

对于节目生产者来说,策划是为了生产好节目,好节目是为了得到好的回报——品牌和收入。节目生产者通过对节目的精准定位来寻找节目创新点,使得节目推出之后能够迅速俘获消费者,占领视听市场,取得良好收视或收听率、点击量,有了良好的流量,就可以进行变现,获得良好的经济回报——广告收入、收视费、带货收入等。如果拥有良好视听流量的同时,还收获了良好的口碑,节目就可以形成品牌,可以使生产者"名利双收"。品牌拥有强大的市场号召力,是生产者获取长期回报的利器。品牌可以更直接地将节目价值点输送到消费者面前,减少节目推广营销的时间成本和资金成本。

(2)消费者。

不同年龄、不同性别、不同地域、不同社会阶层的人的兴趣和爱好各有不同,同时又有共性——信息需求、娱乐需求。策划想要成功,首要问题是研究消费者需求,只有在了解了消费者需求之后,才能针对个性化或共性化的需求,制订切实可行的策划方案。优秀的节目策划立足于消费者需求,能够满足消费者娱乐性、实用性、猎奇性以及真实性等需求,能够丰富消费者的精神世界,提升消费者的心理满足感。

例如,针对不同的消费者群体,出现了跨界竞演、少儿成长、经典怀旧、素人互动等不同主题的音乐节目,其中《音乐大师课》把舞台留给少年儿童歌手,将孩子们及其家庭作为核心收视群体,走心、入情、有意思;《耳畔中国》不仅通过演唱展示了多彩的中国民歌艺术,也展示了民歌背后的动人故事、文化积淀和家国情怀,被网友称为"国货综艺"。

2.宏观视角

(1)社会效益。

社会效益指节目面世以后,对社会产生健康的、符合社会道德价值标准和公众利益要求的,能促进社会进步的功效。优秀视听节目应该是思想精深、艺术精湛、制作精良、具有强烈的吸引力和感染力,并在社会和公众中产生广泛影响的作品。精品节目要能够鼓舞人们奋发向上,陶冶人们的高尚情操,同时能够给人们带来欢乐和美的享受,满足人们对美好生活的精神需求。

(2)传媒产业。

无论是传统的广电产业还是网络视听产业,都是规模庞大的传媒产业,是知识经济的重要组成部分。传媒产业的经济效益和社会效益是统一的。视听节目策划要计算制作成本,做到少投入、多产出。策划要为视听节目的生产和运作提供新的运营思路和管理理念。节目跨界联动、时段社会化、节目制作公司化、节目运作市场化等新观念、新思路和新方法,能促进传媒产业做大做强。

现在,策划能力已经成了融合大背景下视听媒体招收新人的一项重要标准。优秀的视听节目策划者不仅保证了视听节目的创新活力,也在很大程度上推动了传媒产业的发展与进步。

策划对节目策划人有何意义?

五、策划流程三阶段

在第一章,我们已谈论节目策划的概念,但介绍得宏观、抽象一些,现在要讨论实际流程,就必须对节目策划进行更具体的定义。我们认为,节目策划是策划者根据节目生产和运作的规律,对节目的目标、主题、内容、环节、制作、播出、销售等生产制作和推广运营全过程进行总体性和操作性的筹划。

策划流程可以大致划分三个阶段:调研、形成和执行。调研阶段决定了节目的前景及可行性,譬如规划图;形成阶段是节目的整个轮廓及细节的完善,譬如建筑施工图;执行阶段体现了节目的最终品质及传播效果,譬如产品样品。

策划流程如图3-7所示。

1.调研阶段

调研阶段包含两个环节:确立创作方向和进行市场调研。

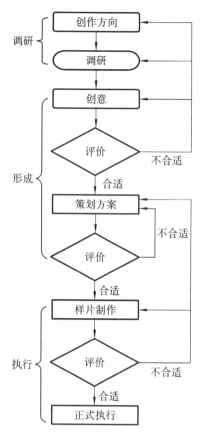

图 3-7　策划流程图

创作方向是指节目创作的大方向，要明确是创作新闻类、综艺类、公益类还是谈话类节目，节目是为哪类人群服务等。创作方向一般是由媒体决策层根据媒体发展需要、社会发展需求、媒体市场情况综合考量做出的方向性决策，是一种比较宏观的指导性意见。创作方向需要做进一步的调研和细化，如果经过调研和创意环节，发现方向不够正确，则会对其进行调整。

市场调研是指在方向性意见指导下，对相关的媒体市场竞争情况、用户市场情况、自身资源情况和可行性方面进行详细的调查研究。

媒体市场竞争情况分析包括同类或相近节目分析、视听市场占有率分析及竞争对手情况分析，如播出平台分析，竞争对手分析，经营获利的渠道分析，节目营销后续拓展空间的大致规划和分析，播出时段分析。

用户市场情况分析包括用户的信息使用情况、使用偏好以及满足程度等。如果拥有足够大的用户数据库，则可以根据用户的偏好进行节目类型、题材、内容、环节、人物、结果的设置。同时需要关注潜在用户的情况，潜在用户的情况需要借助市场调查的方式进行了解。下面是用户市场情况分析的基本内容。

（1）特征分析。

分析目标用户的特征，包括他们的性别和年龄分布、兴趣爱好、受教育水平、经济收入水平、喜欢浏览的媒体、内容偏好、花费时长、时段选择等。

(2)心理分析。

分析目标用户的心理。主要就是分析目标用户在做决策时,会考虑哪些因素,比如内容类型、质量、平台、价格、知名度等。而且在不同的阶段,目标用户的需求也不一样。分析了目标受众的心理,再根据他们的不同需求制订不同的节目营销方案,设置不同的宣推方式、广告设置方式、点播费用等。

(3)地域分析。

分析目标用户的地域分布。地域分析主要是了解目标用户集中在哪些地域,选择转化效果好的地域进行投放。比如生活服务类的行业,本身就具有地域限制,只适合在本地投放,可以根据统计工具分析出提交预约的主要是哪些城市,甚至细化到区,然后对该区域投放。

自身资源情况分析主要是分析媒体自身能够掌控调用的人财物资源、渠道资源、互动资源、社会资源、用户资源,以及自身市场地位、传播力、公信力、影响力等。

可行性分析即市场调研要在综合上述情况后,给出较为详细的可行性建议——可能的节目类型、时间选择和目标用户等。要指出可能吸引用户的若干方向、节目宣推营收方式的可能性、节目制作费用的现实性、节目可能的营收前景和社会反响、节目对媒体平台带来的预期影响等。

2. 形成阶段

形成阶段包括创意、评价、策划方案和再评价四个环节。

(1)创意。

在调研阶段给出的可行性建议的基础上,通过集体创造性的讨论——头脑风暴法的创意生产过程,运用元素组合法、模块组合法、形态组合法、混合法等,产生一个初步的节目创意构思。

(2)评价。

一般是由专家团队和媒体决策层,从方向性、可行性、创新性、伦理道德等方面对创意进行评价。方向正确、可行性和创新性较高的创意予以通过,进入策划方案撰写环节。如果创意不被认可,需要寻找原因,并回到相应的环节重新调整。如果是目标市场不行,可能要调整创作的方向;如果是市场调查不够,那么需要补充调研;如果是创意创新性不够或存在伦理道德问题,则需要重新进行创意。

(3)策划方案撰写。

将创意转化为条理化、可操作化的实施方案,具体体现为策划方案。方案的撰写也是一个再创作的过程。通过一系列具体措施体现创意的新颖性,同时保证节目的可实施性和成功率。具体内容后文有专门介绍。

(4)再评价。

这是第二次评价,一般是由专家团队和媒体决策层对节目策划方案进行评价。从节目定位、创新性、操作性、完整性、伦理道德价值观等方面评价,如果有问题,必须进行修正。

3. 执行阶段

执行阶段包括三个环节:样片制作、评价和正式执行。

(1)样片制作。

根据策划方案制作样片。样片制作是一个再创作的过程,很多细节需要创造性执行。样片是检验节目策划方案效果的有效方式。

(2)评价。

这是第三次评价,对节目样片进行效果论证与评估。除了决策层和专家团队,更重要的是邀请一定数量的用户(50~100名)进行试听、试看,并请他们提出意见和建议。评估可以通过软件投票的方式,在节目播出过程中让评价者进行点赞或点踩,最后计算机输出一个评价时间表。评价时间表上可以清楚地列出节目各个环节得到的点赞量和点踩量(见图3-8)。根据点赞量和点踩量,再结合评价者的主观评价,就可以比较全面完整地看到节目的亮点或不足,提供有说服力的改进意见。

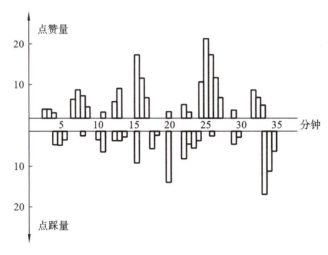

图 3-8　时间线评价

(3)正式执行。

通过第三次评价的策划方案和样片,正式交付节目部门,以进行实际的制作播出。策划到此告一段落。当然,在实际操作的过程中,策划人员会在节目运行过程中根据各方面变化的情况以及市场反馈情况,对节目方案再做调整。

> ◇ 提示:本部分列出的策划流程是一个理想状态下的节目策划全流程。优点是规范稳妥,策划出来的节目成功率有一定保证。缺点是时间周期长、耗费成本高,特别是市场调研和几个评价环节。在实际操作中,可能会省掉其中的几个环节,例如市场调研、评价环节,只保留创作方向、创意、策划方案撰写、样片制作和评价这五个核心环节。这样做的好处是大大缩减节目开发时间和开发成本,缺点是节目市场反应可能会与预期有较大差异,风险较大。当然,如果媒体决策层和策划者拥有丰富的市场经验和敏锐的产品直觉,可以在一定程度上弥补市场调研和评价环节缺省所带来的缺憾。

六、策划方案内容

策划方案一般包含九个方面的内容(见表3-1)。

表 3-1 策划方案内容

策划方案的内容	具体解释
名称与主题	主题通常是一种价值观，名称则是体现主题的响亮口号
宗旨与目标	预期达到的社会目标、市场目标
定位	内容定位、用户定位、形式与风格定位
节目描述	内容、环节、角色、框架与流程、交互方式、片头、片花、节目时长
播放与运作方式	平台、时段、运作方式
制作条件	人员、设备、场地、费用等
市场预期	收听收视率、市场占有率、点击量、转发量、美誉度、满意度、广告预期、收入预期
推广与营销	营收模式、推广方式、多平台协同、网络话题营销
附件	市场调研报告、用户研究报告、可行性报告

1. 名称与主题

名称即为节目取一个富有新意、吸引眼球的标题。主题通常是一种价值观，名称则是体现主题的响亮口号和显著符号。除了体现节目主题的高度和新鲜度，节目名称还要简洁、通俗、朗朗上口，便于传播。

2. 宗旨与目标

即栏目要达到的社会目标和市场目标。社会目标又被称为栏目宗旨，即栏目为社会提供什么方面、什么品质的服务，以及由此带来的社会效益和社会效果。现在社会目标一般以美誉度、满意度来体现。市场目标一般包括市场占有率、点击量、市场排名等。栏目目标的设立是由媒体发展的总要求、可以动用的资源状况、市场状况、社会需求共同决定的，既不能过高——以至于通过努力也无法达到，也不能过低——影响到媒体的发展生存。目标原则是至少不低于本媒体平台目前在市场上的排名状况，或者是提高一个档。遇有特殊情况，例如公益性需求和政策性考量等，市场占有率等市场目标可以考虑降低一个档次，但美誉度、满意度等社会目标不能降低。当然，目标要建立在市场调研、用户调研和可行性研究的基础上。

3. 定位

栏目的定位有时候会以一种栏目定位语或宣传语的方式来体现，例如：用事实说话；给咱爸咱妈说点事；天生青春随时出发；让科学流行起来；让国宝活起来；热爱，是所有的理由和答案；敢，我有万丈光芒等。

> 列出一个你喜欢的栏目定位语或宣传语，并说说你从中能体会到什么。

节目的定位其实包含三个方面：对象定位——给谁看；内容定位——做什么；形式定位——怎么做。

(1)对象定位。

节目要明确自己的目标用户是所有的用户群体,还是其中一些特定的群体,这就是节目的对象定位。不同节目的目标用户不一样。例如,民生新闻定位于市民群体,时政新闻定位于精英群体,《开讲啦》定位于学生群体,《创造营》定位于青年群体。

对象定位须注意两点:第一,要注意寻找需求尚未得到满足的用户群体;第二,要注意对用户群体进行新的分类重组,为节目获得新的发展机会。

(2)内容定位。

内容定位主要指栏目的宗旨、文化品位、特色等,是立足于用户需求和传播目的的产品决策。栏目的宗旨是一个栏目的"主心骨",是栏目的"魂",它大致规范了栏目的表现范畴,同时是形成一个栏目特色的重要标志,例如《偶像练习生》定位于"年轻偶像励志综艺"。如果说对象定位是解决为谁服务的问题,那么内容定位就是解决为用户提供什么样的服务的问题。

(3)形式风格定位。

节目的吸引力在于内容,但也不可忽略形式。内容决定形式,形式又体现和强化内容,视听节目形式风格主要表现在节目的结构形态、表达方式、风格特色等方面。具体可以从以下四个方面体现:第一,从内容上体现风格的样式,选择符合自身定位的内容来体现风格样式;第二,从包装上体现风格样式,包括栏目的logo、片头、片花、栏目音乐(包括配乐)等视觉与听觉形象;第三,主持人的风格样式,主持人是栏目的"代言人",主持人的特色体现栏目特色,或者说要找到能够体现栏目特色的主持人;第四,从拍摄制作方面体现风格样式,包括镜头特点、故事讲述方式、节奏特点等。

(4)定位的制约因素。

节目的定位受到各方面因素的制约,总的说来,分外部因素和内部因素两大方面。

①外部因素。

一是接受者因素。用户群体的变化直接制约和影响媒介产品市场的变化(用户细分的标准有环境、文化与经济状况、兴趣、习惯)。

二是媒体控制者的因素。主要表现在两个方面:其一,政治组织对媒体的控制,主要从政策、法规、信息、制度等方面进行制约;其二,经济组织对媒体的控制,主要通过广告、赞助等方式进行影响与控制。

三是竞争者因素。包括市场上已有竞争者的情况,竞争节目的内容与定位、特色、市场影响力、运行状况等。

②内部因素。

一是软件因素,包括媒体人的素质、理念、执行能力、运营能力、配套的运行机制等。

二是硬件因素,包括资金、技术、设备、场地、播放渠道及其影响力等。

4.节目描述

节目描述包括节目主要内容、环节、角色、框架与流程、交互方式、片头、片花、节目时长等。节目描述是节目策划的核心,可以展示要做一个什么样的节目,内容是什么,环节有哪些,哪些人来做,以及怎样去做。本书的第一章、第二章、第三章的创意部分基本上都是围绕这些内容在做介绍。

5.播放与运作方式

播放方式包括播放平台选择、播放时段、播放频次等。运作方式包括编导核心制、制片人核心制、主持人核心制、工作室制等。

6. 制作条件

制作条件包括制作人员种类与数量（例如制片人一名，主持人一名，编导两名，摄像三名，网推一名）、摄像与录音设备、剪辑与包装设备、新技术应用（VR、AR、MR）、场地（外景内景）选择与设置、制作总费用等。

7. 市场预期

市场预期包括收听收视率、市场占有率、点击量、转发量、美誉度、满意度、广告预期、收入预期等。

8. 推广与营销

推广与营销包括节目预计采用的营收模式（硬性广告与植入广告设计、点播设计、带货分成方式等）、线上线下推广活动设计与实施、多平台协同推广的方式与时机、网络话题营销等。例如《最强大脑》节目推广语"我不是歌手，不唱最强音，我是最强大脑！"就引发了话题，达到了话题推广的目的。例如，有些自媒体视频的拍摄非常有水准，但博主偏说是自己一个人在业余状态下完成拍摄，引发网络热议和猜想，也达到了话题营销的目的。话题营销需要掌握度，不能触碰法律法规或道德底线，否则风险很大，甚至会"引火烧身"。

节目营销及广告设计既要讲究节目协调性和商业品牌吻合度，又要结合融媒时代的社交性和新颖性，同时还要符合社会主流价值和道德规范，只有这样，才能保证节目及广告营销的有效性和安全性。例如，某节目"挑战自我、超越自我"的理念和某品牌"你的能量超乎你想象"的理念高度契合，为双方的合作打下了良好的基础。而不恰当的营销策划则可能隐藏巨大风险。2021年5月，网综《青春有你第三季》引发了"倒奶事件"——有些粉丝为了助力自己的偶像，购买大量的活动装牛奶产品，开盖获得二维码后，将牛奶倒掉。倒奶视频传到网上后引发公共舆论的强烈谴责：最该倒掉的，是一味"消费"青少年的商业算计，是某些走入歧途的选秀模式，是乱象迭出的"饭圈"文化。[①] 平台方和节目组为此反省：我们忽视了价值导向和社会责任，忽视了节目应有的合理规则，忽视了节目缺陷可能产生的严重负面影响，我们为此负全部的责任。[②] 随后节目宣告停播。

节目的推广与营销不仅仅是节目策划或制作组的工作，更是媒体平台推广部门与广告部门的共同工作，节目策划方案需要得到专业部门的协同支持。

9. 附件

附件包括市场调研报告、用户研究报告和可行性报告，内容比较多，文字比较长，不便列在策划书当中，一般附在策划书之后，供决策和修改时核对查阅。

◇ 提示：以上列出的是策划书比较完整的版式。在实际工作中，不同的策划人思路不一样，关注的重点也不一样，有些项目的称呼不一样，做出的策划书内容和版式会有所不同。但主要的框架是共通的。下面是一个地方电视

---

① https://m.weibo.cn/2803301701/4633638055969401
② https://m.weibo.cn/1731986465/4634003472388003

频道的午间资讯栏目的策划书。

《经视天下会》策划方案(简版)

一、节目总目标

1. 同时段本地区收视率、占有率第一;

2. 社会效益:节目认知度、美誉度名列同时段节目第一;

3. 成为午间档的一个品牌节目,成为本地公民参与新闻、了解全国民情的一个重要平台。

二、项目背景情况

1. 为全面提升频道影响力,开发频道午间节目时段,开发节目时段的社会价值和市场价值。

2. 目前湖北地区尚无有影响的午间资讯节目,而受众对资讯节目的需求还保持强势状态,存在一定的收视市场空间。

3. 利用外来节目资源(全国新闻资源和民生新闻协作体)以及《经视直播》现有的节目资源,使开发成本大大降低。

三、定位与可行性

节目定位:以汇集全国各地民生资讯为主,兼顾本地民生新闻的直播资讯节目。

风格定位:"侃"新闻。轻松的话语、民生的观点、时尚的包装。选题方面,"猛料"为主,轻松为辅,情感做补充。

受众定位:各阶层市民。以年龄在35岁以上的受众为主。

据调查分析,在电视节目的午间时段(12:00—12:30),35岁以上的受众占到了65%左右,且主要关注资讯和法制类节目。午间时段开机率虽然不高(13%左右),但观众收看电视有一个特点:持续收看电视的时间较长。在中午12:00—12:30这30分钟内,平均每人收看的时间在25分钟以上。针对这种受众结构和特点,推出一档30分钟的民生资讯节目是有受众市场的。

四、项目实施计划

可以分两期工程。

1. 一期工程。全国民生资讯节目资源的汇集与组合。播出三大块内容:全国各上星台的前晚和当天新闻、民生协作体提供的节目资源和《经视直播》节目资源。本节目将对这三大块进行二次编辑和包装,着重对节目资源内容的关联性进行开发,在重要性、情感性、情趣性、奇特性等方面找到与本地百姓的生活或情感的联系点和共通点,注意加入适量的点评和动态的口播。

2. 二期工程。实现动态资讯、本地要闻、拍客新闻、外地资讯的混合播放,增强资讯的本土化、贴近性、及时性、重要性,使之成为真正意义上的民生资讯节目。

五、板块设置

《天下要闻》《天下奇闻》《Rap天下》《拍客记录》《我说你说》。

六、加强互动

第一,公民参与发表意见(通过短信与网络方式);第二,开展主持人抽奖;第三,展开拍客记录新闻(公民参与新闻创作)。

◇ 提示：这个简版的策划书，针对的是有经验的制片人和制作团队，很多细节内容并没有呈现在策划书里，需要在样片制作和实际制作过程中去完善和再创作。

讨论

如果你是制作人员，你觉得还需要增加哪些内容，此方案才能够更具有操作性？

七、节目制作手册

大型节目一般会撰写节目制作手册。节目制作手册又被称为节目"宝典"，是以纸质或电子的方式记录下来的节目制作指南，是节目策划制作人根据节目策划书的主题、内容与风格要求与实际的制作经验结合撰写而成。节目制作手册内容详细，对情节设计、嘉宾选择、灯光、音乐、舞美、场景、机位、剪辑手法、包装要求等节目制作运行涉及的方方面面，都有细致明确的要求。这些详细的任务说明和制作说明，能够保证节目制作运行比较规范，从而实现节目策划设定的风格特色。特别是节目参与人员规模大、流动性比较强的时候，能够保证节目品质要求的一致性。节目制作手册也为节目模式的版权销售提供了必要条件。下面以《中国好声音》的几个方面为例，简要说明节目制作手册的基本内容和要求。

1. 节目包装

看过"The Voice"的国内观众，看到《中国好声音》的宣传视频或海报时会觉得异常眼熟，而这正是引进版权节目的特征——所有的 logo 和 logo 的位置都是和国外一模一样的，角度都要一样，正一点、斜一点都不行，这是节目制作手册要求的。所以，《中国好声音》宣传片头、节目的 logo、导师们拿着麦克风的手势、现场红色的背景等整体包装和视觉元素基本与"The Voice"无异。

2. 音乐与灯光

节目制作手册还要求乐队必须是现场演奏，同时列出了舞台音响的品牌、种类、数量以及布置图，还列出了舞台灯光种类、数量、光通量，以及何时用何种灯光。为了保证节目按照节目制作手册要求制作不走样，在该节目第一期录制时，还有国外导演在现场观看指导，对现场灯光、环境布置、乐队音响提出建议。

3. 幕前人选

节目制作手册对导师、学员及现场乐队的选择都有要求。在选择四个导师的时候，节目制作手册给出的要求是，要有两个国内一线大牌导师，一个是年轻人非常喜欢的歌手，另一个是选秀歌手。而学员方面，则采用五分制，三分声音，两分故事。虽然重视声音，但同时也不忽视故事。不要求每一个学员都有故事，但不能所有的学员都没有故事。

4. 机位设置

设置 29 个机位，其中 5 个在场外拍摄选手进场前和家人一起的画面，以中近景为主;24个在场内,舞台前后各1台全景机位,背后全景机位设置在观众席中央。

每个导师正面、背面各1台固定机位,中景全程记录导师动作和表情,在导师思考做决定时,展现舞台学员的画面。在选手做决定的时候,慢推从中景到近景,凸显导师的表情。

导师左右两侧各设2台固定机位,小全景方式拍摄四位导师。导师前后各1台滑轨机位,以小全景拍摄导师之间的互动。

舞台固定机位4台,正面、侧面、后面小全景方式拍摄学员表演,1台游动机位,拍摄学员近景、特写及与导师互动场景。1台摇臂,拍摄舞台全景及学员表演,包括学员和导师互动场景。

摄像机全部用黑布套包裹。

……

◇ 提示:节目制作手册一般有数百页,内容繁多且有版权限制,在此就不一一列出了。

案例展示与讨论

《法治连线》网台联动节目策划案

一、背景分析

法治是现代市场经济和民主政治的一个核心特征,是当代中国加快推进现代化、向现代市场经济与民主政治过渡所必须尽快解决的重大现实课题。然而,我们同时必须清醒地认识到,目前不少中国民众的法律意识水平还不高,在全社会构建"法律至上、权利平等、权力制约、权利本位"的法治思想体系,真正实现法治,仍需漫长而艰难的过程。

二、栏目名称与宗旨

名称:《法治连线》——多板块、互动式的大型网络法制栏目。之所以在栏目名称中使用"法治"一词,而不用"法制",是因为"法制"仅指一国现行的法律制度,而"法治"作为依法治国的动态概念,不仅包括了创制并遵循法律制度即"法制"这一静态概念的全部含义,还代表着"法律至上、权利平等、权力制约、权利本位"这样的现代法学理念。

宗旨:普及法律、推动立法、监督执法、弘扬法治精神,推动国家法治化进程。同时,考虑到法治与德治从来都是相辅相成、相互促进的,社会主义法治的实现离不开社会主义道德体系的建立,《法治连线》栏目还将注重法与德的融合,寓德于法、以法明德,大力弘扬社会正气、倡导科学理念。在进行法治宣传教育的同时,加强对老百姓尤其是青少年的道德教育和引导,力争使节目成为贯彻落实依法治国这一基本方略,倡导依法治国与以德治国相结合的优秀精神产品。

三、栏目定位

定位语:案发现场举案说法,法治连线有问必答。

《法治连线》的定位有两个基点。第一,立足于法,传达法治理念。法是法制节目的

根本,是创作的立足点。栏目要紧扣社会热点,从法律和道德的视角观察社会现象,揭示报道社会现象所蕴含的法律与道德价值,着重宣扬社会主义法治精神,努力提高公众的法律水平和道德素质。第二,加强人文关怀,凸现服务特色。利用网络连线功能,强化服务功能,增强节目的互动性,多为普通公众和社会弱势群体提供及时准确的实时在线法律帮助,把普法落到实处。

四、栏目要求

栏目要求为立足新闻性、突出思想性、增强服务性、加大监督性、提高可视性、不断社会化。

(1)新闻性指栏目的选题首先应具有新闻价值,即真实准确、时效性强且为公众普遍关注。选题已经是或者可能是社会的热点。

(2)思想性指栏目在传达事件表层信息之外,尤其要加入理性的思考和解说。以社会主义法律和道德这两种特殊的意识形态为报道准则去把握选题、关注人物,在客观报道的基础上依据法律或道德的尺度对新闻事件做出分析和评价,正确引导舆论,提升报道理性高度。

(3)服务性指在进行普法教育与道德指引的同时,尽可能多地为广大公众提供有针对性的免费法律服务,为群众排忧解难,帮助他们认知并寻求解决纠纷的正当渠道。

(4)监督性指充分发挥新闻媒体所特有的舆论监督功能,对一切偏离法治轨道和道德准则的社会丑恶现象进行曝光、鞭挞,尤其要对司法机关和行政部门的法律执行情况实行监督,促进司法公正和执法公平。

(5)可视性体现为三点。首先,栏目的选题应当与老百姓生活息息有关,为老百姓所普遍关注,而且题材内容要尽可能生动曲折,尽可能包含丰富的故事情节。其次,在节目创作中,应当巧妙地融入人文关怀,关注案件背后的真相及当事人的情感命运,善于挖掘出枯燥深奥的法律条文中所蕴含的人文精神,以真实、真诚和真情感染观众。此外,还应综合运用各种剪辑与包装手法,不断更新、美化栏目的"外包装",增强节目的视觉美感和整体表现力。

(6)社会化指加大栏目的线上线下推广工作力度,要经常与有关部门、重点社区、律师事务所合作开展与栏目宗旨相关的社会公益活动,并注重开发相关系列产品(如集结作品出版音像制品和案例点评书等),全方位打造栏目品牌,提高栏目的社会知名度,更好地发挥法治教育与道德引导的社会功能。

五、栏目形态

(1)表现形式:开设三个形态不同、风格迥异的独立板块,让三个板块在形成各自特色的基础上发挥整体合力,共同把普法主题做"厚"、做"深"。必要时还可借助戏曲、小品、模拟现场等表现手法来展现新闻事件、传递法律知识,从而增加节目的趣味性。

(2)传播方式:采用流动透明演播室直播方式,同时引入网络互动传播。打造流动直播车,利用5G实现实时直播传输。将直播车开到事件现场,主持人在直播间现场报道。节目中律师视频在线与需要咨询的公众视频见面,解决他们的实际困难。这种互联网双向交流方式,将使法治知识更贴近公众,更易于被公众接受。

六、栏目设置

《法治连线》一周上线五期,每期设立三个独立成篇、又相互贯通的节目板块。

节目长度为 40~50 分钟。可以根据实际情况进行弹性调整。

(1)板块一——"举案说法":以新近发生的具有一定社会影响力的一个典型案例或社会热点事件为报道对象,从法律和道德的视角去观察和剖析事件蕴含的法律知识和道德价值。该板块主要采用"案情报道+专家点评"的制作模式。将透明直播车开到案发现场或某个社区广场进行直播,专家通过视频连线方式进行点评,同时请观众进行网络留言和有奖互动。此板块时长在 15 分钟左右。

(2)板块二——"律师随行":以公众咨询的法律问题或投诉为报道内容,栏目派出随行律师到现场帮助他们排忧解难。该板块采用纪实手法,跟踪拍摄律师提供法律服务的整个过程。此板块时长在 8 分钟左右。

(3)板块三——"有问必答":每期邀请两名律师视频在线,同时开放网络直播间,请公众进入或留言或留视频或视频连线,提出需要咨询的法律问题,律师在线进行解答。此段时长在 17~27 分钟。

七、栏目播出

网台同播,以网络为主。

电视公共频道、广播生活频道和网络广播电视台、客户端共同直播。电视公共频道和广播生活频道播出节目 30 分钟,30 分钟之后的节目,即互动咨询环节的后半段,由网络广播电视台和客户端继续直播。

首播:周一、周二、周三、周四、周五 12:30,四个端口同时上线播出。广播电视重播:周一、周二、周三、周四、周五 22:30。

节目规划有两个阶段。第一阶段,周间播出五次。第二阶段,待节目运行成熟,有了一定知名度,打通周六、周日,一周播出七次。

八、栏目风格

平实而不失严谨,鲜活而不乏深度。重视人文关怀,突出互动服务。

九、栏目包装

(1)片头一个,长度 10 秒。
(2)宣传片一个,长度 15 秒。
(3)板块过渡片花一个,长度 5 秒。
(4)"专家说法"的标版一个,长度 2 秒。
(5)"相关链接"的标版一个,长度 30 秒。
(6)"有奖问答"的标版一个,长度 30 秒。
(7)背景音乐。

十、人员安排

制片人 1 名;执行制片 1 名;主持人 1 名;编导 2 名;摄像 4 名;网络技术 2 名,网推

1名。

十一、栏目可行性预测

市场调查得知,随着法治化进程不断深入,民众对法律知识的需求不断增长,网络法制节目拥有广阔的市场需求和良好的发展前景。

《法治连线》强调互动性和服务性,观众可以在线互动,参与评论和咨询法律问题,这可以极大地激发观众参与的热情。

专家评案和律师在线采用视频连线的方式,方便快捷,成本较低。

栏目花费较大的是流动直播车。流动直播车用厢式客车改造,改造成本较低,摄录传采用5G+4K方式进行双机位,加上网络设备和导播台等,约55万。值得注意的是,流动透明的直播车本身就是一道活动的风景线,可以有效扩大栏目知名度和接近性。

初步测算,栏目一年的运行及人员费用大约为700万元。

预计开播后半年可以获得赞助商冠名,一年500万元。栏目板块之间的硬性广告约为三分钟,一年收入约在800万元。网络广告收入约为200万元。经过一年以上的积累,有问有答环节可以进行网络打赏或收费,预计一年收入200万元。

预计栏目开播半年,电视端、广播端可以达到收视率、收听率同时段第一,满意度、美誉度第一。网络台视频直播浏览量节目点击率每日超200万,可为客户端带来粉丝量1000万,日活100万。全网节目浏览量一年超10亿次。争取在两年内,获得十佳全国法制节目称号。

总之,栏目可以较少的成本实现经济效益和社会效益的双丰收。

> 这个策划的亮点是什么?有哪些不足之处?要补充什么?

《开机吧！导演》网络综艺策划案[①]

作者:(武汉大学)林琦桁、戴芳、张宸豪、范雪雯

一、节目简介

1. 节目名称

《开机吧！导演》

2. 节目主题

通过记录导演从改编中国传统小说到拍摄播出的过程,将作品的诞生过程展现在观众面前,考验导演的编剧与导演能力,展现导演的个人魅力,表现出合作、竞争、进步,

---

① 该策划案是笔者武大授课班上的学生习作,使用时已得到学生同意。

以及珍视传统文化的主题。

3. 创意背景和来源

当前,优秀的视听作品层出不穷,明星、演员、歌手等在大众面前光鲜亮丽,而导演作为一个能力要求高却又不经常出现在大众视野的群体,往往被忽视。很多情况下,我们更加关注作品本身的好坏,而忽略了作品诞生的过程。因此,我们选定了导演这一群体,让大众更好地看到一部优秀作品诞生的过程。

同时,我们选择中国传统小说作为改编对象,让传统小说通过另一种方式进入大众视野,带动大家关注中国文学和传统文化。通过这档节目,我们将传统小说与编导相结合,带领大众体会不一样的传统文化。

二、同类节目概况

1.《演员请就位》

《演员请就位》作为"中国首档角色竞演真人秀",集结国内最受关注的年轻优质演员同台竞技,他们在每一次作品创作和角色竞争中,展现作为演员的能力与价值。

其重心更多地侧重于演员本身,从演员的角色选择、人物塑造和影视化改编等方面展示演员的幕前和幕后。而其中的导演也有不可忽视的作用。

2.《我就是演员》

《我就是演员》是浙江卫视推出的演技竞演类励志综艺。节目以演技为视角,邀请许多演员进行同台竞技表演。

其重心更加侧重于演员的演技本身,有意模糊幕后制作和导演方面。

3.《我要拍电影》

《我要拍电影》是由湖南卫视和华影盛视联合打造的全民甄选导演节目。该节目通过选秀形式,对海选出来的一众导演进行选拔与展示。

其重心侧重于导演本身,是对一众新人导演和草根导演的鼓励与选拔。

三、节目总体概述

1. 节目定位

《开机吧!导演》作为一档对影视圈中导演这一群体进行考验、竞演的综艺节目,定位于喜爱电影、电视剧等影视作品的人群,通过展现导演的编剧、导演、后期等能力,表现出导演们的价值。

2. 节目形式

(1) 节目框架。

节目分为展示赛、淘汰赛、总决赛三个赛段,最初拟邀 20 名导演进行参赛,40 名不同形象与年龄的演员作为演员团,供导演们挑选。

第一阶段,展示赛:导演们从演员团中挑选自己需要的演员,进行剧本创作与导演,并将作品依次进行展示,由现场观众和评委进行投票。在这个赛段不设淘汰制。

第二阶段,淘汰赛:淘汰赛分为两轮,第一轮,根据个人赛中导演们的评分进行分级,分级更高的导演拥有优先选择权。之后和第一赛段一样。竞演结束后,根据观众票选,淘汰排在末位的 8 位导演。

第二轮会重复两次,并淘汰排在末位的 6 位导演。

第三阶段,决赛:最后剩余的6位导演进行总决赛竞演,由观众票选,选出本季最佳导演。

(2)视听表现。

①展现导演进行编剧和导演工作的幕后场景,多使用人物镜头,使用环境音;

②展现导演作品,作品本身具有作为影视的视听表现;

③展示现场点评时的人物特点,包括评委、观众、主持人、参赛导演等。

3. 节目要求

(1)除了导演不同,其他要素应尽可能相同,增加节目公平性。

(2)导演的选择:自带流量的明星导演(黄渤、吴京、郭敬明、何炅等)+新兴但有知名代表作的导演(李芳芳、管虎、柯汶利等)。

(3)演员团的选择:演员在粉丝量、自身流量、实力等方面要在类似水平线上。

(4)挖掘每个导演所不为人知的另一面(柔情、严肃、可爱等),营造陌生化效果。

(5)在节目中有意设置障碍(如改编困难、演员不在状态、道具不足等)。

(6)在节目中设置悬念(在改编内容处、演员名单公布处、结尾成绩处等设置悬念)。

4. 节目特色

(1)与中国传统小说相结合,与中国元素和时代主题相扣,弘扬传统文化。

(2)导演进行比拼,目前市场上无类似节目,较为新颖。

(3)导演和相关演员自带流量和粉丝基础,节目有一定市场基础;题材老少咸宜,有观众基础。

(4)考查导演的多方面能力(编写、协调组织等),难度较大、有看点。

5. 节目播出

(1)播出条件:找到合适的导演与演员、有合适的赞助商、传播效应达到一定规模。

(2)播出周期:采用季播模式,每一季时长为两个月左右,每周固定周五晚间播出。

(3)节目时长:每周一集,一集两小时左右。

(4)每个板块所占时间比例:前期准备(赛题公布、编写剧本、选择演员等)占40%,彩排占20%,访谈占5%,最终演出及结果公布占35%。

6. 节目宣推

(1)推广时间。

①节目开始前:预热、悬念;

②节目进行中:发布片花、设置话题;

③节目完成后:设置话题、预告下一季。

(2)推广平台。

①社交平台(微博、微信、QQ、抖音、小红书等);

②线下展示(地铁站、公交站滚屏、海报等);

③视频平台(爱奇艺、腾讯视频等)。

(3)推广内容。

①节目片花、剪辑相关悬念短视频;

②导演在节目中呈现的作品;

③有争议与话题的节目内容(文字、图片或视频)。

(4)推广人员。

①社交平台组(负责社交平台官方账号的运营、与相关大V账号的合作与联动);

②短视频组(负责短视频平台的运营、剪辑竖屏短视频、与大V联动等);

③线下组(负责海报设计与线下路展);

④长视频组(负责与各大视频平台洽谈相关合作事宜)。

四、受众分析

1.受众年龄分布

2020年国内综艺节目受众年龄分布如图3-9所示。

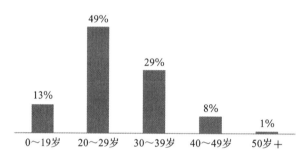

图3-9　2020年国内综艺节目受众年龄分布

(数据来源:云合数据)

本综艺的观众预计可覆盖从60前到00后的从小学生到老年人的整个年龄段,其中,着重定位于包括00后、90后、80后在内的年轻人,预计40岁以下的年轻人占比达80%。

2.受众性别定位

主要定位为女性,占60%以上。

3.受众身份、经济状况定位

拥有中学以上教育程度的,具有较强消费能力的城市居民。

4.受众偏好、心理分析

受众大部分爱好古典文学或电视剧、电影等文艺作品,拥有一定的艺术欣赏能力及一定的可自由安排的娱乐闲暇时间。

五、运营模式

1.市场预期

(1)第一季播出的时候,节目依靠新颖性和独特性吸引了很大一部分受众,占领了当季同时播放的所有网综播放率的20%以上。本节目呈盈利状态。

(2)到第二季的时候,收视率略微下降,营收方面呈现亏损状态。根据本季的受众反馈,制作方调整节目模式,保留优秀元素,删改劣势元素,注入新的元素,在第三季的时候,收视率恢复到第一季时的水平。

(3)到第三季的时候,在营收上回本,填补第二季的亏损。根据情况看是否还要继续办第四季,如果没有带来很大的利润,或依旧因收视率的持续下降等问题呈亏损状态,到第三季则结束本节目的运营。

2.资源要求

(1)播出的平台。本节目定位为网综,播出平台为腾讯视频、优酷视频、B 站、芒果 TV、爱奇艺等网络视频平台。可支持某视频平台的版权完全购置及垄断播放,但要求支付很高的版权费用。

(2)导演及演员团队。导演直接由节目方通过人脉等方式,找到导演本人或是经纪人进行洽谈;演员的寻找方式与导演相同,还可另通过节目方和一些知名的经纪公司合作,选用一批经纪公司旗下的艺人。

(3)赞助商。通过招标等方式遴选赞助商,价格出得高是中标的第一条件,是否和节目风格契合为第二条件。

(4)节目制作团队。包括节目编剧、节目导演、摄像、灯光师、化妆师、美术设计、后期、运营等岗位。核心的骨干人员由本节目承办的影视公司、电视台或网络视频平台在一开始确定,另外的人员可通过招募的方式择优组队。

(5)演出场地及设备。要求拥有宽敞的舞台与优质的录像、灯光、音响设备,场地设计能保证现场观众的舒适观感。

3.营收模式

(1)收入来源分析。

①现场观众的门票费用;

②收视率带来的流量收入,商家广告投放的收入;

③赞助商的支持;

④视频平台购置节目版权所支付的费用。

(2)支出分析。

①节目嘉宾(导演、演员)的出场费用;

②员工的薪酬发放;

③节目演播室内灯光、空调、摄像机等设备的租借维护费用;

④节目宣传的营销支出。

习作展示之二

《宴请八方》节目策划案[①]

作者:(武汉大学)杨洋、练泳怡、吴柯沁、黄雨心

一、节目名称

《宴请八方》——传承中华美食、讲好中国故事

二、引言

炒烧煎炸煮

蒸烤凉拌淋

[①] 该策划案是笔者武大授课班上的学生习作,使用时已得到学生同意。

千年积淀，数种手法，独特风俗，终成一系
鲁菜如同讲究礼义廉耻的士人
川、湘菜就像敢闯敢拼的江湖中人
粤、闽菜宛若风流儒雅的公子
苏、浙和徽菜好比清秀素丽的江南美人
泱泱大中华，代代手艺传
荟聚八方菜，宴请四方客

三、主题

由于气候、地形、历史、物产及饮食风俗的不同，八大菜系经长期演变而自成体系，在选料、切配、烹饪等技艺方面具有鲜明的地方风味特色，成为社会所公认的中国饮食的菜肴流派。八大菜系承载着中国饮食文化，是中华民族智慧的结晶。

节目旨在通过访学八大菜系经典名菜，寻找中华饮食文化及代代相传的故事，展现劳动人民的勤劳与智慧、情感与寄托。通过明星学习、评审打分机制，增加节目可看性及专业性，从中华美食角度讲好中国故事。

四、目标用户

本节目为饮食文化类综艺节目，主打饮食文化与娱乐相结合模式，以饮食文化丰富当前娱乐市场内涵，同时用一定的流量为文化引流，深入探寻中华美食的奥秘。

基于此，本节目的目标用户定位于喜欢烹饪、喜欢研究美食的"美食发烧友"，特别是网民群体；考虑到当前互联网中坚力量集中于年轻受众，节目努力实现受众年龄层下沉，并在此基础上继续扩大中老年群体，争取各年龄层范围全覆盖。

五、特色元素

"金勺子"大奖（口味、专业、经典的象征）；中华美食、经典名菜；传承的故事；现场制作；人气明星；各行各业评审评价。

六、播出平台与时段

2022年11月5日起每周六综合频道19:30～21:00，在集团App、合作视频平台上同步播出。

七、节目环节与内容

（一）主要内容

1. 内容简介

本档节目共分为9期，前8期聚焦于中国八大菜系——川菜、鲁菜、粤菜、苏菜、闽菜、浙菜、湘菜、徽菜。每一期选择一个菜系进行展开，分为外景录制部分和演播厅录制部分。第九期为前期优胜者参与筵席，制作菜品并一起享用，进行精彩回顾和现场颁奖。

节目选取中国八大菜系中每个菜系最具特色的三道菜品，每期节目将有三位明星（选择具有一定烹饪基础的明星嘉宾）赴该菜系发源地探寻，与大厨或传统饮食文化传承人进行学习交流,与师傅同吃同住,体验学徒生活,在三天内学会制作该菜品。

演播厅录制部分,即节目现场,将有三位专业评审(例如美食家、各菜系大厨等)和十位大众评审(该菜系地区各行各业代表)在明星烹饪结束后,进行品尝,投票打分,评出每期的优胜者。优胜者将参与最后一期的"最美筵席"。

2.菜品选择

鲁菜:糖醋鱼、锅烧鸭、葱爆羊肉

粤菜:咕噜肉、白切鸡、盆菜

川菜:鱼香肉丝、麻婆豆腐、口水鸡

湘菜:辣椒炒肉、辣子鸡、永州血鸭

闽菜:烧生糟鸭、海蛎煎、沙茶面

浙菜:西湖醋鱼、龙井虾仁、干炸响铃

苏菜:狮子头、盐水鸭、莼菜银鱼汤

徽菜:一品锅、青螺炖鸭、雪冬烧山鸡

本节目选取八大菜系中较具特色的三道菜品,同时考虑制作难度、可操作性、观赏性、可看性等,选取如上菜品。若执行期间遇到困难,则采用备选方案。

(二)环节与流程(以前八期为例)

1.外景录制部分

(1)三位明星选择要学习的菜品,先自由选择,若有冲突,则进行小游戏比拼(例如关于该菜系或中国饮食文化知识的快问快答),胜者优先选择。

(2)确定选择后,三位明星分别前往该菜品大厨所在地,与大厨见面沟通,进行为期三天的学习交流。

(3)三位明星在三天内将与大厨同吃同住,参与菜品从原材料准备到制作完成的所有流程(例如买菜、捕鱼、杀鸡等前期过程,练习刀工等准备过程,掌勺等烹饪过程)。

(4)明星在学习结束后独立完成该菜品。

(5)明星聊学习过程中难忘/有趣的事,分享感受等。

2.演播厅录制部分

(1)主持人开场,进行节目介绍、嘉宾介绍、赞助商播报等。

(2)放本期三位明星学习菜品制作的VCR(即前期外景录制部分的成片)。

(3)三位明星上台,和观众打招呼,进行自我介绍。

(4)主持人串场,介绍规则和流程。

(5)三位明星前往舞台上三个设置好的烹饪区域,限时30分钟,现场制作该菜品(所限时长随当期菜品复杂程度而改变)。

(6)明星制作菜品期间,现场的专业评审进行实时发言(可以评价明星烹饪的熟练程度、烹饪速度、做法规范与否等;还可穿插对这些菜品的历史背景和文化故事的介绍)。

(7)主持人在三位明星的烹饪区间来回走动,采访明星嘉宾的现场感受(例如让明星介绍自己烹饪进行到哪一步,时间紧不紧张,有没有信心等),并进行报时,提醒剩余时间。

(8)明星烹饪完毕,将菜品放置在舞台中间的餐桌上。

(9)三位明星分别介绍自己的菜品。

(10)三位专业评审上台品尝。
(11)十位来自当地各行各业的大众评审上台品尝。
(12)主持人串场。
(13)三位明星分享自己学习菜品制作的故事,选择这道菜的原因等(例如乡愁、亲情)。
(14)专业评审根据色香味、还原度、正宗与否等对菜品进行点评、打分(满分10分),同时可以讲述该菜品或菜系的历史故事、传承现状、文化底蕴等。
(15)十位大众评审为喜欢的菜品投票(每人一票,一票2分)。
(16)专业评审与大众评审的评分相加,得分最高的则为优胜者,由主持人宣布。
(17)优胜者发表感言。
(18)主持人为优胜者颁发"金勺子"大奖。

八、条件

(一)政策导向

1. 市场发展方向

鼓励市场向原创性、体系化发展。在加大力度推进改革创新的大背景下,鼓励综艺节目本土化发展,以原创性综艺节目取代模板化节目,直接购买版权或完全借鉴照搬他国模式的节目逐渐被排斥出市场。

近日中央对"吃播"的批评以及"光盘行动"的重申,再一次提醒我们节约粮食的重要性。本节目的美食主题与粮食息息相关,贴合时政热点,在弘扬中国传统饮食文化的同时,引导公众关注当前社会热点问题,呼吁大家爱美食,更爱粮食。

2. 受众市场对文化类节目的需要

从《中国诗词大会》《国家宝藏》到《朗读者》《经典咏流传》等节目的推出,文化类节目热度一直不减。大众文化素质不断提高,以往单纯注重娱乐的综艺节目已经不能满足当前文娱市场的需求,时间碎片化环境下的受众更加希望在休闲的同时实现知识文化的有效输入。寓教于乐的形式可以将传统文化中的严肃话语与综艺原本的娱乐话语进行双向补充,相互融合,在语境互补中实现和谐与平衡。这同时也是本节目计划从传统文化入手的原因和着力实现的目标。

(二)资源要求

1. 人力资源

(1)工作人员:导演、编导、摄像、制片人、策划人、灯光师、录音师、化妆师、场务、视频后期、后勤、外联人员。

(2)嘉宾:明星(每期3位,共24位)、专业评审(每期3位,共24位)、大众评审(每期10位,共80位)。

2. 财务资源

本季总费用约800万,包含设备、节目制作费、人员费等。

3. 场地

(1)演播厅:200平方米。

(2)外景:8个具有特色的餐厅。

4. 设备

外景部分：每一组搭配 2 台斯坦尼康，1 台无人机，5 个固定机位。

演播厅部分：10 台固定机位摄像机、1 个摇臂、2 个滑轨。

5. 舞美

动态捕捉系统、全动态舞台。

6. 服装

24 位明星、2 套主持人服装、24 套专业评审的服装。

7. 灯光

聚光灯、柔光灯、回光灯、外形灯、光柱灯、投景幻灯、天幕效果灯、追光灯、可移动光源反光板。

8. 音乐

主持人开场音乐、明星嘉宾做菜中途的音乐、专业评审点评时的音乐、明星嘉宾分享故事的背景音乐。

9. 其他

6 个外置麦克风，2 台后期非编机器，2 辆拍摄专车，制作美食所需的各种调料，美食原材料，游戏道具，"金勺子"奖杯。

九、市场预期

（一）市场规模

（1）经济水平的提高使国民对于多类型娱乐产品的需求增长，当前娱乐文化产业市场空前活跃，特别是综艺类节目。近些年来，市场资本在文娱行业加大投入，各类综艺节目层出不穷，从上星卫视到各大互联网视频平台，双线稳步发展，市场占有规模不断扩大。更多的赞助商、广告代理以及相关的节目制作研发公司愿意进入国内综艺市场。综艺市场逐渐被打开，其商业价值潜力巨大。

（2）基础强大。"食色，性也"，对美食的向往是人类的本能，当前快节奏的城市化体系给人们带来巨大的生活压力，因此人们更加呼唤和渴求"慢"下来，提倡享受生活、热爱生活的理念，本节目的主题在大众中有立足之本。烹饪与品尝中华传统美食是民族文化，也是世界文化。本节目不仅是本土的文化节目范本，而且可以成为跨文化传播的代表性节目：海外市场的开拓可作为未来的长期目标，通过美食连接中外，让热爱饮食文化的人齐聚一堂，最终使本节目成为一个文化交流与分享的平台。

（3）本节目背靠"传统饮食文化"与"明星流量代言"两大热门 IP，具有一定的话题热度，可借助网络平台造势，引发网络话题讨论，提高曝光度和收视率，从而推动一段时期内本节目在国内综艺市场中占有率的稳步提升。

（二）市场预期

同时段收视前三，每期平均收视率在 1.4% 以上。引爆微博话题，打造一档中华美食类现象级综艺节目。

十、推广策略

（1）计划采用"台网联动"模式，在电视台与网络平台上同期投放，××卫视为传统媒介平台,可迎合中老年受众群体的观看习惯;同时在集团 App 和 B 站、腾讯、爱奇艺等合作网络视频平台同步播出,这些网络平台充分贴合节目调性,节目可利用其成熟的网综制作技术和播出模式,在一定程度上还可以吸引平台既有的用户群体进行收看。

(2)采用"线上推广、线下宣传"相结合的模式。

播出前期,在线上利用既有平台的用户黏性和流量热度为节目造势引流,如在视频平台首页投放宣传照、开屏图、播放宣传片;在微博上提前发放官方宣传,制造并积极转发相关话题等。

播出后期,在线下调动与本节目达成合作关系的平台(如传统饮食文化研究机构、各菜系正宗制作基地等),根据节目播出的真实情况反馈进行菜系的推广:如在各菜系代表餐厅推出节目同款套餐,利用"带货效应"和"明星效应"吸引大众品尝;制作节目衍生品、发售节目文化周边等。依靠这些实体产业完善节目"售后服务",实现宣推真正落地。

十一、营收模式

(1)传统广告投放:电视媒体播出平台方面与广告商合作,产生稳定的广告收入;同时创新广告的植入形式,加大中插广告与节目的融合度,提高受众对广告的接受度(如节目中插"烹饪小剧场";节目嘉宾略带调侃式的口播等)。

(2)网络流量变现:网络媒体平台方面除既定的广告冠名、赞助方式之外,还要加大线上营销推广,树立品牌打造、价值输出的意识;适当的微博话题营销,利用明星效应、粉丝经济带动节目热点,实现节目的流量价值转换。

(3)衍生产品收入:利用网络视频平台播放的版权收入。根据市场反馈,推出八方菜肴成品进行销售。

第四章 新闻类节目策划

1994年4月1日,由中国中央电视台新闻评论部创办的,以深度报道为主,以舆论监督见长的电视新闻评论性栏目——《焦点访谈》在CCTV-1(中国中央电视台新闻·综合频道)正式开播,每日19:40播出。从此,《焦点访谈》和其栏目标志性的"大眼睛"一起,时刻注视着观众,关注着社会。

《焦点访谈》坚持"时事追踪报道,新闻背景分析,社会热点透视,大众话题评说"的节目定位,坚持"用事实说话"的方针,选择"政府重视、群众关心、普遍存在"的话题,通过调查、追踪和隐性采访报道揭露社会生活多个方面的违法犯罪行为,反映和推动解决了大量社会进步与发展过程中存在的问题,创造了新闻舆论监督的艺术化样板。自开播以来,《焦点访谈》就受到党和国家领导人、各界观众的广泛关注和重视。

1998年10月7日,时任总理朱镕基专程来到中央电视台与《焦点访谈》的编辑记者座谈,并赠言:"舆论监督,群众喉舌,政府镜鉴,改革尖兵。"

作为中国电视新闻评论的标杆性节目,《焦点访谈》培养出了一批新闻素质、文化底蕴都很高的"明星"主持人,如白岩松、水均益、敬一丹等,并多次获中国新闻界最高奖项。据统计,1994年至2003年,《焦点访谈》荣获中国新闻奖、电视新闻奖等20项大奖,并连续两次获中国新闻名栏目奖,其中,《"罚"要依法》《巨额粮款化为水》《难圆绿色梦》《和平使沙漠变绿洲》等节目曾经在社会上引起广泛反响,并获得当年度中国新闻奖评论类大奖。①

一、新闻节目的类型与功能

1. 新闻节目的类型

新闻节目是指在真实的新闻材料基础上,加工制作而成的一切反映或评说新闻事实的电台或电视节目。随着时代进步以及传媒行业的不断发展,新闻节目的内容和形态不断地丰富和完善,总体来看,目前我国新闻节目的类型已经十分丰富,相关的分类方式也更加系统化。

目前,学界和业界较为集中的意见是将新闻节目按照新闻体裁进行划分,其中最常见的有消息类新闻节目、专题类新闻节目、评论类新闻节目、纪实类新闻节目以及杂志类新闻节目等。

此外,按照新闻题材的专业内容进行分类,新闻节目可分为民生新闻节目、法制新闻节目、经济新闻节目、体育新闻节目等。

按照新闻题材涉及的地域范围来进行划分,新闻节目可分为国际新闻节目、国内新闻节目、地方新闻节目等。

按照新闻节目播出的时间来进行划分,新闻节目可分为早间新闻节目、午间新闻节目、晚间新闻节目、深夜新闻节目等。

本章正是在以上分类方式的基础上,综合考虑了近年来较为新颖的新闻节目形式,最终选取了消息类新闻节目、专题类新闻节目、评论类新闻节目、纪实类新闻节目、民生新闻节目、法制新闻节目、国际新闻节目、地方新闻节目、早间新闻节目、晚间新闻节目、公民新闻节目、新闻脱口秀节目共十二种新闻节目类型,作为新闻类节目策划的重点研究对象。

2. 新闻节目的功能

新闻的本质和特性,决定了新闻类节目相应的功能和作用。无论新闻节目的形态如何变化,新闻节目在提供资讯、宣传引导以及舆论监督等方面始终发挥着重要的作用。

(1)提供资讯。

新闻节目,尤其是消息类新闻节目,最重要的功能就是为大众提供不同国家、不同地区、不同行业的各种各样的咨询信息,消除大众的疑虑,增加大众的信息储备量和知识储备量。提供资讯是新闻信息的基本功能,也是每一个新闻节目所应该达到的最基本的功能。②

(2)宣传引导。

新闻节目是对时下社会各类事件及现象的报道,是舆论客体的主要来源之一。③因此,新闻节目,尤其是新闻评论类节目的一个重要功能,就是通过对新闻内容和结构的编排,达到正确的舆论引导效果,维护社会的公平正义,促进民族团结和社会稳定。

---

① 陈一鸣.《焦点访谈》:十年回望[N].南方周末,2004-05-09.
② 樊弋滋.四大类节目形态社会功能简析[J].商业文化(学术版),2009(5):115.
③ 富治平.如何提升电视新闻的舆论导向作用[J].新闻研究导刊,2020(24):78-79.

(3)舆论监督。

除了为大众提供咨询和进行正确的舆论引导,新闻节目还有一个重要的、不可忽视的功能,就是对涉及公众利益和国计民生的、重要的或敏感的议题进行舆论监督,抨击时弊,抑恶扬善。尤其是以严肃性新闻为主的新闻专题类节目,往往涉及对重大新闻事件的深度报道和评析,承担着极强的舆论监督职能。

二、新闻节目策划的原则与要点

1. 新闻节目策划的原则

(1)导向性。

新闻节目的社会功能决定了新闻节目策划必须遵循导向性原则,尤其是在政府政策、民众心理以及全球社会发展趋势等方面应发挥正面导向作用。

(2)目标性。

新闻节目策划有一定的目标性,即新闻节目策划的最终目的,是在科学的可操作性基础上,扩大新闻节目的关注度和影响力,取得良好的传播效果,履行新闻节目所应承担的社会职责。

(3)事实性。

新闻必须以事实为依据,对客观事实做如实描述,因此,新闻节目策划也必须建立在事实的基础上,遵循新闻的本质和发展规律,努力实现新闻节目策划的目标。

(4)客观性。

新闻节目策划在结构、流程等诸多方面可以充分发挥人的主观创造性,但是在对新闻事实的选择和策划中,必须坚持客观性原则,即严格遵循新闻事实客观性和新闻传播规律。

(5)时宜性。

新闻节目策划的时宜性是指在进行新闻节目策划时,策划人应具备高度的政治敏感和全局意识,充分把握当下的社会背景与政策及舆论导向,掌握新闻策划的最佳时机,防止播出的新闻"不合时宜"。

(6)创新性。

新闻节目策划要始终坚持创新性。只有抛弃拘泥守旧的观念,充分把握现实情况和时代趋势,新闻节目策划才能不断出奇制胜,吸引更多的社会关注,取得更好的传播效果。

2. 新闻节目策划的要点

(1)新闻节目的策划有"四个离不开"。

第一,新闻节目策划离不开大的社会发展背景。新闻节目策划的导向性和时宜性决定了新闻节目策划必须在社会发展的大趋势、大背景下展开,既要充分挖掘具有一定的社会背景和时代特征的选题,又要充分把握时代脉搏,反映社会发展趋势。

第二,新闻节目策划离不开媒体的目标定位。新闻节目策划要适应媒体自身的特点,充分考虑到媒体的角色定位、用户定位、内容定位以及竞争定位,在此基础上进行专业的节目策划,巩固和发展相应的媒体品牌。

第三,新闻节目策划离不开用户的需求。公众既可以被看作新闻节目的接收者,也可以被看作新闻产品的用户,新闻节目策划要充分考虑和吸纳用户的诉求,将用户想听的、想看的和节目想说的充分结合起来,适应并引领用户的需求。

第四,新闻节目策划离不开自身的条件。除了在策划的理念和导向上适应社会发展的大背景和大趋势,新闻媒体也要不断丰富和完善自身的策划条件,在具体的新闻节目策划操作中,如策划的形式、技术应用等多方面,紧跟时代发展趋势,制作出更高水平、高质量的新闻节目。

(2)策划的互联网思维。

互联网时代所引发的时代变革不仅表现在广电媒体的发展上,而且表现在对节目制作的指导思想、传播理念和运行思维等产生了深刻的影响。[①] 新时代下,不断提高对互联网规律的把握能力,将互联网思维应用于内容生产中,是新闻媒体的必修课。

新闻节目策划应具备平等、开放、互动、共享的互联网思维,一方面,强调用户需求的满足与创造,让用户参与到内容的生产与策划中来,强化用户体验;另一方面,加快构建全媒体传播格局,让用户参与到内容和产品的社会化传播中。总而言之,互联网思维下的内容生产与策划,一定是全民参与、全民传播、全民共享的。

三、消息类新闻节目策划

消息类新闻节目指对新近发生的新闻事实进行及时、简明、直观报道的一种新闻节目类型。消息类新闻节目是公众了解国内外要闻的重要渠道,也是电视新闻中存在最多的节目形态,通常被认为是狭义的电视新闻。

1. 消息类新闻节目的基本形式

(1)口播新闻。

一种以出播报员图像为主、播报文字新闻稿的新闻报道方式,常见的有一句话新闻、文件类新闻以及简讯类新闻等,适合播送难以用图像表达或没有录像资料以及"刚刚收到的"最新消息,具有快捷性、灵活性和亲近性。

(2)字幕新闻。

一种在电视屏幕上叠加简短文字,及时向观众报告新闻信息的新闻报道形式。这种形式是电视新闻节目中最简便的一种消息报道形式,分为静态字幕新闻、动态字幕新闻以及动静结合的字幕新闻,具有时效性和灵活性。

(3)图片新闻。

一种运用单幅或多幅新闻照片组接并配以画外音解说的新闻报道形式。这种新闻报道形式弥补了文字解说新闻中缺乏现场图像的不足,丰富了新闻报道的内容,扩大了报道面。

(4)图像新闻。

又称影像新闻,是一种将活动图像、同期声、背景资料以及新闻解说词相结合的新闻报道形式。图像新闻生动形象、图文并茂,与口播新闻、字幕新闻以及图片新闻相比,更具有直观的感染力。

---

① 马建彬.基于"互联网思维"的广播电视节目创新探究[J].科技视界,2015(30):314-315.

(5)现场报道。

一种新闻记者在新闻事件发生现场面向观众进行消息播报的新闻报道形式。与图像新闻相比,现场报道的现场感更强,更能够使观众有"身临其境"的感觉。

除了以上新闻报道形式之外,连续报道、系列报道以及组合报道等也可以被纳入消息类新闻节目之中。

2.消息类新闻节目的特点

(1)快速。

消息类新闻的基本要求就是一个"快"字,记者应在最短的时间内将刚刚发生、被发现或者正在发生的新闻事件告知观众。[①] 这要求新闻记者有一定的新闻敏感性以及"抢新闻"的意识。

(2)简短。

消息类新闻通常简短而精炼。这不仅要求新闻媒体和记者必须采用简洁的语言传递出具体的、关键的新闻信息,也考验新闻节目编排者对声画元素的编排和应用,使公众在有限的篇幅中尽可能掌握更多、更关键的信息。

(3)灵活。

消息类新闻节目的灵活性,主要表现在形式的灵活性以及视听元素的灵活性上,新闻节目策划者可以根据新闻内容的特性,灵活选用相关的视听元素,制作出与新闻内容更加贴合的新闻报道。

(4)多样。

由于新闻用户在职业、年龄、文化程度以及信息需求上的不同,消息类新闻要更加注重新闻题材的多样化,在原则上贴近实际、贴近生活、贴近公众,扩大和丰富报道面,使得消息类新闻节目真正成为公众的信息主渠道。

3.消息类新闻节目策划案例分析——以《新闻联播》为例

1)节目概况

《新闻联播》是中央电视台综合频道推出的晚间新闻节目,于1978年1月1日起每日19:00在中央电视台综合频道首播,是中国收视率最高、影响力最大的电视新闻栏目,被称为"中国政坛的风向标"(见图4-1)。

该节目每天于北京时间19:00在中央广播电视总台旗下的中央电视台综合频道(含港澳版)、中央电视台国防军事频道、中央电视台新闻频道、中国国际广播电台环球资讯广播并机首播,并于21:00在中央电视台新闻频道,22:30在中央电视台中文国际频道重播,目前节目主要由郭志坚、康辉、海霞、李梓萌、欧阳夏丹、刚强、潘涛、宝晓峰、严于信、郑丽担任主播。

多年来,以"宣传党和政府的声音,传播天下大事"为节目宗旨,以政治、经济、科技、社会、军事、外交、文化、体育、农业、交通等方面新闻为主的《新闻联播》始终保持着发布重要时政新闻的地位,从开播时长为20分钟到如今30分钟,不断创新。1979年加入国际简讯,1980年加入"国际新闻"板块,1982年更换彩色片头,1984年女主播采用微笑播报,1987年由一人播报改为二人播报,1988年加入16秒片尾曲,1996年更换演播室背景,2010年实现现场新闻直播,2013年首次连线场外记者到如今,新闻联播作为影

---

① 狄悦卿.浅析消息类电视新闻的特点[J].新闻研究导刊,2017(3):133.

图 4-1 《新闻联播》界面

响力巨大的电视新闻名专栏,始终坚持自身定位,发挥着沟通党和政府与公众联系的电视桥梁作用,受到了全国电视观众的高度评价和喜爱。

2)策划要点

(1)鲜明的政治导向性。

自1982年起,《新闻联播》就被授权比其他媒体早一天独家发布重大新闻,及时"宣传党和政府的声音,传播天下大事",这也成为《新闻联播》的节目宗旨。几十年来,《新闻联播》始终坚持正确的时政导向和舆论导向,尤其在改版前,节目在新闻内容选择上以国内新闻为主,在国内新闻的选择上,又以政治新闻为主,尤其是重要的政治会议、领导人活动与外交等,带有鲜明的政治色彩。也因为这种鲜明的政治导向性,《新闻联播》一直牢牢占据着中国新闻节目的高位,毫无疑问是中国最具政治地位的新闻节目。

(2)内容亲民化趋势明显。

一直以来,《新闻联播》保持着"时政报道—常规报道—国内简讯—国外简讯"的播出顺序,以时政报道作为主要的播报题材和播报内容。但随着媒介生态环境以及公众信息需求和信息接收方式的变化,自2011年起,《新闻联播》开始在节目策划的多个方面进行相应的调整和改变,尤其是在节目的内容策划上,不再以时政新闻为主,而是加大了对民生新闻的关注度,增加记者的体验式报道,更加"注重来自基层的劳动者、聚焦百姓生态、关注社会现象、提供生活服务的新闻"[①],亲民化趋势愈发明显。

(3)经典而丰富的视听元素表达。

《新闻联播》具有一套经典的节目视听元素,如节目的主题音乐、开场画面、程式化的节目形式、固定的男女主持搭配以及字正腔圆的新闻播报方式等,这些都是非常经典的象征符号(见图4-2)。在《新闻联播》的改版过程中,也有一些视听符号的改变,如屏

---

① 刘俊.语态·编排·包装——谈《新闻联播》改版背后的新闻叙事之变[J].电视研究,2011(12):52-54.

幕下方的字体被更换为微软雅黑粗体,角标和字幕更加立体,主持人的播报方式在字正腔圆的基础上加入了口语化的表达等,在视觉上更鲜明准确,在听觉上更具真情实感。此外,在节目视听元素的应用方面,还有学者通过研究新闻节目中表意符号的运用后指出,《新闻联播》更注重"画面+解说"与"图表字幕+解说"两种表意符号的运用,凸显了国家级大台舆论宣传的权威性、严肃性和统一性。①

图 4-2 《新闻联播》的视听元素

(4)精选头条,注重节目编排。

新闻节目编排能力的高低,直接决定着节目的质量和收视率。合理的、有逻辑的编排不仅能持续吸引观众的注意力,而且能在有限的时间内最大限度地传递更多有价值的新闻,如恰当使用同类组合以及对比组合,往往能产生更好的传播效果。值得注意的是,在节目编排中,对新闻头条的选择至关重要,因其不仅直接体现编辑的意图,也直接影响观众的选择。好的新闻头条既要能够吸引观众的注意力,也要能够体现出节目的导向性和价值选择。自改版以来,《新闻联播》的头条内容已经更多地由原来的政治性向民生性和新闻性转变。② 这种转变,不仅更多地契合了观众的日常生活,而且更能引发观众的共鸣和关注,也体现了政治领导人对民众和个体的关注和重视。

1. 你还注意到《新闻联播》改版后的哪些变化?
2. 如何看待《新闻联播》的改版?

四、专题类新闻节目策划

专题类新闻节目是我国电视新闻题材划分中的一个独特称谓,类似于西方新闻中的"深度报道"。③ 专题类新闻节目,在内容上,往往针对某一鲜明的新闻题材做全面、翔实和深入的报道。该题材或是当前社会、政治、经济生活中的重大事件,或为广大公众普遍关注的社会现象与焦点问题等;在形式上,则综合运用各种视听节目的制作方法和表现手法,按照一定的周期进行专题播放。

---

① 崔玉峰.试析电视新闻表意符号的运用——以央视《新闻联播》与凤凰卫视《时事直通车》为例[J].现代传播(中国传媒大学学报),2011(3):157-158.
② 王丹.从央视《新闻联播》看消息类电视新闻的变革[J].西部广播电视,2016(7):51+54.
③ 谭天.电视节目策划实务[M].广州:暨南大学出版社,2011:49.

1. 专题类新闻节目的基本形式

(1) 专题新闻。

专题新闻是对当日或近日已报道的重大新闻事件进行延续、深入和补充报道的一种独立播出的新闻节目形态。① 从节目选题层面来看，专题新闻选题必须是新近或正在发生的重大新闻事件；从节目内容层面来看，专题新闻的选题是对重大新闻事件进行补充和延续报道，和消息类新闻相比，专题类新闻的内容更加全面、翔实；从节目时效性层面来看，专题新闻往往在消息类新闻报道后的当日或隔日进行报道，往往有利于营造舆论态势，引导舆论发展。

(2) 专题报道。

专题报道是对新近发生、发现的具有典型意义的人物、事件、问题、社会现象等，进行记录、调查、分析、解释、评述等，深入完整地反映该事件的发生、发展及影响的全过程，揭示主题的深刻意义。② 有别于其他专题节目，新闻专题报道兼具新闻性和艺术性，通过对专题内容全面而深刻的报道和探索，力求挖掘事件背后的本质与意义，是专题类新闻中承载深度报道内容的重要形式。

(3) 专题访问。

专题访问又称电视专访，是新闻记者或新闻主持人针对相关新闻人物和新闻事件所进行的专门访问，主要分为人物专访和事件专访。前者主要通过对新闻人物的专题访问来讲述发生在人物身上的故事，后者就新近发生的具有社会意义或关乎公众切身利益的事件和问题，对相关的社会部门或权威人士等进行访问报道，与观众进行及时、准确的沟通和交流，回应社会关切。

2. 专题类新闻节目的特点

(1) 专题性。

专题类新闻节目是针对特定主题和内容进行的报道，其"专"体现在两方面：其一，在一档专题类新闻节目中，只关注某一类或某一领域的主题或内容，如《东方之子》《今日说法》等；其二，在一期专题类新闻节目中，只关注一个事件或一个人，如《新闻调查》《焦点访谈》等。

(2) 重要性。

重大新闻与一般新闻在报道的规格和规模上是不同的，通常情况下，专题类新闻节目的选题都涉及重大的新闻事件，或社会、政治、经济生活中的重点话题，或关系到公众切身利益尤其是社会舆论广泛关注的重点话题。

(3) 深度性。

专题类新闻节目注重对专题选题内容进行全面、翔实和深入的挖掘和报道，为观众展示出新闻事件完整的脉络和前因后果，呈现出事件背后的真相，充分满足观众的信息需求。

(4) 故事性。

无论是对人的报道还是对事的报道，都离不开对具体事件的解读和反映。尤其是

---

① 熊高.电视新闻节目学[M].武汉:武汉大学出版社,2011:187.
② 冯健.中国新闻实用大辞典[M].北京:新华出版社,1996:96.

具有调查性的专题类新闻节目,节目策划者首先要有对选题故事性的准确把握,掌握事件发展的流程和节奏,通过对事件的层层推进和剖析,为观众呈现出一个完整的新闻故事。

(5)引导性。

专题类新闻节目选题的重大性决定了专题类新闻节目往往会受到广泛的社会关注,相应的舆论监督和引导也势在必行。尤其是专题类新闻节目的议程设置,往往会对舆论的重点和舆论导向都产生重要而深远的影响。

3.专题类新闻节目策划案例分析——以《新闻调查》为例

1)节目概况

《新闻调查》首播于1996年5月17日,是一档时长45分钟的深度新闻调查节目。开播以来,节目内容定位于"正在发生的历史,新闻背后的新闻",通过双机拍摄、记者现场采访、现场评述的节目形态,对某一事件进行多角度分析、递进式探究,是当时中国电视界的开创性节目,推动了社会和谐发展(见图4-3)。著名传播学批判学派学者赵月枝曾说,像《新闻调查》这样的调查性节目帮助中国领导层"推动了具体的改革措施,加强了领导,并使政府更加高效、开放和反应灵敏"①。

图4-3 《新闻调查》界面

该节目为周播,在其"探寻事实真相"的创作理念下不断发展,共经历了三个阶段。1996年到2000年为多元探索时期,以主体性调查为主,对关乎国内外重大社会热点问题进行剖析,做出了如《从市长到囚犯》《大官村里选村官》、克林顿访华等重大历史事件报道,逐渐成为中央电视台的著名节目。2000年到2002年为发展时期,节目为满足观众的收视期待和解决节目的个性问题,不断明确节目诉求、拓展新的空间领域,将节目明确定位为通过记者的调查揭示真相,挖掘被遮掩的内幕,做出了一系列比如《温岭黑帮真相》《艾滋病人小路》《南丹矿难内幕》等黑幕调查节目。自2003年开始,进入成熟阶段的《新闻调查》以调查性报道作为节目终极追求目标和核心竞争力,树立了节目权威、深刻和客观公正的形象。

---

① 赵月枝.公众利益、民主与欧美广播电视的市场化[J].新闻与传播研究,1998(2):25-44+95-96.

作为主流媒体，《新闻调查》将传统媒体的舆论监督和舆论引导作用发挥到了极致，从错综复杂的关系中剥茧抽丝寻找事件本质，以真相解剖、人文关怀、真实叙事影响着中国新闻类节目，使得大量的新闻访谈和深度报道节目在中国出现，共同坚守舆论监督者的角色，不断推动社会平衡和政策进步。

2）策划要点

（1）明晰的选题原则。

《新闻调查》自选题策划之初，就有着明确的"三性"原则，即新闻性、社会性与故事性。首先，新闻性是专题类新闻节目有别于文艺类专题节目、服务类专题节目等其他专题节目的本质所在①，作为国家级新闻节目，新闻性是《新闻调查》选题策划中的首要原则。其次，在社会市场经济的大环境下，选题要具有社会性，只有足够贴近公众的日常生活和切身利益，节目才能拥有较高的关注度。最后，一档以深度调查为旗帜的新闻节目要想具备可看性和吸引力，在选题上还应该选择具有戏剧张力和故事化的内容，为记者提供可供深入调查的要点和空间，即选题应坚持故事性原则。

（2）精准的节目定位。

《新闻调查》在不断发展中，逐渐确立了其自身独特的节目品牌定位。从受众定位来看，《新闻调查》第四任制片人张洁认为："《新闻调查》的目标受众准确的定位应该是中国社会各阶层中关心社会发展、思考社会问题的人群。所以，不能只照顾精英趣味，选题的大众关注度至关重要。"②从内容定位来看，自创办起直至 2003 年，《新闻调查》才明确提出做真正的"调查性报道"，2004 年，张洁明确提出了调查性报道的三大要件："第一，记者独立展开的调查；第二，损害群众利益的行为；第三，这种行为被掩盖。"③正是这种精准的、个性化的节目定位，一方面打造了节目的核心竞争力，另一方面帮助节目策划者明确了策划的方向与内容，利于打造精品栏目。

（3）记者中心制。

随着《新闻调查》内容定位的确立，记者中心制的节目运行模式也正式出台。所谓记者中心制，即记者是整个调查过程的主体，记者以个人视野带领观众进入新闻，观众一步步跟随记者的调查行为，了解到整个调查过程和事件的全貌。也正因如此，《新闻调查》的所有分工都围绕着记者来进行，在策划上为记者提供调查采访的框架、方向、具体问题甚至是状态设计，但仅仅限于"提醒"的层面，策划不干预记者，不限制记者，由记者根据现场的实际情况进行把握和创作。记者中心制的确立，使得前期策划和记者实地调查达到互相配合的效果，也使得节目具有整体协调性。

（4）故事化报道方式。

对美国 CBS《60 分钟》（英文名:60 Minutes）栏目中"故事化报道方式"的借鉴，一直被认为是《新闻调查》成功的主要原因。将新闻事件进行故事化的表现，能够使节目更具有吸引力和艺术看点，具体到内容上，即做到连点成线，连线成面，既报道现在，也回顾过去和展望未来；既挖掘基本事实，也挖掘事件的来龙去脉和前因后果；既着眼于事件现场，对当事人进行采访，也着眼于周边环境，访问相关涉事者与见证人。具体到叙

---

① 熊高.电视新闻节目学[M].武汉:武汉大学出版社,2011:186.
② 张洁.调查性节目的困境与创优[J].中国记者,2008(3):78-79.
③ 吴丹珊.管窥央视《新闻调查》新闻策划之道[J].新闻传播,2009(10):6+10.

事手法上,则设置故事的起伏结构、悬念、冲突,以舒缓的说故事的方式逐渐带领观众进入故事,深入到完整的事件调查过程之中,并控制故事的走向和价值意义,为观众打开视角,以小见大,具有深刻的社会意义。

(5)匹配的视听元素运用。

无论是2006年以前还是以后,《新闻调查》都使用蓝色和白色两种冷色调作为片头画面的主色调,以匹配和吻合冷静、平衡、客观、公正的节目风格。片头音乐也是由几个简单的音符构成,并且在音乐中还有大量重复的地方,简单而不失韵律,使人一听就容易记住。① 此外,从节目画面呈现上来说,《新闻调查》还营造出记者与被采者面对面的感觉,通过对行进节奏的控制、话语间停顿的把握,为观众释放出有效的信息(见图4-4)。

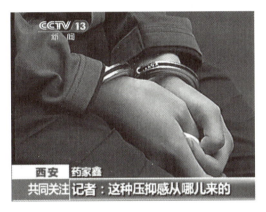

图4-4 《新闻调查》药家鑫案件专访画面

思 考

1. 你还知道哪些专题类新闻节目?它们的特点是什么?
2. 思考它们与《新闻调查》在节目策划上的异同点。

五、评论类新闻节目策划

评论类新闻节目是针对当前社会上具有普遍意义或较高新闻价值的事件、问题或社会现象进行事实性和理论性的分析,阐述事实,表达观点和立场的新闻节目形式。评论类新闻节目讲究摆事实讲道理,强调评论的思想性和引导性,深度的评论和独特的见解能够帮助和引导观众理性思考,同时提升节目的核心竞争力。

1. 评论类新闻节目的基本形式

(1)谈话类新闻评论节目。

谈话类新闻评论节目是比较传统的新闻评论节目的形态,这类节目更多的是意见

---

① 许小周,向俊.中国电视调查式深度报道栏目品牌策划初探——以《新闻调查》为例[J].新闻知识,2011(12):35-38.

性和观点性信息的集合,叙述性信息基本上只充当节目的新闻由头。节目通过电视媒体或网络媒介进行话语的口播或解说、再现或还原日常谈话状态等,让观众通过"听"就能够基本了解节目内容。谈话类新闻评论节目中"评论"的形式多样,主要包括访谈型、论坛型和评论员评论型三种。

访谈型评论主要是由节目主持人就节目主题或涉及的相关问题等现场提问或连线嘉宾,通过问答的形式呈现意见和观点。

论坛型评论主要是由主持人或评论员就重大的社会事件、问题、社会现象等邀请相关权威人士、有识之士等进行讨论,强调权威性,带有精英化的话语色彩。

评论员评论型评论主要是节目的评论员或特约评论员就重大的或受公众普遍关注的社会事件、问题、社会现象等发表意见,阐明观点和立场。评论员通常由相关专家或知名学者担任,人员相对固定,其观点和看法也代表着节目的观点和立场。

(2)述评性新闻评论节目。

述评性新闻评论节目主要是通过"主持人演播室导语+新闻事实采访播报+评论"的形式,融新闻事实的叙述与说理性评论于一体的节目形式。一般来说,述评性新闻评论节目在对新闻事实进行叙述的过程中往往采用"用事实说话""让过程说话"的方式,同时讲究"先述后评""就事论理",即在充分的新闻事实的基础上,研讨事件走向,分析事件所反映出的道理,展现节目的立场与观点。

2. 评论类新闻节目的特点

(1)新闻性。

评论类新闻节目隶属于新闻节目,内容的新闻性是最基本的要求。评论类新闻节目的选题首先要"新",这里的"新"和消息类新闻节目对消息的时新性要求不同,评论类新闻节目在内容"时新"的前提下更注重对社会新思想、新观念的挖掘,讲究时宜性和新颖性。

(2)社会性。

评论类新闻节目的社会性,主要是指节目的公众性,即节目的选题和节目中叙述评论的重点,应当是公众关心和感兴趣的话题,通常来说也是社会上的一些焦点、热点、难点问题,评论类新闻节目应该对这些问题进行公开讨论和正确引导。

(3)政论性。

如果说新闻的力量在于摆事实,那么评论的力量就在于讲道理,政论性是新闻评论的旗帜。评论类新闻节目的政论性,主要是"以说理为目的,明确阐述对于事物的看法,着重从政治、思想角度分析阐述问题"[①],要求层层剖析、论点鲜明、论证深刻。

(4)导向性。

新闻媒介承担着反映和引导社会舆论的功能,因此评论类新闻节目要突出导向性。从评论的性质来看,"评论类新闻节目本身就是一种评论'是与非'的节目。也就是说,评论类新闻节目必须表明赞成什么、反对什么、提倡什么、不提倡什么等是非分明的倾向性意见"[②]。

---

① 张建,夏光富.电视节目解析[M].重庆:重庆大学出版社,2015:23.
② 熊高.电视新闻节目学[M].武汉:武汉大学出版社,2011:227.

3. 评论类新闻节目策划案例分析——以《新闻深一度》为例

1) 节目概况

"誓要做成一档既有品质又有公信力的新闻评论节目"是曾任浙江卫视总监的夏陈安对《新闻深一度》栏目的期待。以关注热门焦点话题为定位,在新闻调查的基础上引入专家点评、记者快评、网友酷评,充分发挥网络视频新媒体优势,加入公众评论员角色,以真实、可靠、亲民为特征是《新闻深一度》的价值所在(见图4-5)。

图 4-5 《新闻深一度》界面

作为一档于2010年8月2日在浙江卫视开播的全国首创网络与电视实时互动的深度新闻评论节目,在多家主要卫视同时段均为电视剧和娱乐节目的情况下,它多次创下全国收视率第一或第二的好成绩,深受观众喜爱。该节目打破以往权威、专业的新闻评论节目形象,加入来自民间的声音,借助互联网优势,将节目参与者扩大至其他新媒体平台的网友,在声音广度中有效并精彩地促成了新闻的"深一度"。

中国社科院新闻与传播研究所研究员时统宇曾评价说:"《新闻深一度》深在公众评论员这一'度',充分发挥网络视频新媒体的优势,让观众领略人人都有麦克风的评论广度和深度,为传统电视评论开启了新的一页。"《新闻深一度》正是由于在保持高品质的专业新闻报道和多角度的公民报道中把握平衡,不断弘扬正确的社会价值观,得到了业界和学界的广泛认可,也为省级卫视新闻评论类节目的发展起到了较好的示范作用。

从2018年开始,《新闻深一度》栏目除了周一到周五继续日常的新闻报道外,在周六,取消以往日常报道编排,调整为周末人物版面。

2) 策划要点

(1) 台网融合互动。

作为一档全国首创的网络与电视实时互动的深度新闻评论节目,《新闻深一度》充分调动多媒体手段,实现台网的融合互动。每期节目播出前,节目组会在网站上发布议题梗概,提前给观众呈现相关的基本新闻事实和信息,利用网络进行相关话题的传播和互动,邀请网友参与节目评论。在每期节目的播出过程中,屏幕下方的字幕不仅会重复播放节目的博客和微博主页地址,而且会持续滚动播放观众的短信来信内容以及最新的网友评论;每期节目播出后,还会"开展多种类型媒体合作,制作节目的电子版、纸质

节目

《新闻深一度》节选

版,充分调动观众的参与性"①,这种台网优势互补的创新模式,能够吸引更多的公众,提升节目的竞争力和传播效果。

(2)引入公众评论员。

《新闻深一度》最大的特色就是引入了公众评论员(见图4-6),"将电视新闻评论节目从高端精英语境转向真正的大众语境,以引领人人都有麦克风的舆论新环境"②。不同地区、不同职业身份的公众评论员的引入,使得节目评论的主体更加多元化,极大地拉近了节目与观众的距离,来自民间的草根声音和专家评论员的权威解读以及主持人的宏观把握一起构建了节目话语平衡的局面,形成了"公众评论员+演播室专家+电话连线专家+主持人"的评论主体结构。在主持人的引导下,每期节目都会有四位公众评论员和现场嘉宾就评论点进行相关评论,不同评论主体意见的相互交流与碰撞,不仅引发观众强烈的参与欲望和情感共鸣,而且能进一步推动观众从更多维度和更多角度认识和把握新闻事件。

图4-6 《新闻深一度》的公众评论员

(3)创新多段式评论结构。

传统的评论类新闻节目,主要是采取"提要+引导式主持+主体事实+评论式主持"的四段式评论结构,以《焦点访谈》为例,评论性内容被设置在节目尾声,主要由主持人就新闻事实进行概括性的评论,受时长影响,难以深入和透彻地进行多层次的评论。《新闻深一度》则打破了这种评论结构,进行了评论模式的创新,采用"新闻提要+事实梗概+第一评点事实+第一评点+第二评点事实+第二评点……第N个评点事实+第N个评点……"的多段式评论结构,以新闻事件中的亮点进行评论的结构布局,让针对新闻事件的讨论和评论更全面、更深入。

(4)选题多样化。

作为地方卫视平台播出的评论类新闻节目,《新闻深一度》的选题呈现出明显的多样化特点,既关注整个社会上的热点、焦点、难点问题和受观众普遍关注的、具有新闻价值的事件和社会现象,也关注浙江省内的本土实际情况,针对省内发生的热点问题和实时新闻以及关乎浙江省发展的重要话题,进行了重点报道和专题报道,省内的选题"涉及时政、民生、社会、法制等方方面面,而且每个选题都具有典型性,并能很有效地进行

---

① 岳琳.省级卫视新闻评论类节目的个性化发展——以浙江卫视《新闻深一度》为例[J].青年记者,2012(10Z):57-58.

② 黄小裕.以公众言论的广度,让新闻更深一度——浙江卫视《新闻深一度》的创新之路[J].新闻实践,2012(5):56-58.

议题设置来引导舆论"①,此外,《新闻深一度》还将目光聚焦线上,对网络上的热门话题和事件等进行相关策划。总体而言,节目的选题涉及范围广、领域多,充分满足了不同观众的喜好。

◇ 提示:目前,《新闻深一度》在节目的结构与内容编排上有所调整,取消了多段式评论结构,不再有演播室现场嘉宾评论,但保留专家访问内容与公众评论员评论内容。

思 考

1. 如果取消公众评论员评论内容,是否会影响节目特色?
2. 你认为策划评论类新闻节目最重要的一点是什么?

六、纪实类新闻节目策划

我国纪实类新闻节目有两种节目样式:一是纪录片,二是专题片。而国外,特别是西方国家的纪实类新闻节目只有纪录片这种节目样式。② 由于专题片也可以归类于专题类新闻节目,本节以新闻纪录片为主进行介绍。

1. 新闻纪录片特点

新闻纪录片是新闻片和纪录片的统称,主要反映新近发生的新闻事件,以真人真事为拍摄对象,不虚构、不用演员扮演,不任意改变新闻事件的地点环境和生活进程。新闻纪录片的主要特点如下。

(1)真实性。

真实是新闻的生命,新闻纪录片的创作必须以真实为底线,用真实影像记录社会,"只有真实的记录,才能让纪录片区别于电影等虚构影视表现形式,成为历史和社会发展的忠实见证者和记录者"③。具体到新闻纪录片的策划上,一是纪录片的文本故事须在最大程度上接近事物或事件原本的面貌,通过文字语言再现新闻事实,二是纪录片的影像画面要与文本故事相匹配,通过影像内容在最大程度上再现和还原新闻事件。

(2)时代性。

能够以纪录片形式被记录和保存下来的新闻事件,都是在当时社会上有着较高的关注度、影响力或虽不为人所熟知但本身具有重要价值的事件。因此,新闻纪录片的一个重要特点就是具有显著的时代性。新闻纪录片的策划者必须要有敏锐把握时代脉搏的能力,及时捕捉到具有独特新闻价值的事件,积极寻找新闻线索,进行相关的策划、采访、拍摄与报道,记录和反映时代的变迁和发展。

---

① 钱艺.中国电视新闻评论节目的形态升级——以浙江卫视《新闻深一度》栏目为例[J].中国广播电视学刊,2012(8):105-106.
② 熊高.电视新闻节目学[M].武汉:武汉大学出版社,2011:303.
③ 李潇.短视频时代新闻纪录片的创新之路——对《生命缘·来自武汉的报道》纪录片的创作思考[J].新闻与写作,2020(10):101-104.

(3)故事性。

尽管新闻强调真实性,但纪录片是一门叙事的艺术。碎片化时代下,随着公众阅读和观看习惯的转变,一则新闻纪录片能否将新闻人物和事件清晰具体地通过故事化的叙事传达给观众,是其能否吸引观众的关键。但需要注意的是,纪录片的故事性建立在真实性的基础上,即"纪录片中的故事必须是真实的故事,是通过对生活的细心观察,精心挑选出来的故事,绝不能是虚构出来的故事"①。

(4)引导性。

新闻纪录片将具有较高关注、独特价值和具有深远影响的新闻事件记录下来,不仅仅是为了播出,也不仅仅是为了记录时代,而是通过对事件的还原和挖掘,引发社会关注和思考,传递主流价值观。

2. 新闻纪录片策划案例分析——以《武汉战疫》为例

1)节目概况

《武汉战疫》是一档由湖北广播电视台摄制、出品,由湖北卫视播出的大型纪录片。该纪录片于 2020 年 9 月 24 日至 28 日 19 点 35 分播出,分为《迎战》《救治》《守护》《同心》《重启》5 集,全面准确、客观真实地记录了 2020 年春疫情暴发以来,以湖北为主战场所展开的惊心动魄、艰苦卓绝的疫情防控人民战争、总体战和阻击战(见图 4-7)。

图 4-7 《武汉战疫》海报

一百多位记者直击抗疫一线,两百多位当事人深情讲述,八个月全程跟踪记录所形成的这档纪实性新闻节目,以疫情发展变化为结构主线,以救治阻隔为内容主体,以湖北省"23245"战疫方案为落脚点,将宏观叙事和微观讲述相结合,共讲述了 5 集艰苦抗疫的历程。其中第一集《迎战》客观记录疫情早期发现、检测、研判病毒、建院增床等过程。第二集《救治》讲述四万两千多名医护人员紧急支援武汉。第三集《守护》聚焦志愿者、外卖小哥、驾驶员、公安民警、社区工作者、私营业主、下沉党员干部以及国企民企等无数平凡英雄守护武汉。第四集《同心》将镜头转向全国,以充满动感与温度的镜头,深情记录了全国各地搬家式援助湖北,展示了全国人民风雨同舟筑成的坚固防线,同甘共苦凝聚的团结伟力。第五集《重启》记录湖北尤其是武汉重启全过程,展示湖北以崭新姿态奋力向前奔跑的场景。

---

① 谭天. 电视节目策划实务[M]. 广州:暨南大学出版社,2011:96.

该纪实性新闻节目用镜头展现人们为赢得战疫做出的巨大贡献和"生命至上、举国同心、舍生忘死、尊重科学、命运与共"的伟大抗疫精神，为全国人民留下珍贵的影像记录和难忘的集体记忆。

2）策划要点

（1）主题的重大性和时代性。

《武汉战疫》自开篇起，每一集的片头都强调"新冠肺炎疫情是1949年以来，我国遭遇的传播速度最快，感染范围最广，防控难度最大的重大突发公共卫生事件……"，体现了主题的重大性和时代性。无论是展现疫情的发展变化，还是讲述宏大背景下的个体人物命运，片子里无时无刻不体现着"生命至上、举国同心、舍生忘死、尊重科学、命运与共"的伟大抗疫精神，可以说，《武汉战疫》将这种鲜明的时代精神贯穿始终，才使得整个纪录片在纵向时态演进和横向场景表现中达到了思想上的高度统一。

（2）鲜明的故事性。

《武汉战疫》的故事性体现在主题设置和叙事语言两方面。从整体来看，《武汉战疫》将宏大叙事和微观讲述相结合，全景式记录了以湖北为主战场所展开的惊心动魄、艰苦卓绝的战疫故事。每一集都设置了不同的故事主题，在叙事上完整展现了起因、发生、发展、变化、高潮和结果的过程性，通过对冲突、悬念、高潮情节的设置，激活观众的情感，生动再现了事实。

（3）"真实再现"式创作技法。

受时间和创作方式的影响，纪录片常常无法保证所有的影像素材都是"现在进行时"，因此，"真实再现"成为近年来所常用的创作技法，即通过多种重构方式，弥补缺失的影像或叙事上的断点。《武汉战疫》主要采用了场景重现和访谈重现两种方式。前者通过对故事中的真实场景，如湖北中西医结合医院、中国科学院武汉病毒研究所、方舱医院、曾经被隔离的武汉社区、重要交通设施、故事中的人物和家庭等进行一定的场景补拍，辅以画外音解说，为观众真实再现疫情时期发生在真实地点的真实故事；后者则通过对疫情期间的重要当事人和相关人进行采访，如中国工程院院士钟南山、新冠肺炎康复患者、火神山医院建设者等，通过当事人对事件过程、情境、背景、环境等的直接回忆述说，真实重现相关事实（见图4-8）。此外，《武汉战疫》还采用了动画重现等方式，为观众还原重要的地点、路线等发展变化。

 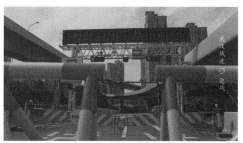

图4-8 《武汉战疫》的访谈重现和场景重现

（4）画外音主叙。

在西方，画外音主叙纪录片被称为阐释性纪录片，意指"直接向观众进行表达，通过解说词、字幕或旁白提出观点,展开论述或叙述历史"[①]。一般来说,采用画外音主叙的方式,"一是纪录片记录的内容是曾经发生的故事,采用'搬演'、'模拟'重现方式有可能损伤节目的真实性;二是拥有较多与节目内容相吻合的图片、照片、影像资料等"[②],所以,画外音主叙一般适用于重大历史题材的重现。《武汉战疫》正是通过画外音主叙与画内音配合的方式,一方面对真实的影像资料进行补充证实,另一方面通过主叙文本为观众还原了真实的抗疫历程和具体的抗疫故事,具有很强的纪实性。

思考

1. 如何看待新闻纪录片的真实性与引导性?两者是否冲突?
2. 你还知道哪些关于新冠肺炎疫情的新闻纪录片?它们的策划特点是什么?

七、民生新闻节目策划

民生新闻节目即关注人们日常生活、生计的新闻节目。从广义上来说,民生新闻属于社会新闻,但在内容上主要关注"群众的生存状况、生存空间、生存环境,关注与百姓生活息息相关对公众有影响的事件"[③]。民生新闻节目把人民的利益作为节目的出发点和落脚点,同时通过对民生新闻的报道,倡导正确的社会道德与风尚,帮助构建良好的社会观念和社会秩序,促进社会主义和谐社会的建设。

1. 民生新闻节目的特点

(1)平民视角。

民生新闻节目要求记者始终以平民视角观察百姓生活,这主要包括两个方面,一是指记者要有平民意识,始终以平等的视角与被采访者进行平等交流,二是记者要善于从平民百姓的视角出发,关注和记录公众生活的热点和难点,观察所反映的内容给公众生活带来的影响,及时反映公众的呼声,最大限度地为公众排忧解难。

(2)民生内容。

民生新闻节目重点关注的就是公众的生存状态和生存空间,包括公众的身边事、麻烦事、稀奇事、关心事。但值得注意和强调的是,民生新闻虽然兼具新闻的实用价值和情感价值,但民生新闻也不简单等同于公众的生活琐事,民生新闻节目要避免内容的娱乐化、庸俗化、同质化倾向,挖掘真正关乎公众利益以及公众真正关心和关注的话题。

(3)民本取向。

民生新闻节目应充分体现出民本取向,一方面要关注公众的冷暖痛痒、喜怒哀乐,尊重每一位受访者的立场和情感,有意识地站在公众的立场上去思考和探讨问题,让观众感到节目的人文关怀;另一方面,要增强服务意识,及时为观众提供有用的信息资源,增强节目的大众服务性。

---

① [美]比尔·尼可尔斯.纪录片导论[M].陈犀禾,刘宇清,郑洁,译.北京:中国电影出版社,2007:121.
② 熊高.电视新闻节目学[M].武汉:武汉大学出版社,2011:324.
③ 曹琳琳.民生新闻的定位[J].记者摇篮,2007(4):56-57.

2.民生新闻节目策划案例分析——以《经视直播》为例

1)节目概况

《经视直播》作为一档湖北地区收视王牌节目,创办于 2004 年 12 月 18 日,是湖北电视台经济频道推出的一档大型民生新闻栏目。该节目以"经视直播就在你身边"为栏目口号,以武汉市民的"身边事、麻烦事、稀奇事、关心事"为主要报道题材,以平民化视角报道,通过记者现场采访、跟踪报道、嵌入式体验、电话连线等灵活多样的方式报道普通人的日常生活(见图 4-9)。

图 4-9 《经视直播》界面

走大众化道路的《经视直播》栏目原来一共分为三个固定板块:一是由主播江涛播报的新闻板块,二是由"欢乐大使"谈笑主持的《欢乐送》板块,三是由吴柳主持的《吴柳说天气》板块。该节目在深受欢迎的同时也在不断改版升级,现已取消《欢乐送》板块,原有的《吴柳说天气》板块改为《气象生活》板块,节目主体以新闻播报为主,增加了《资讯快车》《娜姐办事》《直播深一度》《直播看世界》《直播微视评》《江涛视点》等子板块,同时加强互动性,通过大小屏实时互动直播,让观众与主播一起参与节目制作。

《经视直播》曾连续 14 年在武汉地区收视率和市场占有率排名第一,在全省名列前茅,成为湖北收视率、影响力和社会公信力最高的电视栏目之一。节目未来将继续坚持民生视角、责任情怀,不断挖掘新闻舆论价值和生活实用价值,在融媒体改版计划中,变为优质高效的新闻生产者,提供丰富、有料、靠谱的视频新闻,立志成为湖北本地最大的融媒体新闻产品生产平台之一。

2)策划要点

(1)大民生视角。

作为湖北经视的代表作,《经视直播》在大民生概念的定位下进行了改版,成效显著。从概念上来说,"大民生仍属于民生的范畴,但属于民生概念中积极向上的部分。它意味着媒体对民生问题的关注范围将扩大延伸,关注程度将持续提高。民生新闻的内容不再局限于关注零星的个体个案,而是将普通民众作为一个整体,关注那些对民众

节目 ▼

《经视直播》节选

生活具有林林总总、重大影响的事件议程"①。也就是说,改版后的《经视直播》更强调民生内容的贴近性、有用性和重要性,如在原有内容的基础上,增加了关于重要政府会议、城市改造、居民社保、房产政策等关系到民众切身利益的内容,且这些内容的播出能引起政府相关部门的重视,具有较强的服务性和监督性。

(2)散点式编排。

《经视直播》从开播之日起,就采用散点式编排模式,即"在编排顺序上把重要的、好看的新闻和有用的信息分散在不同时段,每三五分钟有一个亮点和看点"②,避免倒金字塔式编排导致新闻内容"头重脚轻",让观众始终保持观看节目的未知感和新鲜感。散点式编排的特点是点状布局,长短结合,"形散而神不散",如《经视直播》比同类型的新闻节目提前十分钟播出,先在第一板块设置看点,吸引观众,紧随其后的十几个看点平均散落在后续内容中,保证节目的观看节奏,如为避免观众产生审美疲劳,《经视直播》在短平快的新闻中会不间断推出具有策划性的深度报道,快慢结合,既保证了节目的信息量,又保证了节目的深度内涵。

(3)广泛的互动性。

无论是线上还是线下,无论是在节目播出前还是播出中,《经视直播》始终保持着与民众的互动。如在前期选题时,《经视直播》"设有8个热线电话,24小时有人值班,平均每天能收到500条热线,每天一小时的新闻节目中一半以上的选题来源于热线,也就是来源于老百姓自己提出的问题或者亟须解决的问题"③,在节目播出过程中,还设置观众短信参与话题、观众"连线"及幸运抽奖等环节,尤其在原有的子栏目《欢乐送》中,由主持人携带礼品前往武汉社区进行实地拜访,将礼物送给正在收看节目的观众家庭,在增强节目互动性的同时,深化了节目在民众心中的亲切感。

(4)时效性突出。

《经视直播》非常注重新闻的时效性,尽管每期节目都有丰富的内容和较大的信息量,但通过对相关技术的探索和应用,如电话连线、移动便携式编辑机、移动式新闻直播车、百姓DV等的运用,绝大多数的新闻都是当日或"昨夜今晨"发生的事情,最大限度地保证了新闻的生命力。不仅如此,《经视直播》还注重对已播出的新闻事件进行及时和持续的跟踪,对相关的进展和结果进行及时报道,保证了节目的接近性和可信度。

(5)节目品牌的建立与维护。

"《经视直播》——就在您身边",这句耳熟能详的节目口号,直观反映了节目的主题内容定位和用户定位。自开播至今,《经视直播》从民声、民讯、民督三方面出发,为普通市民进行新闻播报,逐渐建立和不断维护着独特的节目品牌。如主持人江涛以其亲民、犀利、大胆批评的主持风格,受到了许多老百姓的喜爱。此外,栏目播出早期,每周都会开展社区活动,走进不同社区,"栏目记者、主持人以及与栏目联动的工作人员免费为社区群众修理家电,发放栏目宣传品,提供法律援助及接受现场投诉咨询等"④,不仅增强了节目的知名度,而且对节目品牌形象而言,也是一种长期的维护。

---

① 王瀚东,张昌旭.《经视直播》:从倡导民生新闻到构建公共领域[J].中国广播电视学刊,2011(5):40-41.
② 吴方敏.《经视直播》的散点式编排[J].新闻前哨,2009(6):45-46.
③ 魏巍,张梅珍.《经视直播》栏目的民本视点分析[J].东南传播,2009(1):208-209.
④ 李敬一,邓海.从《经视直播》看电视民生新闻的特点[J].中国广播电视学刊,2006(3):37-38.

◇ 提示：《经视直播》原有子版块《欢乐送》现已被单独设立成为一档节目，即《经视欢乐送》，相关内容将会在第五章——"公益类视听节目策划"中进行详细分析与讨论。

思 考

1. 你认为民生新闻节目主持人的特点是什么？
2. 如何理解民生新闻节目的服务性？这一点在节目策划中应如何体现？

八、法制新闻节目策划

法制新闻节目以法治与社会生活方方面面的密切联系为切入点，通过对涉及影响法律法规的人和事进行新闻报道，维护公众利益和司法公正，向公众传达相关法律政策、知识，提高公民的法律知识和法律意识，使其能够在自身权益受到侵害的第一时间拿起法律武器保护自己或寻求法律帮助，并通过对法治精神的宣传，推动我国的社会主义法治建设。

1. 法制新闻节目的特点

（1）选题广泛。

法制新闻节目的目的在于满足不同职业背景、身份的公众对不同法律知识的要求，同时起到一定的教育作用。因此，法制新闻节目选题十分广泛，只要满足这个要求，同时具有一定的新闻特性，不管是经济、民生还是行政内容，都可以成为法制新闻节目的选题。

（2）法理性。

法理性是法制节目的根本出发点，即法制节目的目的是提高全国公民的法律意识，普及法律知识，培育与现代社会相符的法律精神和法律文化，从而积极推进我国的法治建设。[1] 法制新闻节目通过对法律知识的宣传，正确引导和培养公众的判断能力和价值观。

（3）人文性。

法制新闻节目的受访者往往涉及利益受损的当事人或受害人，因此，在法制新闻节目中，人文性相当重要，因为法制新闻虽然给观众传授和展现的是冰冷的法律条文和社会规则，背后传递出的却是社会道德和人文关怀。

（4）宣传性。

法制新闻节目是我国法律知识的传播和教育平台，法制新闻节目策划者应通过对内容的选择和形式的策划，提高节目的法律宣传性，让更多的公民知法、懂法、守法，共建法治社会。

2. 法制新闻节目策划案例分析——以《法治进行时》为例

1）节目概况

《法治进行时》是北京电视台每天12:00在BTV-3科教频道播出的一档法制节目。

---

[1] 薛汉获.试论电视法制节目的特性与创新[J].编辑之友,2013(3):71-73.

自1999年12月27日开播以来,该节目一直致力于法制新闻的报道,关注百姓身边的法律故事,以独特的新闻视角和第一时间的现场报道真实记录一个个鲜活的案例,帮助广大观众学法、守法、用法(见图4-10)。

图4-10 《法治进行时》界面

《法治进行时》节选

"做民生新闻""做本地新闻""规模化运作"是《法治进行时》主持人徐滔对该节目创作理念的概述。这一档非黄金时段播出的节目,基本上由两部分组成。第一部分是信息,即动态性的法制新闻,这部分内容主要满足了观众解和掌握北京治安方面信息的诉求。第二部分是专题,从周一到周日,每天一个特色专题。随着融媒体日新月异的发展,《法治进行时》也在不断更新,自2016年运营融媒体平台以来,节目陆续开通了新浪官方微博、微信公众号、今日头条号、网易号、抖音号、趣头条等平台,初步形成了节目先移动端后电视端,多平台分发的模式,节目传播更具网络化、移动化、数据化特征。在开辟多个新媒体平台的同时,还积极开通网络直播平台,配合宣传执法机关的执法工作。

《法治进行时》始终保持紧扣新闻热点、追求独家报道、保持纪实风格的特点,深受观众喜爱,在追求独有新闻资源和独有的处理手法上,成为北京地区收视率最高的栏目,在"高手林立"的电视节目圈中脱颖而出,不断深入北京老百姓的内心,成为老百姓法制生活中的指南针。

2)策划要点

(1)充分的前期调研。

为确定节目的主题定位,《法治进行时》栏目组在前期进行了充分的调研。首先,在经过大量的资料搜集后,栏目组发现法制节目受关注的程度远远超出了预期,且在观众选择率前五位的节目类型中,"时事新闻节目、热点话题访谈节目、现场直播节目、纪实类节目都可以是法制节目报道的范畴"①,这为节目的主题定位打下了坚实的基础。其次,《法治进行时》的主持人徐滔称,在创办之初,就希望能够在底层人群中做出一档雅俗共赏的节目,于是在对观众进行了广泛的调研之后,栏目组发现,"构成午间收视率的观众都是文化层次不高但年龄层次较高的人群"②,这为确定节目的播出时间和发展策

---

① 张松华.电视法制节目初探——从《法治进行时》栏目说起[J].中国广播电视学刊,2001(11):64-65.
② 徐滔.《法治进行时》:午间实现的两个重要突破[J].中国广播电视学刊,2004(7):15-17.

略提供了一定的帮助。

（2）独家资源优势。

《法治进行时》是一档由北京电视台与北京市委政法委合办的节目，其主持人徐滔是一位经验丰富的政法记者，与北京市政法系统也保持着良好的人际关系和工作关系，这种独特的资源优势使得《法治进行时》能够获得许多北京地区的独家报道，栏目记者也能够在第一时间获得新闻信息，进入新闻现场记录，包括对一些涉及机密和政治影响的案件侦查过程的记录，因此常常能够抢占新闻报道的先机。但同时，《法治进行时》的工作者也保持着高度的职业素养，坚决顾全大局，在警方不同意发稿的情况下绝不抢发，坚决不让素材外泄。

（3）采用现场直击型节目形态。

现场直击型节目由新闻节目中的现场报道演变而来，节目的主持人多为记者，借助的是独有的资源和快速的反应，采用的是新闻性和纪实感都很强的现场采访和全程拍摄。①《法治进行时》正是采用了现场直击型节目形态的典型代表，它通过新闻纪实性的记录和拍摄手法，强调长时间"现场跟踪"相关案件和案情发展，同时在节目剪辑时采用故事化的叙事手法，力求新闻故事化、故事人物化、人物细节化，为观众呈现出现实案例的来龙去脉，同时使观众了解北京当地的法制信息，获得了观众的广泛关注。

（4）丰富的节目编排形式。

《法治进行时》的节目编排形式十分丰富，周一至周日，七天内有七个不同的板块设置，周一为《现场目击》，采用纪实手法记录大案、要案的侦破过程；周二为《法治热线》，由律师帮助来线公众解决身边的法律问题；周三为《现场交锋》，通过与犯罪分子面对面的访谈与交锋，分析犯罪心理，给予观众警示；周四为《法治纪事》，讲述发生在法院的诉讼及其背后的故事；周五为《现场提示》，通过演员对骗局的模拟，为观众揭秘骗局，提高相应的防范意识；周六为《法网追踪》，这是一个和北京市公安局合作的全国首个电视通缉令节目，公开通缉悬疑案件的犯罪嫌疑人；周日为《治安播报》，由北京市公安局新闻发言人出面播报和评述一周的治安警情和防范重点。七天的节目既各自独立，又相互联系，不仅带给观众持续的新鲜感，也能拓宽节目的观众群体。

（5）精心选择播出时段。

《法治进行时》最终选择中午12时这个播出时段，一是为了避免与电视剧和综艺正面冲撞，二是虽然在这个时间段有《今日说法》等央视品牌节目播出，但相较各类新闻品牌节目和黄金电视剧云集的晚间，午间是一个还有发挥空间和余地的时间段。不仅如此，选择午间播出，能够争取节目的通栏播出，培养观众的收视习惯，最终培养忠实的用户群体。

（6）遵循精确原则。

《法治进行时》在追求独家报道和生动选题的同时，在节目策划中始终遵循精确原则，不做政策法律不允许的选题，不做只有片面轰动效果的选题，不做栏目组拿不准的选题，始终坚持新闻事实和新闻纪律，因此，"《法治进行时》几乎每一期都会涉及许多利益冲突、矛盾纠葛，以及政策法律的灵活把握问题，但从开播到现在已经播出了1000多

---

① 黄海星.试析《法治进行时》的节目形态[J].中国广播电视学刊，2005(2)：41-42.

期节目,无一起重大责任事故和导向错误,也从未引发侵权纠纷"①。

◇ 提示:当前《法治进行时》已取消每日专题播报的形式,开始播出时间改为每周一至周五以及周日的午间12:00。节目内容以北京地区民生新闻为主,下设有《出警110》《平安119》等常规板块,相关播出时间不固定。

思考

1. 《法治进行时》节目是否采用了故事化叙事手法?
2. 同属法制新闻节目,《法治进行时》与《今日说法》有哪些异同点?

九、国际新闻节目策划

国际新闻的概念比较复杂,目前学界还未形成一个统一的标准。国际新闻的错位理论提到新闻的事实、媒体、受众三个要素不在一个传播平台上,经常处于错位状态:要么事实在国外,媒体和受众在国内;要么事实和媒体在国内,受众在国外。我国学者刘笑盈据此提出了一个较全面的国际新闻定义:"所谓国际新闻,就是新闻事实和新闻受众被国家界线所割断并受国家因素所影响的新闻。"②这应该是目前为止,能够较为全面概括国际新闻特点的定义。

国际新闻的内涵可以分为两个方面:一是通过选择世界范围内的新闻信息,向国内民众传播,以维护国内社会的秩序;二是进行对外传播,将本国信息对外宣传,维护本国在国际社会的权利。③

1. 国际新闻节目的基本形式

(1)板块类重大国际新闻。

这类国际新闻是我国最早的一类国际新闻。从20世纪70年代的《新闻联播》开始,它就是新闻节目的一个重要板块。板块类重大国际新闻节目的播出时间不长,一般来说和国内新闻、民生新闻等共存于一档节目中。从内容来看有短小精悍的特点。相较于其他类型的国际新闻节目,板块类重大国际新闻篇幅比较少,但一定是当天最重要的国际新闻。此外,因为每天都会在多档节目中播报,所以会有常播常新的情况,也会出现重复播报的情况。

(2)资讯类国际新闻。

这一类的国际新闻不再依附于新闻播报,由板块独立成一档节目。这可以说是中国电视国际新闻的一大突破。④ 较之过去,它的时长也有所扩展,从之前的5~10分钟发展到半小时左右。由于时长的增加,策划者可以对节目按照内容进行分类,划分出多个板块。这样一来,就能让观众对节目有清楚的认知。这类国际新闻节目侧重于报道

---

① 徐滔.《法治进行时》:午间实现的两个重要突破[J].中国广播电视学刊,2004(7):15-17.
② 刘笑盈.国际新闻学:本体、方法和功能[M].北京:中国广播电视出版社,2010:15.
③ 严明.国际新闻的节目质量标准[J].才智,2014(1):271-272.
④ 丁菡颖.论中国电视国际新闻[J].文教资料,2008(36):52-54.

消息而不是深度解析,时效性极强。节目名称一般带有"时讯"或"资讯",以体现其属于资讯消息类新闻节目。①

(3)杂志型深度报道国际新闻。

杂志型深度报道国际新闻节目的特点,就是从海量国际新闻中选取最吸引公众的、最有价值的新闻进行报道和分析。较之前两类节目,这一类的国际新闻节目更注重深度,节目的技术含量更高。

(4)直播重大国际事件的国际新闻。

此类国际新闻节目的代表是凤凰卫视。20世纪90年代,凤凰卫视因为几次对国际突发事件进行直播而一举成名,比如《戴妃葬礼华语直播》等。尤其是"9·11"事件中,《时事直通车》发布的"美国纽约世贸大楼被袭起火"这则消息,使凤凰卫视成为全球华语媒体中的最早报道者。

2000年以前,内地对国际重大突发事件的直播报道可以说是少之又少。直到2003年伊拉克战争,央视才开始了对重大国际新闻事件的直播报道。②

2. 国际新闻节目的特点

(1)观点冲突。

观点是当前国际新闻的最大价值所在。因为国际新闻很少存在第一手资料,所以突出观点显得更加重要。而对于国际新闻的评论,仁者见仁、智者见智,观点的冲突也是一大看点。③

(2)嘉宾给力。

国际新闻节目中,嘉宾资源的重要性毋庸置疑。《今日关注》能够以一种传统的节目形态独领风骚,就在于央视强势的嘉宾资源。因此,实力雄厚的嘉宾团队也是国际新闻节目的一大特色。

(3)场景创新。

国际新闻节目中存在许多劣势,比如缺少外拍、缺少第一手素材。同时,也正因为这个劣势,国际新闻节目迎来了它的另一个优势,那就是新闻包装元素的使用,如虚拟演播室的运用等。除此之外,国际新闻短片中的画面包装也很有创意,不但加入了一些动画,而且加入了背景音乐等元素。④

3. 国际新闻节目策划案例分析——以《长江新闻号》为例

1)节目概况:

2011年"限娱令"出台后,湖北电视台党委抓住转折点,在充分研究、分析国内卫视现状的基础上,确立了以"新闻立台"为发展基石,"一流标准,一步到位"地打造一档日播国际时事评论节目⑤,《长江新闻号》应运而生(见图4-11)。

《长江新闻号》于2012年1月1日23:00在湖北卫视正式推出,作为一档对热点新

---

① 丁菡颖.论中国电视国际新闻[J].文教资料,2008(36):52-54.
② 丁菡颖.论中国电视国际新闻[J].文教资料,2008(36):52-54.
③ 梁云.电视国际新闻栏目的节目形态分析[J].南方电视学刊,2013(4):88-90.
④ 梁云.电视国际新闻栏目的节目形态分析[J].南方电视学刊,2013(4):88-90.
⑤ 傅先萍.全新评论态 抢占观点阵地——对话湖北广播电视台新闻中心主任、《长江新闻号》总制片人梁云[J].南方电视学刊,2013(3):41-43.

图 4-11 《长江新闻号》界面

《长江新闻号》节选

闻进行深度挖掘和解读的综合类晚间电视时事新闻节目,每天 23:00 准时起航,以"全球视野,中国视角,解读事件,纵论天下"为内容定位,以"强观点,精秘闻"作为节目的核心价值追求。节目跳出湖北甚至中国地域,由《第一热点》《长江评论》《长江搜索》三个板块组成(当前节目在原有基础上增设了周末特别策划《长江解局》),同时节目还拥有百余名国内一流国际问题专家及时事评论员组成的专家智囊团,建立了包括北京、上海、武汉以及香港、台湾等地 100 多位国际问题时事评论员的专家库,每天由记者型主持人和专家级评论员对当天全球热点话题进行权威、理性、全面的分析,发出中国中部的声音,为观众呈现了更为广阔的全球视野。

通过客观理性的报道,引导社会热点,疏导公众情绪,已经成为《长江新闻号》最鲜明的特色之一。节目揭秘国际焦点新闻事件背后不为人知的内幕,为真假莫辨的国际时局提供理性、独家的观察和分析,一直在晚间后黄金节目中保持着领先优势,始终用客观、理性、有深度的"中部声音"为公众传播主流价值观。

2)策划要点

(1)深度独家解读,多维度理性探讨。

《长江评论》可以说是《长江新闻号》的头号特色和核心竞争力。由一个国际新闻事件出发,抽丝剥茧发现真相,这就是独特的"1+N"节目生产模式。对于一个新闻事件,通过多维度的理性探讨,就能够让人们透过现象发现本质,从而获取更多独家信息,抢占话语阵地,这是节目很难被超越的优势。深度的独家解读新闻事件,也为纷繁复杂的国际时事提供了一定的思路和理性客观的分析。①

(2)专家评论员团队的多样性。

作为一档国际时事评论节目,《长江新闻号》力图打造评论阵地。不做资讯的集结,而是进行消息的深度挖掘。这种抢抓新闻的"第二落地"的方法,形成了《长江新闻号》独特的节目风格。通过多样性的专家评论员团队,针对一个国际问题的解读可以从不同的层面展开,这就给新闻事件提供了多方位的角度,让受众对于事件有了更加客观和深刻的理解。

---

① 王晓旭.省级卫视新闻节目创新发展研究[D].武汉:湖北大学,2014.

通过和科研所、研究院、大学等科研机构合作来打造一流的专家智库,目前《长江新闻号》节目组可以说拥有了一支最强团队。并且节目组还和新华社结成战略合作伙伴关系,合作共赢,以获得更多信息资源。而我们在节目中经常看到的专家、学者也是《长江新闻号》的特约嘉宾评论员,包括罗援少将、李绍先教授等(见图4-12)。目前《长江新闻号》的专家智囊团人数已经达到了上百人,并且中国官方允许在媒体上发言的四位将军,曾经全部走进《长江新闻号》演播室。① 《长江新闻号》的节目定位"强观点、精秘闻"得到了完美贯彻。

图 4-12 《长江新闻号》评论员

(3)重大节点制作专题。

主题性和系列性的重点打造能够提升一档国际新闻栏目的整体品质。② 《长江新闻号》把握国内政治节点,制作专题来吸引大众,这也是在同类的国际深度评论类节目中别具一格的。如2013年全国"两会期间",《长江新闻号》制作特别节目——《向世界证明·中国解答》主题报道,集中展示了过去十年中国政府取得的傲人成就。此外,《长江新闻号》的选题来源也比较广泛。日常生活中主要关注中国和各国的关系;当然也会根据国内热点将节目选题铺陈开来。节目组的视野开阔大气,能够将编辑思想寄托在节目中并体现出来。

(4)创新技术,精细包装节目。

《长江新闻号》通过技术方面的创新,对整个节目进行了许多大气又灵动的包装。《长江新闻号》是国内卫视的新闻栏目中,第一个实现实景演播室和虚拟演播室相结合的节目,也是第一个在日播的直播新闻栏目中运用虚拟前置技术的节目。同时,节目组还引进好莱坞使用的绿箱和在线包系统,通过利用栏目组自己独立的包装团队制作的三维动画,还原新闻现场。③

节目中涉及高精端武器的时候,会运用三维包装将这些武器带到普通观众的眼前

---

① 傅先萍.全新评论态抢占观点阵地——对话湖北广播电视台新闻中心主任、《长江新闻号》总制片人梁云[J].南方电视学刊,2013(3):41-43.
② 王晓旭.省级卫视新闻节目创新发展研究[D].武汉:湖北大学,2014.
③ 张梦硕.湖北卫视《长江新闻号》节目品牌管理研究[D].武汉:武汉大学,2017.

(见图 4-13),甚至从更高维度对国家或者地区进行三维空间的展示。[①] 将抽象的东西具象化,无疑会将知识点更好地普及给公众,更大程度上吸引用户的注意力。

符合定位的色彩体系和标识包装,以及恰当好处烘托气氛的配乐和音效,这些同样都使得《长江新闻号》展现出不同于其他国际新闻节目的魅力。

图 4-13 《长江新闻号》中的三维武器

思考

1. 重大政治节点专题栏目的策划对于国际新闻节目来说是否必要?请思考如何进行相关策划。

2. 如何突出国际新闻节目的国际性?你认为国际性可以从节目策划的哪些方面体现出来?

十、地方新闻节目策划

地方新闻节目主要是满足某一地区的居民对信息的需求,为该地区居民提供服务而设立的。对于地方电视台来说,新闻节目是其核心节目,地域特点则是地方电视台的特殊资源。电视台的综合经济效益和新闻节目质量高低存在直接联系,而新闻节目的成功与否取决于新闻节目策划制作水平。[②] 因此,近年来如何策划地方新闻节目也一再被提及讨论。

1. 地方新闻节目的特点

(1) 地域化。

随着社会的发展和经济水平的提高,以城市为核心的地区特色经济、特色文化日渐清晰。而植根于这种特色经济、特色文化氛围的新闻节目,也必定带有地域化特色。这种特色是地方新闻节目赖以生存的基础。观众在收看地方新闻节目和收看其他类节目

[①] 张梦硕.湖北卫视《长江新闻号》节目品牌管理研究[D].武汉:武汉大学,2017.
[②] 吴文强.探讨如何做好地方电视台新闻节目[J].新闻传播,2018(18):113-114+116.

时有明显不同的心理,这就是区域的认同感和归属感。①而地方新闻节目的地域化特色恰恰能够满足观众这种收视心理。

(2)针对性。

地方新闻节目能够着重讲述当地发生的有价值的新闻信息,及时准确地发布和解读地方政府的相关文件。对于一个地区的受众来说,地方新闻节目是知晓周边新鲜事件的一手平台,因此地方新闻节目需要有针对性地编排新闻节目。②

(3)真实性。

地方新闻更加接近公众的真实生活,很多时候新闻可能就发生在公众身边或者被公众目睹,因此地方新闻节目要比其他新闻节目更加强调真实性。一旦出现新闻信息失实的现象,就会立即被受众发现甚至批评。③

(4)参与性。

随着社会经济的发展和公众文化水平的提高,公众参与新闻传播的观念也日益增强,并且很多公众希望看到与自己相关的新闻。地方新闻节目使公众参与成为可能。公众可以通过文娱活动、体育赛事等机会,来参与媒体的各项活动。

2. 地方新闻节目策划案例分析——以《直播港澳台》为例

1)节目概况

深圳卫视《直播港澳台》是深圳广播电影电视集团倾力打造的新闻节目,于2006年5月1日正式开播,是全国省级卫视第一档涵盖港澳台及外交、防务等涉外领域的日播时事节目(见图4-14)。

图 4-14 《直播港澳台》界面

该节目成立伊始,将港澳台地区的新闻事件作为节目报道的重中之重,并在此后的发展历程中紧扣时事热点、整合全球资源、持续深耕。该节目以"为观众拆解每一个关键瞬间"为理念,汇聚海内外国政、防务领域的专家,在港台、美日等地均设记者站,深挖

---

① 张秋.地域化特色是城市电视台新闻节目生存的基础[J].记者摇篮,2004(4):27.
② 金刚.大数据时代地方电视新闻节目的优劣分析[J].新闻研究导刊,2017(17):223.
③ 金刚.大数据时代地方电视新闻节目的优劣分析[J].新闻研究导刊,2017(17):223.

新闻"富矿"。同时,不断创新节目形态,截至 2020 年,形成了"1+5+N"的全媒体传播矩阵。

深圳卫视《直播港澳台》节目虽然是大陆涉台节目的后起之秀,但是已经充分彰显了"新生代"的潜力。经过数次改革,它已由一档时长 15 分钟、聚焦港澳台地区新闻事件的资讯节目,发展成为涵盖国家重大时政、外交军事、港澳台领域以及国际新闻的时长 60 分钟日播新闻节目,无论是电视直播收视率,还是网络视频点击量,均稳居全国电视新闻节目前列,成为深圳卫视一档具有全国影响力的品牌节目。

2)策划要点

(1)独树一帜的评论环节。

《直播港澳台》的评论在结构和语言上都独具特色。

在结构上,它力图以灵活的结构实现评论的最终目的。通常采取两种形式,第一种是通过主持人的引导实现评论员对资讯和评论的整合①;第二种是主持人参与评论,实现评论的论辩性和完整性。② 主持人参与到评论里,或是复述评论员的观点起到强调作用,或是抛出自己的问题,使评论员的回答更丰富,更有层次感(见图 4-15)。

图 4-15 《直播港澳台》的评论环节

在语言上,它用深刻的语言凸显评论内涵之丰富。该栏目的陈冰、刘和平等评论员,用简洁凝练的语言发表深刻犀利的评论,极大地提高了该节目的观赏性。他们以公民视角审视国家大事,用专业态度抽丝剥茧,不回避敏感话题,敢于提出自己的思考和见解。这样直击本质的评论,才是观众想看到的。

(2)地域特色化趋势明显。

2009 年 5 月,为了强化《直播港澳台》的核心竞争力,深圳卫视对其进行了一次扩版,扩版后的《直播港澳台》进一步强化了港澳台特色:内容不再局限于政治、经济、军事等硬新闻,还进一步在文娱上深加工;节目的报道视角也不再局限于港澳台地区,而是进一步扩展到与之相关联或者包含有港澳台元素的新闻,其中包括民众关注的、观察视角与内地(大陆)不尽相同的国际国内重大新闻事件。同时通过新闻滚动直播,做到了

---

① 刘思伽.《直播港澳台》评论的结构与语言特色[J].管理工程师,2012(3):74-75+78.
② 刘思伽.《直播港澳台》评论的结构与语言特色[J].管理工程师,2012(3):74-75+78.

对港澳台新闻事件反应快、跟得紧、挖得深、多角度、多侧面、现场呈现等报道样态,搭建了"政经热点分析+社会万象解码+港澳台视角看天下"的内容框架,形成了"聚焦热点、多家观点、独特角度和把握尺度"的节目操作规范。①

(3)节目个性化体现。

这种个性化首先体现为栏目的形象和包装风格(见图 4-16)。《直播港澳台》在国内新闻节目中率先引入 ViTZ 电视包装技术,极大地优化了时评节目的视觉效果。② 其次在于节目的表现方式。节目抓住"时评"的个性,树立"资讯+评论"的栏目形态,力图实现资讯报道的深度化。栏目设置了评论环节,率先在省级卫视中设置评论员点评热点时事。据悉,该节目在港澳台地区拥有数十位特约时事评论员。随着节目规模日益扩大,又与国内各地多位专家保持合作,吸取专家的不同观点。节目从不同地区的嘉宾处采集观点,因为不同信息点对新闻题材拥有不同的看法和观测角度,便出现了从多点输出多元信息的景象,从而形成"多点+多元"的信息流瀑。③

图 4-16 《直播港澳台》视觉效果

(4)把握媒体融合传播。

在推动全媒体生产流程改造、进行采编人力资源重组方面,《直播港澳台》觉醒得比较早。④ 当前,《直播港澳台》已经形成了"1+5+N"的全媒体传播矩阵,即 1 个新闻直播 App,5 个电视节目,包括《直播港澳台》《正午 30 分》《决胜制高点》《军情直播间》及《关键洞察力》,以及 N 个涵盖微博、微信、腾讯等平台的传播渠道。

---

① 陈红艳.从《直播港澳台》看省级卫视新闻节目成长空间[J].新闻传播,2010(6):26.
② 张春朗.地缘优势:卫视新闻竞争力——以深圳卫视《直播港澳台》栏目为例[J].新闻战线,2012(9):85-87.
③ 王首程.深圳卫视的栏目成功策略探析——以《直播港澳台》为例[J].中国电视,2015(1):107-109.
④ 曾子瑾,王磊,陈红艳.精准定位 创新路径 融合发展——《直播港澳台》的常青密码[J].新闻战线,2020(23):40-42.

1. 你认为《直播港澳台》与其他地方新闻节目相比，最大的优势在哪里？
2. 地方新闻节目的地域化特色应该如何体现？

十一、早间新闻节目策划

早间新闻节目，顾名思义就是在早间时段播出的新闻节目。《新华字典》里对早间时段的定义是，从天将亮到八九点钟的一段时间，也就是二十四小时制的 06:00 至 09:00。① 北京电视台1991年创办的节目《北京您早》，被认为是我国首个早间新闻节目。之后中央电视台创办《东方时空》节目，这可以看作我国早间新闻节目发展的一个重要转折点，此后早间新闻节目开始走进大众视野并流行开来。各地电视台都纷纷办起属于自己的早间新闻节目。纵观我国早间新闻节目的构成，一般分为三个板块：一部分是昨夜今晨的新闻；一部分是读报时间，对国内外的大事进行些深度的新闻评论；另外一部分就是天气预报。②

1. 早间新闻节目的特点

（1）伴随性。

早间新闻可以说是全天时段中，电视受众面对的最早最新的新闻类时段。③ 所谓的伴随性体现在两个方面。一方面，早间新闻伴随着人们对新一天的认知和准备过程开始；另一方面，清晨的人们大多处于忙碌状态，忙着刷牙、洗脸或者吃饭，此时收看新闻节目大多是一种伴随行为。

伴随性除了要求节目提供必要的新闻信息之外，还对新闻节目提出了更高的要求。因为人们醒来的时间并不一致，所以要保证观众无论何时打开新闻节目，都能对当天的节目产生兴趣。这就要求新闻节目牢牢抓住观众心理，对观众想知道、要知道的信息有全面的掌握。

（2）服务性。

早间新闻并不是要告知人们昨夜发生了什么，而是帮助人们开启新的一天，所以早间新闻节目节奏比较平缓，与其他节目相比，传播更加流畅。④ 早间新闻很少是很严肃的时事政治分析，而较多的是轻松易理解的资讯，且具有趣味性，吸引公众观看。

早间新闻节目的帮助作用，还体现在它可以作为人们生活的参谋和向导，因此节目提供的资讯多与天气、出行、购物有关，以便为人们生活提供建议。对于公众来说，平常的一天也许更需要与生活相关的信息，因此，这种服务性是早间新闻必备的。

---

① 宋易倩.省级卫视早间新闻节目现状及发展策略研究[D].广州:华南理工大学,2017.
② 李侠,徐诗航.早间新闻的节目构成、特点及相关问题[J].佳木斯大学社会科学学报,2009(3):164-165.
③ 苏玉.如何增强早间新闻的"伴随性"[J].新闻世界,2012(6):68-69.
④ 李侠,徐诗航.早间新闻的节目构成、特点及相关问题[J].佳木斯大学社会科学学报,2009(3):164-165.

2.早间新闻节目策划案例分析——以《超级新闻场》为例

1)节目概况

2004年12月,安徽卫视推出大型杂志化早间新闻栏目《超级新闻场》(见图4-17)。

图4-17 《超级新闻场》界面

《超级新闻场》以大众喜闻乐见的娱乐形式与新闻相结合,开启了一种新的新闻播报方式。节目创办开始,分为《每日新闻报》《阳光聊天室》《天天故事会》和《早间全省交通、旅游、城市天气预报》四个板块。2008年《超级新闻场》突出编辑类电视新闻杂志特点,在内容和形式上创新,最终形成了评论类《社会透明度》、消息类《新闻直通车》、戏剧化《天天故事会》三个固定板块,融新闻、服务资讯、评论和故事为一体,通过时事图片、媒体评论、视频等方式剖析当今社会时事要点、时事热点,通过一件件发生在你我身边的故事折射当今社会心态与现象,贴近人们生活。

作为一档总时长为60分钟的早间新闻栏目,《超级新闻场》是一档突破地域界限,用特色表达方式整合全天资讯、报道新闻热点、为大众提供前卫新锐咨询服务的节目。它从公众需求出发,为早间生活带来一阵"清风",也给了主持人很大的自由活动和发挥空间,使他们从传统的播报台上解放出来。这种充分发挥主持人侃新闻、说新闻优势的节目特点,使《超级新闻场》在早间电视市场中取得了良好的收视效果。

2)策划要点

(1)节目内容多元化板块安排合理。

《超级新闻场》分为三个板块,分别是《新闻直通车》《社会透明度》和《天天故事会》。在这三个板块中,《新闻直通车》是消息类板块。这一板块的内容丰富,不仅聚集了安徽省各个新闻栏目的资源,还收录了其他卫视许多有价值的新闻节目,面向全国,报道范围广泛,大多数还是贴近百姓生活的民生新闻。《社会透明度》是评论板块,主要针对当下热点话题、热门事件进行评论。

"有声有色有滋味,天天故事会",这是最后一个板块《天天故事会》的标题和口号,它也是时长最长的板块。每期都会用接近20分钟的时间,来讲述一个曲折的社会故事,希望借此吸引退休人员和家庭主妇等受众群体。① 节目在讲故事的过程中,通常会在开始设置悬念,以倒叙的手法讲述,吸引用户看完节目。煽情化也是一大利器,节目将内容视角放在人物身上,借助感人的故事或画面来引发共鸣,增强关注度(见图4-18)。

图 4-18 《天天故事会》板块

总体来说,这三个板块相辅相成、有主有次,不同板块的内容选择都有其针对性,安排合理。② 三个板块也使得节目内容呈现多元化的态势。

(2)鲜活生动的电视语言运用。

在节目形式上,《超级新闻场》的电视语言主要包括四个方面:一是音乐、音响元素的运用,比如在讲述刑事案件的时候,随着真相的一步步揭开,音乐的节奏也在逐渐加快,带领观众进入惊险刺激的氛围;二是使用字幕语言,字幕语言除了帮助观众理解内容、起强调作用之外,还具有娱乐效果,比如《社会透明度》中,剪辑师会给有趣的片段配上拟声词,并给字幕添加色彩和特效,这些无疑提高了节目的可看性;三是影视片段的运用,就是在叙述事情的过程中,加入与之相符的影视片段,或者直接在节目中播放诸如网友恶搞视频这样的有趣片段;四是互动形式的多样化,比如公布主持人的微博账号,让大家去评论留言,观众也可以向节目组投稿等。这些互动极大地提高了公众参与节目的积极性。

(3)个性化播报。

这主要是早间新闻的伴随性特点带来的播报方式。一般来说,因为要伴随人们的晨间生活,早间新闻节目采取的多是"说新闻"的方式(见图4-19)。"在这种播报方式下,主持人娓娓道来,轻松诉说,再加上面部表情、身体语言等其他传播符号的使用,使得传播者在传播基本信息的同时,也能够完成一定的情感交流,语言风格实现了从宣传

---

① 许明.电视新闻娱乐化的新特点——以《超级新闻场》《新闻大求真》为例[J].西部广播电视,2016(23):80-81.

② 许明.电视新闻娱乐化的新特点——以《超级新闻场》《新闻大求真》为例[J].西部广播电视,2016(23):80-81.

型向服务型的转变。"①

图 4-19 《超级新闻场》个性化播报

个性化播报首先体现在新闻语言的口语化、通俗化。主持人将书面用语进行加工，将复杂的长句变为短句，最后呈现为通俗易懂的大白话。这一特性在《社会透明度》板块表现得尤为突出，主持人进入事件，把事情的起因、经过、结果用自己的话语介绍给大家，语言形象生动，更强调解释性，富有交流性。②

◇ 提示：自 2019 年 6 月起，《超级新闻场》已取消《天天故事会》板块，保留了《新闻直通车》与《社会透明度》两个固定板块。

思考

1. 结合《天天故事会》板块的取消，谈谈你对早间新闻节目娱乐性的理解。
2. 你认为早间新闻节目策划中最重要的元素是什么？

十二、晚间新闻节目策划

晚间是观众开机率最高的时段，因而也是收视率最高的时段。③ 晚间新闻也就成为各个电视台新闻节目的重要组成部分。目前，关于晚间新闻的时间划分标准并未统一。按照已有的研究观点，根据我国电视新闻节目现状，可以将电视新闻划分为三个主要时间段：6:00—8:00 的早间新闻阶段，12:00—13:00 的午间新闻阶段，18:00—22:00 晚间时间阶段。④

但是随着人们生活作息的改变，22:00 之后的"后黄金时段"成为各大媒体的目标，越来越多的晚间新闻节目播出时间设置在 22:00 之后。

---

① 石长顺.当代电视实务教程[M].上海：复旦大学出版社，2005：291.
② 顿中振.安徽卫视早间新闻栏目《超级新闻场》研究[D].南宁：广西大学，2014.
③ 徐倩.夹缝中的晚间新闻[J].声屏世界，2011(5)：19-20.
④ 吕正标.中国电视新闻节目：从时段的角度解读[D].南京：南京师范大学，2004.

1. 晚间新闻节目的特点

(1) 设置公共议题,新闻题材广泛。

晚间新闻题材不仅涉及老百姓的真实感情生活、意外事件以及天灾事件,而且涵盖了动物相关内容及考古方面,各种题材应有尽有。① 在晚间新闻中,公共议题的设置可以分成两种情况:一种是在节目开始的时候对某个特定的主题进行现场调查,看是否能引起公众的普遍关注,观众可以通过电话或者网上投票的方式参与;另一种是通过晚间新闻播出的单个电视节目营造一种公共领域内的议题关注。②

(2) 服务性。

晚间新闻一个重要的特色就是为大众提供各种生活服务,帮助老百姓解决各种问题。关心老百姓的呼声,树立"百姓本位"的意识,这一特色能够大大提高晚间新闻节目的收视率。此外,晚间新闻节目还承担了环境监测者的职责。通过播报与人民生活息息相关的新闻,来为百姓生活提供服务。比如对当地政府政策进行解读,为百姓解疑释惑;又或者是发布大量预测性信息,比如市场物价涨落、出行交通以及天气变化等信息。提供这些信息是晚间新闻节目服务性的体现。

(3) 以小见大,注重深度报道。

晚间新闻节目与综合性联播新闻不同,它侧重软化综合性联播新闻中的报道,将诸如时政报道、经济报道等与百姓生活联系起来,形成对这些内容的侧面报道、微观报道等。因此民生中的生产、生活、学习、家庭等新闻性的内容成为这一栏目的主体内容,③比如下岗再就业、医疗保险、升学等新闻。节目切口虽小,但视角独特,以具体的人和事来表现社会发生的重要事件对普通人的影响,更加实现平民视角和宏观视野之间的结合。

2. 晚间新闻策划案例分析——以《东方夜新闻》为例

1) 节目概况

力图体现"资讯梳理,背景分析,观点提供"功能的《东方夜新闻》是东方卫视倾力推出的一档晚间新闻栏目,每天 22:00 播出,时长 50 分钟,由新闻资讯和新闻评论构成(见图 4-20)。

作为全国第一档直播的新闻时事评述节目,《东方夜新闻》率先在全国的电视台中设立了平面媒体所专有的本台评论员和特约评论员制度。评论员和主持人以直播的方式"谈新闻",以讨论和交流为主,在占有大量背景和资料的前提下脱稿而谈。每天直播的内容包括约 30 分钟的国际国内及财经新闻资讯和约 15 分钟的新闻评论,该节目和其他注重"第一时间权"的新闻节目不一样,它始终重视"第一解释权",注重对新闻的背景挖掘、资料整合和详细解读。

多年来,伴随着主持人"梳理关键新闻,点击新闻关键"的解说词,节目注重个性与目标用户,对当天国际国内新闻进行全面整合和解读,以都市眼光来梳理、整合现代社会资讯,追踪分析新闻热点,关注并引领大众话题。在夹叙夹议、以述带评、以评带叙的

《今晚 60 分》
节选

---

① 刘梦.电视晚间新闻的创新魅力——以《东方夜新闻》为例[J].新闻窗,2014(5):52.
② 吴秀青,吴朝虎.大众传媒在日常生活中的角色建构——以电视晚间新闻为例[J].江淮论坛,2008(6):178-182.
③ 张丽.晚间新闻类栏目内容与形式的设计[J].声屏世界,2000(1):52-53.

图 4-20 《东方夜新闻》界面

方式下,节目注重新闻诠释方式的立体化和表达方式的个性化,深受全国电视观众的喜爱。

2)策划要点

(1)内容编排个性化。

与一般地方电视台新闻节目以本地内容为主不同,《东方夜新闻》的内容包含了上海、国内其他地区以及国际的重要新闻。对这样一档综合性的新闻节目,编辑需要以东方的视角,来梳理、归纳各类新闻,让观众享受"信息超市"的便利。① 可以按照内容编排将《东方夜新闻》分成头档、中档、尾档三档。杂志化的编排思路极具个性化。

头档先声夺人。主持人首先把当天值得关注的内容进行导读,起到杂志封面的"看点"作用。接下来的"要闻快报"以一句话新闻的方式,概括出时政新闻中最重要的内容。紧接着播报当天最值得关注的三四条新闻,无论国内或是国外。头档以重要性、可看性和时效性为考量要素,编排当天的热门新闻。

中档内容充分。中档由上海、国内其他地区、国际三类新闻组成。不少内容已经在前面的栏目中播报过,一些已经在前面的栏目中播报过的内容会在《东方夜新闻》中进行重新编排播出。其目的一是对各类新闻进行梳理,方便用户观看;二是对事件的来龙去脉进行背景补充,方便用户了解;三是随时补充最新的消息,在直播状态下随到随插。

尾档掷地有声。作为尾档的评论板块——《今日新观察》,内容上以"东方"的眼光在全球的视野中选择并引领大众热门话题。② 内容的选择标准除了新闻性,更看重社会影响力。评论对当前热点话题、热门事件进行权威分析,提供鲜明的观点。此外,栏目的评论选题内容虽然涉及面较广,但关系百姓生活的民生话题仍占据很大比例。

(2)以直播的方式谈论新闻。

《东方夜新闻》是全国第一档直播的时事评述节目,在众多平面媒体中,它最先将评论员带入演播室,并且实行本台评论员和特约评论员制度,由评论员和主持人共同以直播方式"谈新闻"。③ 在对新闻事实充分了解的基础上,对新闻内容进行交流和评论(见

---

① 江潜.《东方夜新闻》的电视评论特点[J].中国广播电视学刊,2004(8):43-44.
② 江潜.《东方夜新闻》的电视评论特点[J].中国广播电视学刊,2004(8):43-44.
③ 江潜.《东方夜新闻》的电视评论特点[J].中国广播电视学刊,2004(8):43-44.

图 4-21)。这种方式使评论更具现场性,脱离原有空间的束缚,最终使新闻运作模式进一步取得了突破。

此外,为了保证新闻的即时性和新鲜度,《东方夜新闻》每天现场直播约 30 分钟的新闻信息,并使用约 15 分钟对新闻进行讨论。记者前方将即时、最新的画面传回演播室,由主持人和评论员做现场解说。① 这样一来,既拉近了观众与演播室的距离,又尽显新闻魅力。

图 4-21 《东方夜新闻》谈论新闻的方式

(3)选择有实力的主持人。

2011 年推出的《东方夜新闻》,保持了强大的主持阵容,如袁鸣、劳春燕、雷小雪、何婕、于飞、乙冰等,且每个主持人都能发挥各自所长。袁鸣以其灵活的思维、机敏的现场反应而著称。劳春燕思维严谨,表达准确。雷小雪对重大新闻的把握敏锐且有深度。何婕对大直播最拿手,2013 年日本地震发生,她曾独自一人在东方卫视连续直播近 10 个小时,表现稳重出色。嘉宾主持蒋昌建(江苏卫视《最强大脑》主持人)的加入,给节目增添了睿智和厚度因素。

◇ 提示:2019 年 1 月 1 日,《东方夜新闻》改版为全新时事评论栏目《今晚 60 分》,由《关键时刻》《焦点对话》《全球眼》《新财经》四个板块组成,2020 年 3 月 30 日起,《今晚 60 分》正式更名为《今晚》。

思 考

1. 结合《东方夜新闻》节目,思考"谈新闻"的好处有哪些。
2. 思考晚间新闻节目如何通过策划吸引观众的注意力。

---

① 胡鑫,董健.浅析《东方夜新闻》的创新魅力[J].新闻传播,2006(4):50-51.

十三、公民新闻节目策划

国内学者对公民新闻的定义是,"公民通过大众媒体、个人通信工具,向社会发布自己在特殊时空中得到或掌握的新近发生的、特殊的、重要的信息"[1]。公民新闻的基本理念是每位公民都是新闻记者。公民视频新闻是公民新闻的一种表现形态。关于公民视频新闻,国内学者吴信训和王建磊给出了较为完整的定义,"由普通公众拍摄、制作、发布在互联网平台上,运用画面与声音符号体系对新近或正在发生的事实进行反映、报道、记录、调查的视频短片"[2]。

在国内学者研究的基础上,林彦君将公民新闻定义为:由非新闻从业人员拍摄的新闻内容。公民视频新闻也就定义为:由非专业的新闻从业人员拍摄的新闻视频。因为他们没有受到专业的培训,所以视频制作方法和水平参差不齐。[3]

在此基础上,我们将公民新闻节目理解为,以公民视频新闻为主体或者线索制作的节目。

1. 公民新闻节目的特点

(1)真实性和多元性兼备。

公民新闻是以底层人的视角,记录社会的各种姿态。在节目中,拍摄新闻的人成了特殊的记者。他们生活在现实生活中,了解当时当地发生的事件。当新闻发生时,他们可以接触到第一手素材。作为现场的目击者甚至是亲历者,他们可以用视频记录下真实发生的一切。与主流媒体发布的视频新闻不同,这些现场新闻没有经过加工,具有更多的真实性。[4] 此外,有了这些公民记者,新闻视频的来源也会更加多元化。

(2)关注民生。

随着时代的发展,普通公民的参与意识增强,为了维护社会的公平正义,他们会自发参与到社会公共事务中,从社会的现实事件、底层事件出发,去行使公民的话语权。公民视频新闻因此更加关注民生,呈现出浓厚的人文关怀色彩。

(3)开放性。

公民新闻的题材选择具有很大的开放性,只要不违反国家的有关规定,任何题材、观点都可以在公民新闻中进行表达。尤其伴随互联网的发展,公民新闻呈现出自由、开放、灵活的趋势。每一位公民都可以在法律允许的基础上,根据自己的喜好选择新闻的内容。[5]

2. 公民新闻节目策划案例分析——以《拍客行动》为例

1)节目概况

《拍客行动》是2011年1月1日河南卫视推出的全国首档以图片为载体、展示人生百态的融情感、娱乐于一体的新派摄影故事类节目,于每周一22:08播出(见图4-22)。

---

[1] 陆佳怡,仇筠茜,高红梅.零度控制与镜像场景:公民新闻的透明性叙事[J].国际新闻界,2019,(5):39-59.
[2] 吴信训,王建磊.我国互联网上公民视频新闻的传播解析[J].国际新闻界,2009(8):81-85.
[3] 林彦君.公民新闻时代传统新闻的应对之道[J].传播力研究,2018(26):7-8.
[4] 林彦君.公民新闻时代传统新闻的应对之道[J].传播力研究,2018(26):7-8.
[5] 袁千惠.浅析自媒体时代的公民新闻[J].新闻研究导刊,2016(19):119.

图 4-22 《拍客行动》界面

节目▼《拍客行动》节选

在创立伊始,该节目依托河南卫视"人文天下,乐活情怀"的立意,打造了以"关注社会热点、关注人文历史、关注百姓生活"为主题的拍客故事。节目最大亮点在于拍摄者为非专业人员,以普通老百姓拿起相机讲述身边故事为出发点,充分调动拍客群体的创作热情。同时,节目通过多方面加强宣传力度,首先在全国建立自己的拍客团队,《拍客行动》召集组织全国最优秀的拍客在突发事件中第一时间赶往现场,并在第一时间制作播出。其次,节目与蜂鸟网、腾讯网、POCO 网、MOKO 网、大众摄影、橡树摄影等全国知名网站建立了紧密的合作关系,加强节目的宣传力度。在这些模式下,节目为越来越多的摄影爱好者和活跃于网络上的拍客们搭建了一个展示自我、自由创作的平台。

《拍客行动》用民间拍客的力量,收集拍客原创素材,讲述百姓情感故事,一开播便受到当地人的欢迎,也引发了普通百姓拿起相机讲述身边故事的热潮。

2) 策划要点

(1) 设置悬念,层层剥笋。

设置悬念是科教节目吸引受众的重要手段。编导在提出问题的同时,也设置种种悬念。这些悬念的设置,能把受众引入问题情境,激发其好奇心,从而调动其观看节目的积极性。在解答悬念时,编导往往采取层层剥笋的方式,逐步递进,最终给出结论。①开篇设置悬念,巧设环节,这是《拍客行动》的惯用形式。栏目通常采用悬念式的叙事结构,以一个悬而未决的问题展开,慢慢将人物的命运和事件的来龙去脉铺陈开来。不仅如此,节目对悬念的设置贯穿整个节目。节目不断抛出一个又一个疑问,让内容环环相扣。这样使得观众像在探险,节目也因此变得有趣起来。

(2) 曲折的故事化叙事。

设计悬念,增强推进感是大多数节目讲故事时的惯用手法。但是营造悬念有很大的局限,因此常常出现节目开头比较吸引人,但是后续越讲越无力,越来越平淡的现象。

---

① 李岭涛,李德刚,陈鹏.中国最具网络影响力的 CCTV 栏目[M].北京:社会科学文献出版社,2008:218.

《拍客行动》在策划阶段,已经超越了猎奇或者悬疑的层面,而是朝着"好奇"前进,即根据观众的好奇心循序渐进地讲故事。节目中有相关视频资料的插入,以及各种线索推理,这样的叙述方式比单纯讲述一个悬疑故事更能满足观众的好奇心,也能更吸引观众看下去。不仅如此,《拍客行动》一期节目会讲两个不同的故事,使得观众的好奇心刚得到满足又被迅速带动起来,能使观众持续沉浸于节目当中。

(3)经典而丰富的视听元素表达。

《拍客行动》在节目制作中比较注重展现事件的发展进程,强调重现时间场景,以及加强场景之间的转换,因此节目中对于运动镜头的运用比较多,突出表现在尽可能多地选择跟拍镜头。

除此之外,节目把刻画人物作为讲述故事的关键,因此表现人物的镜头语言运用丰富。比如《拯救怪脸女孩》这期节目,对女孩父亲、母亲包括医生的镜头刻画都较为细腻,并通过对某些镜头的强调,比如放大或者变换颜色,进一步凸显女孩情况之严重(见图4-23)。

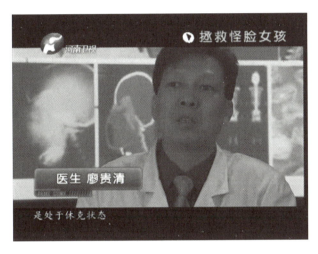

图4-23 《拍客行动》视听元素表达

值得一提的是,声音在《拍客行动》中不仅起到了信息传达和环境再现的作用,而且进一步实现了心理、情绪和观感的传达。《拍客行动》的编导和音乐编辑善于运用音响来渲染故事发生时的氛围,特别是烘托出紧张、神秘或恐怖的氛围。这种音响的使用常常会把节目推向高潮。

思考

1. 公民新闻节目和民生新闻节目有哪些异同点?谈谈你的理解。
2. 悬念感的营造对于公民新闻节目来说是否必要?如何通过节目策划突出节目的悬念感?

十四、新闻脱口秀节目策划

"脱口秀"一词是英文"talk show"的音译,它在电视节目中指的是口若悬河的主持人,能说又会说。这一词最早起源于18世纪的英国,但随着广播的兴起,人们可以借助广播对社会上的热门事件、热点话题进行讨论,也就逐渐发展成现在常见的广播电视节目形态。

新闻脱口秀节目是脱口秀节目的一个分支,顾名思义,新闻脱口秀节目即围绕一些社会热点以及时事政治事件,给予客观而独到的点评。① 节目有些是主持人对新闻进行解读和分析,有些则会邀请嘉宾参与讨论。

1. 新闻脱口秀节目的基本形式

(1)评论类电视新闻脱口秀。

评论类电视新闻脱口秀节目主要是对新闻事件发表脱口秀式评论。该类型节目通常以单人主持为主,节目内容主要以固定时间段内新近发生的、关注度较高的政经新闻、社会热点、奇闻趣事等多元化新闻事件为素材,用诙谐幽默的脱口秀语言,发表具有个人风格和国家意识形态特征的相关评论。②

评论类电视新闻脱口秀中比较典型的节目有中央电视台财经频道的《生活早间秀》和凤凰卫视的《笑逐言开》等。

(2)谈话类电视新闻脱口秀。

谈话类电视新闻脱口秀秉持着"双向互动、平等交流"的理念,以谈话的形式进行面对面沟通。交谈者真实的心态、思想、情感在镜头前得以展现,同时通过语言交流折射出社会的整体状态。③ 它致力于营造轻松的交流空间,从尊重人的个性和不同观点角度出发,还原社会的多元性。

在这里,谈话不再是单纯的演讲与倾听,而是参与及对话。公共空间被无限放大,思想、知识、观点和智慧在自由的多向交流中碰撞。④ 这种类型的代表节目就是凤凰卫视的《锵锵三人行》。

2. 新闻脱口秀节目的特点

(1)新闻性和娱乐性兼具。

从新闻脱口秀节目丰富的新闻内容和多元的表达技巧中,不难看出节目对信息量和表述趣味性的看重。新闻性和娱乐性兼具成为新闻脱口秀节目不可或缺的特点。

(2)趣味性和个性化并重。

新闻脱口秀节目在和用户互动的同时,也在积极打造趣味性和个性化并重的空间,以此来吸引大众的注意力。比如在《说天下》节目中的特色板块《唱说天下》中,将流行音乐与新闻播报相结合,这种极富趣味性的方式在吸引观众的同时,也会加强节目本身的核心竞争力。而黑龙江电视台的《天下相声会》则以相声这种曲艺形式说新闻,开播以来也取得了较好的收视率。

(3)热点突出,评论犀利。

新闻脱口秀节目改变了以往对新闻信息的单纯播报,加入了主持人自己的主观意

---

① 王斌.新闻脱口秀节目的现状及发展趋势[J].新媒体研究,2016(4):75-76+82.
② 韩如愿.评论类电视新闻脱口秀节目浅析[J].声屏世界,2020(6):28-29.
③ 张露文.我国电视新闻脱口秀节目研究[D].乌鲁木齐:新疆大学,2015.
④ 窦文涛.锵锵三人行——一笑了之[M].北京:现代出版社,1999:vi.

识。在无数新闻中挑选最热、最具现实意义的新闻,融入自己的观点和看法。①

比较典型的有凤凰卫视的《倾倾百老汇》。这档具有国际化风范的资讯节目,将全球各地的娱乐八卦、时政民生等热点讯息传达给观众。主持人在说新闻的同时,也将自己的观点以搞怪的语言和奇特的形式一并传递给观众,让人们在回味新闻之余陷入深深的思考。

3.新闻脱口秀节目策划案例分析——以《评新而论》为例

1)节目概况

《评新而论》是江苏省广播电视总台融媒体新闻中心打造的一档日播新闻脱口秀节目。该节目于2015年2月1日面向全省观众正式开播,每天19:45—20:05播出,共20分钟。栏目以"谁说新闻只有一种说法"为宗旨,重点关注当下发生的、关注度高、争议大、具有突出典型意义的热点新闻,对纷繁复杂的新闻事实抽丝剥茧,注重个性讲述、深度评论(见图4-24)。

图4-24 《评新而论》界面

栏目主要由时事锐评、今日"神"评、网络热搜三部分构成。该节目有两大特点:一个特点在于用幽默风趣的脱口秀风格,对关注较高、有争议的话题进行评论,使新闻语态年轻化,表现方式更接地气,观众也更易于接受;另一特点在于深度评论,在严苛追求新闻真实性的前提下,节目改变传统"说教式"评论风格,用唠家常的方式,加入一些为观众量身打造的趣事、段子,把栏目要表达的观点融入其中,真正做到动之以情、晓之以理。

栏目自2015年开播以来,以其新锐的观点、角度、幽默、风趣的叙事风格,收获了观众的广泛好评,收视表现在频道黄金时段长期名列前茅,在同时段新闻节目中表现优异。同时节目不断向媒体融合推进,在保证电视端节目高质量运行的同时,积极提升新媒体端的影响力,通过微博、微信、线下观众互动活动等方式,网罗了一大批节目的忠实粉丝,积极传递正能量和主流价值观。

① 董偌闻.我国电视新闻软化现象研究[D].长春:东北师范大学,2014.

2)策划要点

(1)既注重时效性,又注重真实性。

作为一档优秀的评论类电视新闻脱口秀节目,《评新而论》一向讲究"快"和"准"。不仅力求快速对新闻事件进行报道,而且通过大数据精准抓取当下最热、最新、最具有关注度的话题。节目每天用20分钟时间,以"短评+网络热评+头条深评"的形式,更快地聚焦社会热点,保证第一时间发声。

不过,随着网络的发展,速度不再成为新闻评论的独特性。对于有争议的事件,进行客观公正的分析,帮助观众挖掘事件的来龙去脉和细枝末节,抽丝剥茧还原事实真相,正确引导舆论,才是新闻评论的意义所在。《评新而论》节目就格外注重对真相逻辑的抽丝剥茧,并始终致力于保证新闻评论的质量和有效性。

(2)形式个性与内容深度相融合。

从节目形式来看,从创办之初,《评新而论》就十分注重整体风格的统一。从舞美、现场音效互动,到虚拟技术运用,都在固化节目风格,塑造演播的场景化,消弭主持人与观众的"一屏之隔"。① 从内容深度来看,《评新而论》不是停留在对事实表面的陈述,而是更进一步面对复杂的舆情,理性分析、注重思辨,显示出令人信服的论证过程,并及时阐明方法措施,推动良好的舆论环境建设。②

(3)注重媒体融合,实现立体多元传播。

《评新而论》节目立足传统媒体,借助新媒体平台,不断向新媒体端扩展阵地,力图实现多元立体式传播格局。节目2018年入驻喜马拉雅平台,随后推出音频版《评新而论》,获得了大量关注。仅三个月,点击量就突破200万次。之后,《评新而论》不断将主流媒体的影响力延伸到新媒体领域,让更多人听到主流媒体的声音。

2019年,节目在保持原有风格的同时,改变之前单调乏味的制作模式。通过整合新媒体资源,在节目中引入诸如微博、微信、短视频等大量新媒体元素。这样一来,不仅极大地丰富了节目内容含量,而且使节目焕发新的生机。

(4)立意深刻。

即使是最接地气的社会新闻评论,在立意和行文上,也要立足国家大政方针、社会公序良俗,才能为人们的社会生活提出指导意见,传播正能量。③ 在疫情发生后,《评新而论》邀请各行各业的普通人,推出特别栏目《独家记疫》,从他们的视角出发,着力讲述英雄的奉献和普通人的战疫经历。

新闻脱口秀节目,要有笑点,也不能少了痛点。《评新而论》一直坚持自身的历史责任,用个性化的形式吸引公众,以理性深刻的观点引导公众,坚持为社会带来温暖和思想的启迪。《评新而论》以自身为例,告诉其他同类型节目:只有始终坚守责任,才能制作出有价值的新闻评论IP。

---

① 寇飞.打造新闻评论价值IP——以江苏广电《评新而论》栏目为例[J].新闻战线,2020(23):43-45.
② 寇飞.打造新闻评论价值IP——以江苏广电《评新而论》栏目为例[J].新闻战线,2020(23):43-45.
③ 寇飞.打造新闻评论价值IP——以江苏广电《评新而论》栏目为例[J].新闻战线,2020(23):43-45.

思考

1. 你还知道哪些新闻脱口秀节目？它们有什么特点？
2. 你认为策划新闻脱口秀节目最重要的是什么？

第五章　公益类视听节目策划

> 《欢乐送》是湖北经视的一档公益慈善栏目。节目自觉担当公益角色,汇聚民间暖流,开展慈善行动,帮助困难群体脱困,成为社会生活中的一抹暖色。栏目收视率和占有率长期在湖北地区保持同时段第一。

一、公益类视听节目特点和种类

1. 基本概念

公益是一个很宽泛的概念,在广义上,可以指一切涉及公共利益的社会活动和个人行为,包括政府性与非政府性的。在狭义上,公益是个人、社会组织以非政府性的形式进行具有非营利性、自愿性等特征的帮扶行为与慈善社会活动等。从广义来看,所有的视听节目都可以算作公益节目,因为所有的视听节目都有促进社会公共利益的功能。为了研究的集中性和典型性,本书将公益类视听节目采用狭义的公益定义。曾有学者给传统的电视公益节目进行了定义——"电视公益节目是指以电视媒体作为传播媒介,以谋求社会公众利益为出发点,关注、理解、支持、参与和推动公益行动、公益事业,推动文化事业发展和社会进步以形成扶危济困、形成良好社会风气,具有公益性质的电视节目形式"[①]。本书关注的公益类视听节目包含了所有的视听平台传播的公益类节目。

---

① 严三九,兰卉,季宸东.2007年中国慈善公益类电视节目发展报告[R].2008慈善公益与媒体责任高峰论坛,2008(1).

那么,本章所关注的公益类视听节目是以视听传播平台为媒介,提供帮扶、慈善、调解等具体公益服务的节目。现实情况中,很多视听节目会涉及公益慈善的元素,但由于其公益性不占主导,且数量繁杂,不列入本章研究范围之内。

2.公益类视听节目的意义

第一,公益类视听节目通过广泛、深入地传播慈善公益理念,积极推动社会公益事业的发展。对于现代社会文明程度的发达与否,慈善公益是一杆重要标尺。公益精神带来的是全社会的和谐发展,是一种"滴水之恩,当涌泉相报"的良性循环,是一种"互助、博爱、共享、进步"的文化理念。

第二,公益类视听节目起到了社会协调抚慰功能,通过社会资源的再分配,沟通各阶层关系,缓冲社会矛盾[1],能对构建和谐社会起到积极的助推作用。

第三,公益类视听节目是媒体提升公信力、影响力、引导力的重要抓手。媒体的公信力、影响力是媒体获得长期经济效益和社会效益的保证,而持久、真诚的慈善与帮扶有强大的感染力与影响力,是媒体践行社会责任的重要方式,是媒体责任、社会情感与主流价值的一个很好的结合点。[2]

3.公益类视听节目的特点

公益类视听节目与其他类节目在几个方面有着显著不同的特点,这些特点也是节目策划与制作中需要关注的要点。

(1)公益性——价值导向。

公益类视听节目强调公益理念至上的价值导向。通过帮助一个人、做出一件公益事,促进公益理念推广,唤醒公众公益意识。公益类视听节目能在公共话语空间里广泛、深入地传播帮扶故事和公益理念,彰显主流价值观,发挥公益价值导向作用。

(2)道德性——制作原则。

在节目制作过程中要体现人文关怀,应该用平等、尊重的态度看待被帮助的受助群体和提供帮助的援助群体。尊重受助者的个人意愿和保护受助者的尊严,不能为了节目效果而"消费苦难",不能强迫受助者做出感恩的言行。同时也要尊重援助者的意愿和感受,不能强迫公众做出非自愿的捐助行为,不能进行"道德绑架"。

(3)服务性——节目内容。

必须有为公众帮扶服务的具体的公益内容。这个服务内容体现在两个方面:一是为受助人群服务的内容,弱势群体能通过媒体发出自己的声音,得到社会的关注与帮助;二是公众参与公益服务的内容,节目以公益情怀挖掘事件的人文价值,促进媒体用户从事件的围观者转变为公益事业的参与者,促进社会公益事业发展。通过对弱势群体生活状况的真实记录与展示,激发公众心中同情与关爱的原始情感,让更多愿意奉献爱心的个人和团体得到实现心愿的机会。

4.公益类视听节目的发展趋势

在媒介融合的环境之下,公益类视听节目面临着新的挑战。在流量至上、娱乐至上

---

[1] Tugrul T O, Lee E M. Promoting Charitable Donation Campaigns on Social Media[J]. Service Industries Journal,2018(3-4):149-163.
[2] 雷刚,石永军.慈善与帮扶:媒体社会责任的"微呈现"——以湖北广播电视台为例[J].新闻前哨,2016(2):8-10.

的娱乐化、浮躁化大背景下，公益类视听节目生存确实相当艰难。以《阳光行动》为代表的一批公益类节目相继停播。王炎龙和蒋亚隆通过问卷调查的形式分析了中国电视公益传播行为中存在的问题，以及公益信息对受众的影响规律，他们认为"电视公益节目的吸引力……能够对人们参与公益活动产生正面影响，但其影响力……似乎不能做过高估计"[①]。

要想提升公益类视听节目的社会影响力，就必须找到解决公益类视听节目传播困境的突破口。

公益类视听节目影响力体现在对整个社会长期的培养过程，也是一个潜移默化的过程。随着人们对自身精神境界提升的需要，以及社会对公民塑造的需要，公益类视听节目将在未来很长一段时间内呈现稳定上升趋势。在"限娱令"政策与国家鼓励文化、慈善公益视听节目发展的环境之下，中国公益类视听节目也迎来新的发展机遇，"各节目制作和传播机构要始终坚持把社会效益放在首位，力争社会效益与经济效益统一。当二者发生冲突时，经济效益要无条件服从社会效益，绝不能在市场经济大潮中迷失方向，绝不能做市场的奴隶，使作品充满铜臭气"[②]。国家将从强化综艺节目管理、强化榜单产品管理、强化粉丝消费管理、强化粉丝互动管理、强化明星经纪管理、强化明星自我约束、打击违法违规行为、限制未成年人非理性追星八个方面着力，坚决抵制造星炒星、泛娱乐化等不良倾向和流量至上、拜金主义等畸形价值观，探索构建"饭圈"管理长效机制，引导青少年健康成长。[③]

另外，公益类视听节目是公共传播重要的具体呈现方式之一。公共传播是指普通公众可以借助现代网络技术主动进行公共信息的传播活动。换句话说，不管运用何种媒介介质，公共传播的最终目的均是吸引普通受众参与到公共事务的践行和传播之中，自发地成为参与者和讨论者。媒体融合时代的到来，不仅改变了媒体的生产制作理念，而且改变了用户的思维方式。最为明显的就是媒体融合时代所倡导的"参与性文化"。媒体融合的目的不只是希望受众参与到某个具体的活动或事件中来，从更深刻的意义上来说，它是鼓励受众参与到社会公共事务公益活动中来，完成"受众"向"公民"的转变。

我们认为，公益越来越多地成为视听节目的主题，而不是附加的一个元素，也就是"公益＋"，而不是"＋公益"。2018年为响应国家精准扶贫的号召，中国的电视荧屏掀起扶贫热潮，各类"公益＋扶贫"的电视节目纷纷涌现，如广西卫视的《第一书记》、河南卫视的《脱贫大决战》和东方卫视的《我们在行动》等。在美国，著名的娱乐节目《学徒》也发生了公益转向，竞争者不再为高薪争夺，获胜者将募集资金和奖金交给他（她）所选择代表的一家慈善基金。这种改变给人耳目一新的感受，将公益传播推到了一个全新的境界。可以预见，根据时代的要求，国内外媒体会与时俱进推出各种"公益＋"的视听节目。只有找准社会痛点，开发策划节目新元素、新环节和新运作模式，公益类节目才会有一个蓬勃发展的局面。公益为主题的视听节目可能不会成为爆款产品，但它始终

---

① 王炎龙,蒋亚隆.中国电视公益传播受众调查报告[J].新闻界,2010(3):115-117+120

② 国家广播电视总局关于进一步加强广播电视和网络视听文艺节目管理的通知[EB/OL].(2018-11-09)[2019-01-01].http://www.nrta.gov.cn/art/2018/11/9/art_113_39686.html.

③ 中央宣传部印发通知,部署文娱领域综合治理工作[EB/OL].(2021-09-02).http://politics.people.com.cn/n1/2021/0902/c1001-32215990.html.

会是社会上一股不可或缺的暖流和清流。

5. 公益类视听节目的类型

公益类视听节目的主题是提供公益服务,而且是提供相对具体的公益服务,那么,我们可以其提供的服务内容为标准,将目前的公益类视听节目划分为以下三类。需要说明的是,相信今后会有更多类型的公益类视听节目出现。

(1) 公益服务类。

公益服务类节目通过媒体聚合社会资源,搭建公益服务平台,对社会问题、社会事件或人物命运进行关注与报道,来推动个人救助等社会问题的解决,实现媒体公益服务功能。节目在提供具体的公益服务的同时,展现人文情怀,达到倡导帮扶等正能量的总体公益效能。

(2) 慈善帮扶类。

慈善帮扶类节目是以救助、帮扶弱势群体为目的的民生公益节目。节目深入挖掘困难群体真实的生活状态与情感,并以实地探访、纪录短片等形式展现,目的在于引导社会公众对困难群体进行救助与帮扶。

(3) 调解帮扶类。

调解帮扶类节目以调解百姓纠纷、营造和谐社会为宗旨,用老百姓喜闻乐见的对话协商的形式,解决家庭邻里的矛盾,潜移默化地引导和培养正确的道德观念、法治观念。考虑到调解帮扶节目的初心是解决民间纠纷、办好事,公益主题较为显著,本章也将其纳入公益类视听节目范畴。

二、公益类视听节目策划——以《等着我》为例

公益类视听节目的切入点在于个人救助,通过个人问题的解决,实现媒体公益服务功能。

1. 节目概况

《等着我》是中央电视台综合频道(CCTV-1)于 2014 年 4 月 5 日 20:00 首次播出,以"为缘寻找,为爱坚守"为主题,以"公益"理念为核心,每期节目时长约 60 分钟的公益寻人综艺节目。节目聚合司法机构、民间组织、名人明星、志愿者等多方力量,搭建了全国首个以国家力量为基础的全方面"全媒体公益寻人平台",打破传统寻人模式。该节目开播以来,已经帮助近 2 万人找到失散的亲人。通过寻人这一故事线索,节目真实记录反映普通人的人生经历,抒发百姓情怀,道出公众心声,用温暖、坚强、友爱的质朴情感感染和打动观众。引力传媒公布的收视率排行榜上,它曾经在央视和各卫视电视剧和综艺栏目中最高,全国收视率多次破 2‰,助推 CCTV-1 收视份额登顶。开播以来,它多次位居微博电视指数前三位,多次进入微博热搜平台前十。

2. 节目基本环节

演播室主持人开场—引出求助人—讲述求助目的和故事—场外纪实短片—场外寻访纪实—开启希望之门—团聚或未找到—短暂访谈、嘉宾谈感受—结束—引入下一位求助者。

3. 节目形态构成

此节目由三个基本节目形态构成,即访谈类、纪实类和真人秀。

(1)访谈类：主持人与求助人的交流、求助人讲述诉求和背后的故事、嘉宾谈感受等，是故事进行的主要手段。

(2)纪实类：场外纪实短片、场外寻访纪实。

(3)真人秀：开启希望之门环节。真人秀是指在既定场景中，参与者按既定规则进行的个性化较强、自由度较大的交流和行动。参与者、场景、规则、目标是特定的，参与者的个体活动具有一定的自主性。在这个环节中，求助人的意愿和行为都是真实的，特别是在希望之门开启之后，当事人无论是面部表情还是肢体动作，都具有非常强烈的个性表达。

4.节目叙事分析：以叙事人物元素为主线

节目中的叙事人物可以分为隐性叙事者和显性叙事者。隐性叙事者是幕后创作团队，由策划人、制片人、编导、摄像、编辑、灯光、舞美等组成，他们决定节目的主题环节，挑选本期节目将要讲述的故事，选择使用的讲述方式、采用的拍摄手法、后期剪辑、镜头组接等。显性叙事者是出现在视听故事中的讲述者，包括主持人、求助者、嘉宾、观众等。主持人通过访谈提问的形式，在整个故事的讲述过程中引导叙事方向、掌控访谈现场，以此实现隐性叙述者意图。求助者是故事的主讲人，节目围绕求助者的故事叙述展开。嘉宾指节目中的公益大使，他们以评论、批评、发问等方式，补充主持人的访问并且能够从局外人的角度对故事进行点评，呈现出多元化的话语和不同观点的交融。[①] 现场观众这个元素的作用在于，通过对其表情和举动的镜头记录，对叙事效果进行确认并反过来烘托现场气氛。场外观众是叙事效果的最终体现，为了进一步深化融入感，节目提供了官方网站、央视频客户端、微博、微信等互动方式，供场外观众发表观点或提供线索。

5.策划要点

(1)故事角度创新。

寻找一个对某人或某家庭而言意义非凡的人，这个人可能是至亲、恩人、知己，也可能是战友、老师、恋人。通过寻人这样一个故事切入角度，讲述一个个知恩图报、信守诺言、亲情回归、公益助人、勇敢真爱、自强不息的人生故事，让亲情、恩情、友情、爱情、师生情等正能量的情感充分表达(见图 5-1)。当 95 岁的老战士对 95 岁的救命恩人流着泪说"我们都老了"，当离家多年的儿子跪在父亲脚边发出忏悔"爸爸对不起"，当从小被拐的孩子纠结地询问"这么多年了，你怎么不找我"……所有情绪都得到了无障碍表达。

(2)节目环节创新。

"开启希望之门"环节是节目重要的创新点，也是节目最大的悬念(见图 5-2)。

节目是否找到人，求助人能否如愿，答案就在这个环节揭晓。这个环节或者模块的元素构成有：求助者、50 米长的通道、通道尽头硕大的门、矗立在大门前的手型按键、门内的人、灯光、音乐。环节运行过程：伴随着音乐和聚焦灯，求助者缓缓从访谈区通过长长的通道走到手型按键前，满怀希望和不安地注视着大门，然后郑重地将手放在按键上，大门随之缓缓打开，里面站着的是不是要找的人，答案揭晓。通过求助者面部表情、肢体动作的特写捕捉及重放，表现其内心的紧张、期待、喜悦、失望等情绪的交织。如果

---

① 宋金慧.央视《等着我》节目的叙事策略研究[D].合肥：安徽大学，2016.

图 5-1 《等着我》节目场景

图 5-2 《等着我》开启希望之门环节

找到了,大家紧紧拥抱、泪流满面,情绪得到极大释放,完美结局。如果没找到,外景主持人讲述原委,虽然令人失落,但也算是一个交代。这个环节在制造悬念的同时,也增强了节目的仪式感。

(3) 选用资深主持人。

节目一开始选用了倪萍作为主持人(见图 5-3)。倪萍与求助者的对话访谈细腻深入,特别能够抓住动人细节进行展开,有力地增强了故事的感染力。作为央视主持人的代表之一,倪萍曾在央视平台上为公众留下不少经典的电视作品,足够的经历以及历练让倪萍更加能够明白寻人者的内心情感,多年的主持能力与采访技巧让倪萍能够洞悉嘉宾内心的挣扎,对于公众而言,观看体验自然大大提升,对于节目而言,收视率、美誉度也会得到保证。

(4) 运行机制创新。

该节目突破电视圈,搭建全媒体公益寻人平台,通过媒介融合实现节目的平台化,汇集司法部门、媒体、志愿者、社会团体等社会多方力量,形成公益寻人的国家平台。以电视节目为主要展现平台,以官方网站、手机客户端为主要网络阵地,整合官方微博、微信多媒体矩阵,搭建了以电视节目、热线电话、节目网站、合作媒体为前端,公安部、民政部等国家相关部门、公益组织、主流媒体以及志愿者为主要支撑的完整寻人救助体系。通过全媒体寻人平台,节目将提供寻人信息、征集寻人线索、传播打拐防拐知识、爱心众筹及基金救助等融为一体,拓宽电视传播边界,以融媒体产品链模式实现节目社会价值

图 5-3 《等着我》主持人倪萍

及公益价值最大化。①

6. 商榷与讨论

(1) 戏剧性与人文关怀有无冲突？

节目最大的悬念是开启希望之门。制作方为了让这个悬念保留在节目录制现场，保证节目效果，不会事先告诉求助者是否找到他们想找的人。但是，不事先告知寻人结果，是否考虑了求助人的心理承受力，这涉及公益性与节目效果的取舍和平衡这个两难问题。②

(2) 戏剧性与真实性有无冲突？

为了保证节目效果，访谈环节和开启希望之门的环节，必然事先与求助者进行必要的沟通和演示，不排除对求助者存在一定的台词编排、重点提示和过程演示。业内人士存在一种担忧，这是否会影响求助者真实想法的表达？

(3) 选题的可持续性如何？

当节目做了近千选题之后，人们发现，再往后的选题和故事基本雷同了，除了不同的人物、地点和时间以外，故事脉络、情节甚至是细节都几乎一样了。节目虽然是公益节目，致力于为求助者服务，但是节目要生存，就必须要保持一定的话题新鲜度，否则收视效果较难维持。选题的突破事关节目的生存，是继续维持目前的寻人选题范围，还是拓展新的选题领域，例如到国外寻人或寻物？

主持人倪萍后因年龄原因离开节目组，舒冬、李七月接棒。两位主持人阳光开朗亲和，淡化了节目的沉重感，但是节目的收视率明显下滑，为什么会出现这种情况？

---

① 张国飞.《等着我》栏目在媒介融合背景下的创新创优探索[J].电视研究,2016(7):8-10.
② 柯赞,赵振宇.电视公益节目的传播属性——以《等着我》为例[J].新闻与写作,2017(8):106-108.

三、慈善帮扶类视听节目策划——以《欢乐送》为例

慈善帮扶类视听节目的切入点是展示社会弱势群体真实的生活状态与情感，目的在于引起社会公众对弱势群体的救助与帮扶。

1. 节目概况

2004年12月18日，湖北电视台经济频道推出一档民生新闻栏目《经视直播》。《欢乐送》是《经视直播》一档固定板块，每晚在《经视直播》播出时，主持人谈笑和节目组的工作人员会带着各式礼品（食用油、茶叶等）走街串户、敲门拜访，将礼品送给正在收看《经视直播》节目的市民。这种做法起初是为了《经视直播》的宣传推广，在运行过程中逐渐进行了定位的调整，加入了爱心帮扶内容。节目主打"爱心在行动"，讲述爱心人士和志愿者通过谈笑爱心基金奉献爱心，帮扶弱势群体的暖心故事，同时辅以"欢乐来敲门"，欢乐大使谈笑随机敲门拜访送惊喜，将欢乐带给千家万户。善举和欢乐成为节目的两个基本点，因此节目广受观众欢迎。2007年4月，备受好评的《欢乐送》从《经视直播》中独立出来，成为一档日播的公益慈善节目①。

2009年，《欢乐送》与湖北省青少年发展基金会合作，建立了湖北首个以主持人名字命名的慈善基金——谈笑爱心基金，同时，还开设了三家谈笑爱心基金慈善超市，每年为上千名困难群众提供轮椅、助听器等爱心物资，在社会爱心人士和困难群体之间搭建起帮扶的桥梁。由于慈善机制透明可信，管理严格，节目品牌美誉度也得到了极大的提升，在湖北和武汉地区节目收视率同时段均长期保持第一。《欢乐送》节目以"用有智慧的爱，成就有力量的公益"的理念，坚守着慈善公益栏目的口碑，履行着媒体的社会公益职能。

2. 节目流程

由主持人谈笑开场，介绍接下来采访的大致主题，并提出一个谜题，进入有奖竞猜环节。接着谈笑进屋采访当事人，介绍基本情况，引入其需要帮助的问题；然后连线采访第三方（通常是相关领域专家）解决问题，最后送礼品、献爱心。

接着节目会由另一位女主持人重复上述流程，采访另一家，发现问题、解决问题，送爱心，进行有针对性的帮扶。

最后节目会进入公众捐献环节，并由谈笑公布有奖竞猜谜底。

3. 节目形态

现场纪实类+访谈类。所有的节目摄制、访谈都在现场完成，具有较高的现场感和纪实性。

4. 策划要点

(1) 主题：慈善公益。

慈善公益——最重要的元素，定位语"用有智慧的爱，成就有力量的公益"，为社会困难群体带去实在的帮助和关爱。

(2) 主持人：公益节目的灵魂人物。

---

① 注：此时改名为《经视欢乐送》，但为避免误解，下文仍称其为《欢乐送》。

《欢乐送》节目的灵魂人物是主持人谈笑。谈笑是一位风趣、机敏、有爱心的主持人。十几年间,他与节目组每天奔走在城市乡村、大街小巷,为需要帮助的困难群体带去希望。观众可以在家门口,或者在家中与主持人面对面交流,这不仅拉近了主持人与观众的距离,也让观众对《欢乐送》节目更有亲切感。主持人谈笑也被称为欢乐大使,他亲切的笑容和善解人意的话语让节目摆脱了慈善公益类节目以往固有的苦情与悲情的底色。

(3)爱心观众:参与公益活动的主角。

节目的观众用户不再只是节目另一端的看客,观众用户可以通过各种方式参与到节目中来,只有这样,节目才能整合社会各方资源,最大程度上满足困难群体的需求。由于节目拥有了良好的用户基础,具有贴近性、互动性等优势,节目组在举办各类公益活动时,观众踊跃参与,甚至主动发起公益行动(见图5-4)。

图5-4 《欢乐送》观众捐款场景

(4)谈笑爱心基金:公益事业的重要保障。

随着节目影响力的快速扩大,来自各方的爱心捐款也越来越多,如何让爱心捐款和帮扶支出更加透明、更加规范、更能可持续发展呢?2009年,《欢乐送》节目和湖北省青少年发展基金会合作成立谈笑爱心基金。如果有观众或企业想要捐款,节目组都会当场开出正规收据,并在电视节目里将具体的捐款人或企业与捐款数额公开,并按规定在网站上公布基金会的财物报告、工作报告等详尽信息,同时该基金还会定期接受相关部门的严格审计(见图5-5)。

(5)慈善超市:爱心物资的聚集地。

超市里所有的物品都是来自爱心观众与企业观看节目后自发的捐赠,他们通过这个平台将自己的爱心物资捐赠给需要帮助的人。例如2018年3月举办的"送你一面镜子,还你可爱如初"特别行动,许多困难人士家里没有买过这么好的镜子,收到镜子后,大家开心得不得了,在镜子前看了又看。爱美是人的天性,"美"不仅仅是外在的形态,更重要的是内心的自信。虽然送出的只是一面镜子,但人们得到却是一份尊重、一份对未来生活的美好憧憬。

(6)融合传播:开拓爱心奉献的渠道。

公益节目是公众特别愿意参与的节目,而电视端能够参与的渠道、方式和人数有限,观众只能通过拨打热线电话的方式进行捐款或求助。2016年,《欢乐送》节目开通

谈笑爱心基金自2009年底成立至今，截至2019年4月26日的收支、余额公布：

谈笑爱心基金数据公布			
截止时间	收	支	余
2019.4.26	25536785.52	19338164.03	6198621.49

图 5-5　谈笑爱心基金数据公开截图

了官方微信公众号——谈笑第一力量，可以每天向用户群发一次信息。版面有"联系我们""志愿服务""免费观影"等内容（见图 5-6）。"联系我们"为爱心人士与困难群提供了求助与捐款的渠道；"志愿服务"链接的是谈笑爱心基金志愿者招募入口，用户在网上填写信息就能申请成为志愿者；"免费观影"板块则展示的是节目组近期的活动。

节目利用微信这一社交媒介作为线上的主阵地，实现了电视与互联网的联动，在给节目的公益传播增添新途径的同时，也让其慈善机制在阳光下运作，更加透明、权威。

2016年底，《欢乐送》节目进入斗鱼直播平台，名为"第一力量在行动"。直播内容主要为讲解当期节目拍摄的目的、拍摄地的基本情况、被采访者的相关情况以及与网友随机互动等，为节目进行预热与补充。斗鱼平台上虽然粉丝数量不算多，但忠实的粉丝不少，互动性较高。

5. 发展趋势

在中国，以慈善为主题的节目相对较少，一方面由于慈善理念尚待培育，慈善渠道机制尚不完善，可以选择的慈善题材相对较少；另一方面，由于节目影响力很难做大，持续生存存在一定的困难。但是，慈善的社会需求一直存在，近年来，不少互联网媒体纷纷搭建慈善平台，将受助者的需求和捐助者的意愿进行整合，产生了一定的社会效益。与主流视听媒体相比，商业网络媒体直接受到商业利益的驱使，容易出现虚假信息，网络中捏造事实骗取善款、亵渎爱心的事件时有发生。慈善帮扶类视听节目依托主流媒体，由电视台专业团队把关制作，公信力较有保证。所以，由传统主流媒体主推的慈善公益活动在新媒体平台的传播也较网络平台主推的慈善公益活动更有说服力，用户在选择爱心帮扶捐款捐物时也会更安心。如何将主流媒体的公信力充分发挥出来，打造值得公众信赖的、更为完善的慈善平台是值得探索的。其中，慈善帮扶类视听节目将起

图 5-6 《欢乐送》公众号截图

到应有的主推作用,同时节目也可以由此获得持续发展的空间。

你认为公益节目中的商业广告有什么合适的呈现方式?

四、调解帮扶类视听节目策划——以《金牌调解》为例

调解帮扶类视听节目的切入点是以对话协商的形式,解决家庭邻里的矛盾,潜移默化地引导和培养正确的道德观念、法治观念。调解帮扶类视听节目很多,以电视类为主,例如《金牌调解》《调解现场》《和事佬》《老娘舅》等。我们在此以江西卫视的《金牌调解》为例,来分析此类节目的策划特点。

1. 节目概况

2011年1月1日,《中华人民共和国人民调解法》正式施行,标志着人民调解工作从此全面步入法治化、规范化的发展轨道。当年3月,全国省级卫视第一档电视调解类节目——《金牌调解》栏目应运而生(见图5-7)。节目关注中国人的真实情感和现实生活,致力于调和百姓面临的棘手而复杂的矛盾问题,帮助他们走出困境。节目截至2021年8月1日,共播出3200多期,调解案例3000多个,调解成功率为90.5%。栏目组曾被司法部授予全国模范人民调解委员会称号,栏目被评为全国电视法制节目十佳

栏目,曾经是中国电视史上的现象级节目之一。

图 5-7 《金牌调解》节目现场

2. 节目形态和流程

节目形态:谈话类节目+纪实类。

作为一档原创的电视栏目,《金牌调解》设计了较为独特的电视调解模式。节目邀请一对(或多个)有矛盾的当事人进入演播室,主持人和调解员现场为当事人排忧解难,通过节目向观众呈现面对纠纷的智慧和解决矛盾的艺术,将真实事件和沟通对话方式交融,塑造了一种较新的节目模式。具体体现在以下两点。一是固定的"9+×"的调解阵容,即一名调解员、一名主持人、五位观察员、两位当事人以及若干证人。二是模式化的调解流程。先是开场环节,主持人提问和当事人讲述诉求;之后是讲述环节,当事人讲述+电视短片介绍矛盾发生的前因后果;然后是现场调解环节,观察员和调解员就当事人的具体问题提供建议和是非判断,再之后是密室调解环节(创新点);最后是现场宣读并决定是否签署调解协议环节,即当事人就是否达成和解现场表态,并签署具有一定法律效力的调解协议书。

3. 策划要点

(1)故事主题创新:家丑外扬。

中国有句古话为"家丑不可外扬"。能不能说服有矛盾的各方来到电视台演播室,把矛盾和问题公之于众,这是节目模式和内容能否实现的关键所在。节目策划人员对公众心理进行了为期几个月的大量的摸底调查和风险评估,最终认为,中国人的观念正在逐渐改变,有少部分人已经可以接受家事公开让大家进行评理调解的做法,这才成就了节目设想(见图 5-8)。

(2)人物元素中的关键:专业调解团队。

主持人、调解员和观察员共同组成了《金牌调解》的"智囊团",对于大部分案例,他们都能够通过短时间的调解,帮助当事双方化解几年甚至几十年的积怨,这是《金牌调解》的核心要素,也是其取得影响力的关键所在(见图 5-9)。团队中的观察员职业、性格、语言风格各异,但都是心理、法律等某一领域的专家,他们以高效的专业水准和丰富的人生经验,为当事人提供独到的生活见解,帮助他们找到打开心结的钥匙。调解员能够针对不同性格、家庭背景和成长经历的当事人,给出个性化的调解建议。调解语言深

图 5-8 《金牌调解》节目截图

图 5-9 《金牌调解》主持与调解团队

入浅出,调解风格理性又不乏温情,力求在宽容、理解的基础上达成和解。

(3)场景创新:密室。

节目设置了一间专门的密室,如果当事人有一些不便公开,但又和双方矛盾密切相关的内容,可以在密室中和调解员充分交流,这种场景形式保证了沟通方式的多样性和有效性,同时也显示出对求助人的私密性的尊重(见图5-10)。

(4)悬念:真实的冲突。

节目首先保证选题真实,所播出的每一个案例都是真实的,此外,节目不对调解过程进行"导演",每一次的调解结果都是不可预测、充满悬念的,也是真实的。这样,节目过程中就有了不可预测的激烈冲突、不可预测的调解结果。复杂的情感和真实的人性展示每晚都在节目中上演。

4. 商榷与讨论

(1)选题的可持续性如何?

本档节目策划为日播,每期40分钟左右,也就是每天都要有一个可以录制的故事,对选题的消耗量极大,同时节目的选题来源压力极大,节目编导曾描述过这样的情形。节目编导走基层、跑社区,在各级妇联和法院蹲点,甚至到民政局守候来离婚的夫妻,收

图 5-10 《金牌调解》密室

集了上千个案例。从这些案例中筛选出 100 个典型的、有教育意义的放到选题会上讨论。考虑到电视调解对当事人形象、表达等多方面的要求,最后确定了 10 个可录制的选题,通过编导反复沟通,最后答应来录制的只有 4 对当事人。更令人抓狂的是,在确定了录制场次之后,真正进入演播棚里进行录制的,只剩 1 对当事人……

当然,随着节目影响力的扩大,选题来源有所好转,但是,随之而来的是选题的同质化现象。每天一期,十年下来几千期,想不重样都很难。栏目也正在尝试进行选题的突破。从原来单一的家庭矛盾,放眼更广的社会范围,在公共事务领域、民生领域发声,例如物业纠纷、经济纠纷、道路交通安全等。

(2) 道德性把握与收视率的矛盾如何协调?

节目组努力在节目的道德性上严格把关——决不以当事人的出口伤人、自曝隐私、高声对骂等过激言行来博取观众的眼球,而是真诚对待每一期当事人、每一位观众,始终以"和谐"为宗旨,希望在这档充满了矛盾纠纷的节目中,观众更多看到的是人性的真善美。但是,观众是有审美疲劳的,近年收视逐渐走低,2021 同时段排名掉出前十名。

调解类节目由于选题的特点,节目矛盾性突出、隐私性突出,节目初心和出发点是以调解百姓纠纷,营造和谐社会,为公益服务,但是很容易走偏,成为收视率和流量的附庸。

曾经某市一个调解类节目,讲述了这样一个故事。一位 17 岁少女遭遇多次强奸,其母及外婆从不报警,甚至纵容强奸者反复来到家中。故事离奇程度已经够高,而节目组的解决办法,居然是在没有医学或法律证据证明孩子父系是谁的情况下,找到强奸者要求其支付三个孩子的抚养费用,而并没有诉诸法律,保护当事人的合法权益。这样的做法引起了公众的强烈不满,认为节目是为吸引眼球、博收视率,是在公益调解的外衣下将离奇的案例公之于众,并没有产生任何良好的导向作用。随后,当地广播影视管理局对栏目做出严肃处理。处理文件称,栏目选择离奇个案,内容刺激猎奇,过度展示畸形与丑恶,造成恶劣的社会影响,责令栏目停播。

调解帮扶类视听节目,重点不应是展示生活矛盾或生活苦难,而是解决生活矛盾,为老百姓排忧解难,要明确自身的公益导向、价值导向,做到不忘初心,坚守道德标准,不以贩卖普通人生活悲剧的方式博取流量。

《金牌调解》收视率不如当年,原因有哪些?

五、公益类视听节目策划小结

公益类视听节目有自身独特的魅力,要努力彰显温暖、善良、宽容、感恩等人性的光辉、道德的力量以及正能量。公益类视听节目需要展示艰辛、矛盾,更要体现阳光、希望;需要展示苦难,但不能消费苦难;需要讲述道理,但不能道德绑架;需要充满感情,但不能过度煽情。

1. 选题同质化与可持续性

公益类视听节目主题相对单一,经过十几年的运行,题材同类化与内容同质化的现象不可避免,对用户注意力的吸引就会呈下降趋势。作为议程设置者的媒体,它们对公众所产生的直接影响力,恰恰是通过关注和报道的领域与事件对公众的吸引力来实现的。突破选题的单一性和题材的同质化,保持一定的新颖性、新鲜感,是公益节目能持续下去的关键点之一。

2. 公益内容与表现形式娱乐化的协调

为了追求更好的节目效果,娱乐化的内容与环节也成了公益节目里的"常客"。公益性是公益类视听节目不同于其他节目的特色,如果不紧紧抓住节目公益性的特征,不深入挖掘其内涵,最终节目的整体质量也会受到影响。例如,有一期公益节目,其内容主要为试管婴儿助孕活动。在节目中,求助者说了一句"我老公跟我的前夫,两个人一个天一个地",于是当天的节目微信推文就将这句话制作成标题:"二婚女人的亲身经历:现任老公跟前夫,两人一个天一个地",笔者后来了解到,当天该条微信文章阅读量比平时高出很多。此文章如此受"欢迎",不可否认的是,该标题实质上是通过"二婚""前夫""亲身经历"等带有刺激性的关键词抓住受众猎奇的心理,吸引受众关注。公益不等于苦情,娱乐不等于欢乐。如何让观众在欢笑的同时有所思考与触动,是公益节目特别需要掌握的突破点。

公益类视听节目大多为救助、帮扶、公益活动等主题,主要内容是弱势群体和他们的生活,不幸中一定有故事,关键是怎么讲述这个故事,以及选取的点和讲述的基调。为了迎合受众,提升节目收视率、点击率,节目组往往会寻求强烈的冲突与感官的刺激。节目里也常会出现求助者泪流满面、情绪激动,发生言语冲突甚至行为冲突等场景。公益类视听节目可以加入娱乐化的元素来丰富节目的形式,但不能因此抛弃人文关怀的宗旨。① 节目可以在困苦中体现人性的良知与伟大,实现人类共同体的价值建构。大众媒体聚焦于现实生活中普通人的真实情感,拔高立意、升华主题,推动了价值观念的共同体情感建构。

---

① 邓婧. 慈善公益类节目融合发展策略研究[D]. 武汉:中南财经政法大学,2019.

3. 公益性与商业性的对立统一

公益类视听节目是社会效益与经济效益矛盾最突出的一类节目。为了维持公益类视听节目生存,适当的广告和商业运营无可厚非。然而,公益类视听节目不同于其他类型的节目,其本身所特有的公益属性与媒体运营的商业属性本就存在着一定的矛盾,如果处理不当,容易遭到观众的质疑。例如,在《欢乐送》节目结尾时有一个环节,主持人会为受助者送上一些礼物,并简单介绍商品的用途,但这些商品不一定都是受助者当下最需要的生活必需品,而且大多时候与节目的主题内容并无联系。这样的广告表现形式,是否会影响节目的声誉,当时是策划人员担心的一个问题。事实证明,由于节目前期做了大量的真诚的公益行动,这个带有广告性质的礼品环节也能够为公众理解并接受。新兴网络媒体对受众群体的精准定位与分析,可以为视听类节目提供盈利模式的创新突破,通过对受众的需求与心理变化的科学分析与掌握,节目制作团队可以利用社群建设、互动社交等创新方式实现推广营销的目标效果。

4. 与公众的互动性

公益类视听节目所帮扶的范围与形式局限于某一人、某一地域或某一期节目,很多时候没有进行后续的跟进,特别是没有将公众有效引流进来。而恰恰线下的公众是有着巨大帮扶力量的群体,他们既可以筹集爱心物资,又可以亲自参与到公益帮扶中来,从而形成一种长效的、可持续的发展机制。而公益类视听节目之所以公益传播没有达到理想效果,很大程度上就是没有形成一个有效的互动传播平台,没有将公众的积极性充分调动起来并以此最大程度地激发各界公众的公益热情。公益类视听节目要通过搭建一个全媒体公益平台,将公益明星、志愿者,甚至各个阶层广大热心公益的公众都聚合起来,形成强大的公益支撑力量。

5. 现代公益理念的深化

现代公益理念超越了强调施舍恩赐的传统公益理念,其强调的是基于"互助、博爱、共享、进步"的一种行动力,这种行动力不仅仅包含捐款、捐物、帮扶等传统形式,更加强调公益实施过程的参与行动,强调这个过程中的人文关怀。通过募集物资、募集资金来倡导公众参与到公益项目中来,这种方式虽然切实帮助了受助者,实现了较富有阶层和较贫困阶层的良性互动,但其重点是物质和金钱的向下流动,对爱心奉献者和接受者都还没有给予"互助、博爱、共享、进步"精神层面的关照,整个过程中人文情怀的缺失,不利于现代公益理念的传播。大众媒体特别是现在的融合媒体,扮演着公共精神与公益文化传播者的重要角色,要以全社会共享的公益价值、公益目标和公共利益为其自身的价值诉求,培养公众的公益理念和公共情感,增强社会的凝聚力和向心力,以使公众的生活更美好、更幸福。

讨论

1. 如果将公益类视听节目作为主题,还可以加入哪些内容?(提示:如公益+法制,公益+扶贫,公益+……)
2. 公益类视听节目可持续性如何?
3. 公益类视听节目如何做到不忘初心?

第六章　娱乐节目策划

　　《天天向上》是一档由湖南卫视打造的文化公益脱口秀节目,节目以中华礼仪文化和倡导社会公德为主旨,通过节目主持人和嘉宾的访谈互动以及职业展示,来讲述礼仪之邦中的精髓文化,是一档集娱乐、礼仪、知识于一身的节目。

　　《辞海》中对"娱乐"的定义为"娱怀取乐,欢乐"①。娱乐,是人类追求身心快乐的天性,也是人生追求的目标之一。从传播学意义上说,人与人的交往产生了传播,除了沟通交流信息外,就是希望获得快乐,所以娱乐是传播的基本功能之一。在当今人类交流日益碎片化,个人生活越来越单一化,生存竞争压力越来越大,大部分人被卷入激烈竞争的"后现代"社会漩涡的时代背景下,想减缓匆匆而行的步伐,放松一下疲惫的身心,重获失去已久的快乐,已成为人生的奢望。此种情境下,快乐是视听媒介馈赠给人类的美好礼物。

一、娱乐节目特征与类型

1. 界定

　　我们先看看各方给娱乐视听节目的定义:"电视娱乐节目是指那些以娱乐消遣为目的,包括演播现场、游戏……内容的电视节目"②;"通过一定的中介形式和大众的参与,

---

① 辞海编辑委员会.辞海[M].上海:上海辞书出版社,1999:2074.
② 蔡凯如,黄勇贤,等.穿越视听时空:广播电视传播论[M].北京:新华出版社,2003:197.

在相互交流中形成一种娱乐氛围的节目形态"①;"除了新闻类节目和生活服务类节目之外的电视节目"②;"广播电视文艺性节目,或称娱乐性节目……,凡是利用广播电视媒介传播的文艺节目,或是利用广播电视塑造艺术形象来反映社会生活的广播电视节目,都可归为此类"③;"电视娱乐节目是指通过电视这一特定的媒介传播的,大众广泛参与的,以娱乐性、观赏性和趣味性为主要特点的电视节目"④;"所谓电视娱乐节目形态,是指由电视台或其他电视节目制作机构制作的,借助于电子和数字技术手段,运用声光效果、时空转换和视觉造型等独特的电视表现手法,广泛融合音乐、舞蹈、戏剧、戏曲、小品、曲艺、杂技、游戏、竞赛、竞猜和资讯等艺术或非艺术形式为一整体,用以满足广大观众多方面的艺术审美与休闲娱乐需求的电视节目形态"⑤。

由此,我们可以归纳出娱乐节目定义的一些共同点。

(1)娱乐节目的本质是传递快乐。

"娱乐就是获得一种感情上和思想上的快感"⑥。人类需要娱乐,就犹如需要空气和水一样。从生理意义上讲,人类通过娱乐可以得到身心压力的释放,获得精神的欢愉,促使个人积极地面对生活。从哲学意义上讲,快乐是人类追求意志自由和精神解放的终极目的。娱乐节目不仅从感官上给受众带来身心快感,而且从精神层面让受众感受和体验获得自由的快乐。因此娱乐节目给人带来的快乐是感官的快乐和精神的快乐的统一。

(2)娱乐节目具有多样性。

娱乐节目的多样性表现在两个方面。一个是节目形式的多样性。有学者认为娱乐节目"包括演播现场、游戏、竞赛、文艺表演、轻松话题的谈话等"⑦。有学者将娱乐节目分为综艺表演类、游戏娱乐类、娱乐谈话类、益智竞技类、娱乐资讯类、真人秀类等。⑧ 而有人将电视娱乐节目分为十八个大类。⑨ 形式多样性体现出的是人类对娱乐的不同形式、不同层次、不同感官的多元需求。正是人类对于娱乐需求的多样性为娱乐节目的创新创造提供了无限的空间和想象。这也是现在娱乐节目层出不穷、推陈出新、百花齐放的原动力。另一个是表现手法的多样性。如"运用多种电视艺术手段,主要是将歌舞、音乐、舞蹈、杂技、戏曲、曲艺、新闻人物或事件等综合编排"⑩;"运用声光效果、时空转换和视觉造型等独特的电视表现手法,广泛融合音乐、舞蹈、戏剧、戏曲、小品、曲艺、杂技、游戏、竞赛、竞猜和资讯等艺术或非艺术形式为一整体"⑪。有学者认为,21世纪是娱乐的世纪。"我们更勤奋地工作,就是为了更好地娱乐,或者干脆说,工作本身就是

---

① 朱羽君,殷乐.减压阀:电视娱乐节目——电视节目形态研究之一[J].现代传播,2001(1):92-96.
② 韩青,郑蔚.电视娱乐节目新论[M].北京:中国广播电视出版社,2005:2.
③ 宫承波.广播电视概论[M].3版.北京:中国广播影视出版社,2015:250.
④ 谭天.电视节目策划实务[M].广州:暨南大学出版社,2017:59.
⑤ 孙宝国.中国电视娱乐节目形态学[M].北京:新华出版社,2009:11.
⑥ 闫玉.中国广播电视学[M].北京:中国广播电视出版社,1990:228.
⑦ 蔡凯如,黄勇贤,等.穿越视听时空:广播电视传播论[M].北京:新华出版社,2003:197.
⑧ 项仲平.电视节目策划教程.[M].北京:北京大学出版社,2015:156-158.
⑨ 孙宝国.中国电视娱乐节目形态学[M].北京:新华出版社,2009:目录-分论篇2-4.
⑩ 胡智锋.电视节目策划学[M].上海:复旦大学出版社,2006:93.
⑪ 孙宝国.中国电视娱乐节目形态学[M].北京:新华出版社,2009:11.

娱乐。"①在这个一切都是娱乐的年代里,任何一种视听表现,无论是庸俗的还是高雅的、感官的还是精神的、外在的还是涵化的,都可以"为娱所用"。

(3)娱乐节目的传播渠道不仅是电视媒介。

在网络媒介还处于发展期的21世纪初,由于没有成熟的娱乐样式或节目出现,大家对网络娱乐节目关注较少。2015年以后,以互联网和社交平台为代表的新兴媒介在媒介领地中占据越来越大的份额,直至现在的电视娱乐和网综娱乐"平分秋色"。如果现在谈娱乐节目的传播渠道,必须考虑的就是网络媒介。

综上,我们认为,娱乐节目是指通过现代电子媒介传播,综合运用视听表现手段和形式,以愉悦观众为目的的非剧情类视听节目。

2. 娱乐节目的特征

所谓特征,是指代表事物区别于其他事物的表征,是事物本质属性的外在表现。娱乐节目有以下特征。

(1)娱乐性。

娱乐性是娱乐节目的首要属性。娱乐节目的目的是给观众带来快乐和愉悦——娱乐节目的人物动作和对话设计是为了调动情绪、引爆笑点,场景设计是为了突出节目中的娱乐氛围。当然,娱乐并不是一味的"搞笑",或者说"搞笑"不是娱乐的全部。有学者指出,"搞笑"既不是最主流的电视娱乐节目形式,更不是唯一的电视娱乐节目形式。②有学者将美感分为三个层次:第一层次是悦耳悦目,第二层次是悦心悦意,第三层次是悦志悦神。③ 肩负社会责任的传播媒介,不仅要向文化消费者提供令人兴奋的娱乐节目,而且要在满足消费者表层娱乐需求的基础上,引导社会审美意识的提升。

(2)大众性。

娱乐节目的大众性是从其的文化属性来看的。娱乐节目的大众性表现在以下两方面。一是节目内容的大众化。所有的娱乐节目不论具体呈现形式如何,一定是以最通俗的内容、最简单的方法去制造最直接的快乐。节目内容通俗易懂,人物语言风趣幽默,游戏设计紧张刺激,没有晦涩的对白,没有刻板的说教,节目带来的只有放松身心的快乐。二是接受对象的大众化。娱乐节目是面向全体大众的。娱乐节目的接受对象是实实在在的大众而不是小众。资料显示(见表6-1),与其他类型节目相比,娱乐节目的收视率始终位于前列。

表6-1 2019年全国市场不同性别和年龄观众对各类节目的收视比重(%)④

节目类型	性别		年龄						
	男	女	4~14岁	15~24岁	25~34岁	35~44岁	45~54岁	55~64岁	65岁及以上
财经	0.8	0.7	0.3	0.5	0.6	0.8	0.8	0.8	0.8
电影	5.3	4.0	5.6	5.4	4.9	7.4	5.9	3.6	2.7

---

① 孙宝国.中国电视娱乐节目形态学[M].北京:新华出版社,2009:11.
② 项仲平.电视节目策划教程[M].北京:北京大学出版社,2015:154.
③ 孙宝国.中国电视娱乐节目形态学[M].北京:新华出版社,2009:6.
④ 丁迈.中国电视收视年鉴2020[M].北京:中国传媒大学出版社,2020:49.

续表

节目类型	性别		年龄						
	男	女	4~14岁	15~24岁	25~34岁	35~44岁	45~54岁	55~64岁	65岁及以上
生活服务	6.3	7.0	5.6	6.6	6.8	6.3	6.5	6.9	6.9
新闻/时事	14.3	12.2	7.5	12.1	11.2	11.5	12.7	14.2	16.6
综艺	10.5	11.7	10.0	13.5	11.5	12.0	11.1	10.9	10.4

(3)综合性。

以电视、网络为代表的视听媒介本身就是一个综合性很强的传播媒介。就符号来看,它综合了文字、图片、声音和视频。就表现形式来看,它综合了文学、表演、美术、舞蹈、绘画、音乐和戏剧。就话语形态来看,它综合了意识形态、政治、哲学、大众文化、后现代思潮等。以往在电视剧、纪录片、新闻报道中应用的叙事结构、话语表达、表现手段、符号呈现等,都在娱乐节目追求快乐的过程中得以解构、重构、再生。

以字幕为例。传统字幕表现形式仅在于字体、字色、出字方式的变化,字幕和画面是"1+1"的关系,字幕从属于画面,是画面的附庸。但是在娱乐节目中,字幕跳出了这种传统附庸关系,创造了飞字这种全新的表现手段。通过飞字,字幕不仅涵盖了传统的功能,而且本身也成为一种娱乐元素。在《你好生活》第三季第3期(2021-08-19 CCTV-3)"稻田插秧"这一段中,撒贝宁和尼格买提在田中边插秧边斗嘴,他们之间的幽默对话在屏幕上以不同形式的飞字呈现,大大强化了对话的娱乐性。与此同时,毛不易在田边的伴唱又以传统字幕的形式出现,传统字幕与飞字之间产生一种奇妙的反差和对立,这种反差和对立不仅没有违和感,反而在反差和对立中显露了一种娱乐的张力。字幕和画面形成了"1+1>2"的关系。在"稻田插秧"这一段节目中,元素符号做到了传统与现代的综合,严肃与幽默的综合,动态(对话)与静态(飞字)的综合,反差与对立的综合。综合创造娱乐。我们以此为例来说明,娱乐节目的综合性不是简单表现手段的综合,而是创造性的综合。在综合中打破传统的表现手段的规律和定势,创造出全新的手段和方式,全新的手段和方式又通过节目的综合创造快乐。这就是娱乐节目的精髓。

(4)互动性。

互动又叫反馈。传播学里"反馈"是一个非常重要的概念。说它重要,是因为传播过程中如果没有反馈,就是单向的、不平衡的、没有持续性的一次性活动。娱乐节目是一种快乐的传播,没有了互动和反馈,这种传播就没有持久的生命力。人类对快乐的获取是一个天然双向交流过程。一方面,自己从他人处得到快乐;另一方面,自己只有与他人分享快乐才能更快乐(见图6-1)。

在这个不断往复交替的反馈过程中,快乐被不断生产、消费、再生产。如果说快乐是娱乐节目的"灵魂",那么互动就是该"灵魂"的容器。

娱乐节目的互动方式主要包括以下几种。

一是现场互动。现场互动是最常见的互动方式,主要表现为观众在节目现场台上或者在台下参与主持人和嘉宾发起的游戏或者活动,或者在节目过程中,现场观众为嘉宾的行为呐喊打Call。

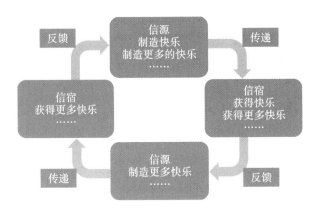

图 6-1　娱乐节目互动模式图

二是线上互动。在智能手机、二维码等数字技术和设备普及的时代,不在场的观众可以充分利用这些技术手段参与到节目的互动中来。例如,竞赛类节目中非常流行的票决 PK,"两微一端"(微博、微信、客户端)网络讨论,网综节目的弹幕发送。

三是综合互动,即线上和线下的同时互动。在节目现场,现场观众参与到节目中来,成为节目的一部分;在场外,收视观众通过各种平台、网络参与节目。例如,在 2020 年浙江卫视的跨年晚会上,主持人带领嘉宾分成不同阵营进行才艺对抗。在整个节目过程中,场外观众通过网络平台进行线上 PK。场内嘉宾、主持、观众不断进行互动交流,同时,主持人还与场外的互联网观众实时互动,分享场内的动态。

3. 娱乐节目类型

有学者将娱乐节目分为综艺类娱乐节目、音乐类娱乐节目、资讯类娱乐节目、谈话类娱乐节目、游戏类娱乐节目,其中游戏类娱乐节目又分为益智类游戏节目、生存类游戏节目、交友类游戏节目、生活体验类游戏节目等。① 有学者按照播出方式、是否以固定栏目呈现以及节目要素,将节目分为直播和录播节目、固定节目和非固定节目、综艺节目、游戏娱乐节目、谈话娱乐节目、益智竞技类节目、娱乐资讯节目和真人秀节目。② 还有学者按照"节目模式—模块与环节—元素符号"理论框架,将娱乐节目分为纪录片、谈话节目、现场直播、电视剧、真人秀和动画六大类。③

本书认为,节目形态是节目元素有机组合形成的。我们按照节目元素的组合形式,将视听节目分为直播类、纪实类、真人秀、戏剧类(虚构)、动漫类、谈话类和竞赛类七种基本形态。节目类型是在节目形态基础上演变而来的表现形式。这些基本节目形态本身就是一种节目类型。但是节目类型不是仅有这几种形态,当节目形态内部的元素、模块发生变化时,就会产生新的形态。

对于娱乐节目分类而言,不管是从元素角度还是模块角度,归根结底都是在视听媒介上呈现给观众的某种表现形式。因此从节目的表现形式进行分类更符合一般受众对娱乐节目的直观感受。我们把娱乐节目大致分为综艺类、游戏类、谈话类、选秀类、相亲类、资讯类和真人秀七类。每类节目都可以依据不同的主题、场地、内容,分为更多

---

① 蔡凯如,黄勇贤,等.穿越视听时空:广播电视传播论[M].北京:新华出版社,2003:197-210.
② 项仲平.电视节目策划教程[M].北京:北京大学出版社,2015:155-158.
③ 谭天.电视节目策划实务[M].广州:暨南大学出版社,2017:59.

小类。

◇ 提示：娱乐节目的核心在于创新，将来必然会出现更多的跨界或混搭节目。

二、娱乐节目策划原则与要点

娱乐节目是所有视听节目类型中变化最快、创新最多、最具活力的节目。学习娱乐节目的策划的方法之一就是从现有娱乐节目中去探索、总结、归纳其创新思路和创新方式。

1. 娱乐节目策划原则

（1）创新性。

创新性是娱乐节目的"灵魂"。据不完全统计，2019年全国性视综娱乐和网综娱乐节目加起来超过400档。想象一下，一档节目要在如此众多的节目中脱颖而出，要靠什么？答案就是创新，创新才能体现出节目亮点，创新才能展现节目个性，创新才能吸引观众注意力。

娱乐节目的创新方式有两种：一种是渐进式创新，另一种是颠覆性创新。渐进式创新是在对引进节目进行消化、吸收的基础上，结合自身特点、优势进行二次开发创新。从中国娱乐节目发展轨迹看，娱乐节目发展的时间还不长，如果以20世纪90年代末开播的《快乐大本营》《欢乐总动员》为代表的娱乐节目算起，到现在不过二三十年。在其发展初期，引进、吸收国外优秀娱乐节目模式和经验，再融合中国本土特色进行渐进式创新是中国娱乐节目策划的一个必经阶段。文化总是在交流共建中发展、成熟起来的。汲取国外节目的成功经验，才能快速提升本土娱乐节目的质量，这是创新的捷径。颠覆性创新是一种更高层次的创新，是一种原始创新。要想实现颠覆式创新，不仅要求深厚的理论与实践积累，更要有筚路蓝缕的勇气和决心。中央电视台的《中国好歌曲》一反传统歌唱竞技和歌曲选秀的节目模式，在策划中大胆将中国化的原创歌曲作为节目主题，通过评委打磨、观众票选，推出一批优秀的原创中国音乐，实现"民族的也是世界的"这一目标。这个节目不仅在国内受到观众好评，而且成为中国第一档版权输出的电视娱乐节目。

（2）娱乐性。

娱乐性是娱乐节目策划的出发点和落脚点。长期以来，受传统"寓教于乐"宣传观念的影响，凡是在大众媒介尤其是广播电视上制作播出的娱乐节目，必须强调思想性、价值观。其后果是娱乐节目成了教育节目的从属，越来越脱离观众欣赏趣味。娱乐节目策划的宗旨就是让娱乐回归其本质——将快乐带给公众。在坚持社会道德底线和价值观的前提下，弱化教化意味，增强娱乐效果。策划过程中，从节目旨趣、情节设计、内容构建到人物形象、语言表达、肢体动作、流程安排都要服从和服务于"制造快乐"这一根本宗旨。例如《奔跑吧兄弟》在节目中设计"撕名牌"这一游戏环节，游戏主角在撕与被撕的角力中展现出的斗智斗勇和风趣的形体动作给观众带来前所未有的快乐体验。

（3）导向性。

导向性是媒介的社会责任。作为社会精神文明引导者的大众媒介，要始终牢记初心和使命，在节目策划中自觉地将价值导向、思想导向融入节目之中。娱乐节目策划要正确处理好导向和娱乐的关系。只讲娱乐不讲导向，必然滑向庸俗。曾经在一些相亲类节目中出现所谓"宝马女""豹子哥"等,在节目中宣扬拜金爱情观,不仅其个人受到社会公众的谴责,其节目也受到行政管理机构的处罚,乃至停播。但是过于强调导向,会使节目沦为生硬的说教,令人兴趣索然。在娱乐节目策划中,导向应该以多种方式、不着痕迹地融入节目之中。如深圳卫视的《周六问爸爸》以"花式出题+家庭问答"方式向观众呈现专业的美育知识,传递中国家庭的文化自信。《快乐大本营》《奔跑吧兄弟3》《极限挑战5》等都将"扶贫""环保""一带一路"等宏大主题融入其中,得到观众认可。①

2. 娱乐节目策划要点

就娱乐节目策划而言,在策划过程中必须考虑如下因素。

(1) 节目定位。

节目定位是指节目策划者对节目的思想内容、目标用户、节目样式、制作风格等的确定。定位是娱乐节目策划的出发点和基石。后续的规划都是在定位的基础上拓展延伸。娱乐节目定位可分为用户定位、形式定位、风格定位、人物定位等。定位须在详尽周密的调查研究基础上经过科学认证分析来确定。影响定位的因素包括用户偏好、接受习惯、年龄特点、心理特性、节目竞争、媒介环境、管理规制、社会道德等。

定位要求一是"准",即定位要准,如用户定位要准确抓住娱乐节目的目标用户。《快乐大本营》的成功就在于策划者准确抓住青少年受众热于追星,而又酷爱游戏的心理特点,把"明星+游戏"作为节目主题,很快就吸引住广大青少年观众。《桃花朵朵开》在众多相亲节目中,避开俊男靓女的窠臼,将目光瞄准需要感情温暖的中老年人,很快在中老年受众中打开市场。人设定位也要准。娱乐节目的主持人和嘉宾是节目成功的重要因素。在策划中,要重点考虑出场人物和节目的匹配度。通过节目塑造人物形象,通过人物提升节目效果,为节目代言。

定位要求二是"新"。所谓"新",就是对节目形式、风格、内容的定位要有独到之处,实现"人无我有,人有我优,人优我特"。例如《奔跑吧兄弟3》《极限挑战5》,一改过去的片面追求"运动游戏"的套路,通过设定一些特殊规则,加强了悬念和冲突,在不断变化的悬念和不经意的冲突中,将节目拉入到影视剧般的情节之中,让悬念和冲突产生互动反应,大大提升了观众的沉浸感和代入感,从而产生出"共情式体验"。

(2) 表现形式。

娱乐节目的表现形式是指娱乐节目在视听媒体上呈现出的样态。我们通常讲的相亲节目、游戏节目、真人秀节目等都是针对形式而言的。好的表现形式,犹如精美食物的外表色泽,未尝其味,先观其色。

表现形式的策划路径有三种。一是本土嫁接式创新。通过引进国外的成熟节目模式进行本土化改造,使之适应观众欣赏习惯。例如《王牌碟中谍》借鉴了英国益智竞技类节目《扑克脸》(英文:Poker Face),在节目中加入了游戏、赢取奖品的环节,就比较符合中国观众既想看到高手对决,又希望赢家能够获得丰厚回报的传统观赛意识,节目由此获得成功。二是渐进式创新。在节目发展到一定阶段后,对节目中的细节、环节、规则进行创新,创新后既保持节目的形式的一贯性,又融入新的元素,呈现出既统一又新颖的形态。比如前述的《奔跑吧兄弟》,既继承了韩国节目《跑男》(英文名:Running

---

① 丁迈.中国电视收视年鉴2020[M].北京:中国传媒大学出版社,2020:136.

Man)的形式,又在环节设计上加以创新,强化的剧情元素和悬念冲突,使节目呈现出既熟悉又新颖的面貌。三是原始创新。这种形式的创新需要大胆突破传统思维、模式的束缚,是最高层次的创新。如美国真人秀节目《幸存者》(英文:Survivor),将两队人马置于荒岛之上,通过游戏规则的设定和无干预的摄影向观众展示人与自然、人与人之间的对立与冲突、竞争与合作,将人性中的善、恶、美、丑毫无遮拦地展示出来。这种形式创新满足观众内心深处的好奇心和窥视欲,成为世界电视生存类节目的范本。

(3)构成元素。

娱乐节目的元素是构成娱乐节目形态的不可缺少的最小单位。从表现形式看,娱乐节目元素可分为显性元素和隐性元素。显性元素又称外在元素,包括视觉、听觉、时间、空间、科技、环境、人物、规则等。隐性元素又叫内涵元素,包括经济、社会、文化、政治、价值、道德、导向、情感等。构成娱乐节目的元素主要是显性元素,也包括价值、情感等隐性元素。

元素在娱乐节目中的作用表现在以下两点。

第一,元素的选择与打磨决定节目的呈现效果。元素打磨越精致,越能凸显细节的张力。例如感情是娱乐节目不太好把握的内容,甚至有人认为,娱乐节目是为了制造快乐,如果加入情感,快乐的体验就降低了。《快乐大本营》反其道而行之。在一期节目中邀请小品演员潘长江作为游戏嘉宾。在节目过程中,潘长江谈到他现在最想见的是分别许久的好友时,现场音乐突然停止,灯光暗下来,从舞台后面走出一个人,这个人来到他面前,灯光亮起,潘长江顿时呆住了,这个人就是他刚才念叨的昔日好友,他的眼泪瞬时夺眶而出,两人紧紧拥抱在一起。全场响起热烈的掌声,在场不少观众眼角也湿润了。通过这一细节设计,友情带来的幸福体验洋溢在整个演播厅,不仅没有冲淡《快乐大本营》的娱乐味道,反而让观众在获得快乐的同时经历了一次美好的情感体验。作为显性元素的视觉、听觉、科技、规则等更是对整个节目效果起着直接作用。例如《国家宝藏》,运用音乐剧、舞剧、民族器乐剧等艺术手段,展示了国家博物馆的文物。在第二季第一期中,节目选取故宫博物院的三大国宝:样式雷建筑烫样、李白草书《上阳台帖》、金瓯永固杯。通过"前世传奇"演绎者和"今生故事"讲述者让国宝"活"起来。国宝守护者王菲作为样式雷建筑烫样的演绎者,化身《大公报》记者,进入故宫展示模型,通过故宫讲解员介绍"天地一家春"等烫样展示古代建筑人的聪明才智,同时展现圆明园等不复存在建筑的风采。节目通过技术手段在演播厅仿真模拟展示文物,使观众在视觉、听觉中感受文物古典气息。只有精心设计和打磨,整个节目才会呈现出非同一般的面貌。

第二,元素的变化组合实现节目的创新。娱乐节目发展到今天,日益呈现类型化、模式化。要想在众多节目中突出个性,实现创新,重要的方式就是运用好元素的组合搭配。正如鲁迅先生所说,"我常常把北平的李四,上海的张三合起来用,无锡的头,绍兴的身,杭州的脚,各方面挑选汇合起来写"[①]。节目创新也是同样的道理。比如同样是冲关游戏节目,规则、环节、环境差不多,大部分节目将时间安排在夏季,地点放在水上乐园中进行,浙江卫视的《冲关我最棒》在策划时对时间、地点元素进行重新思考,针对夏季和冬季设计两套不同的游戏,保证了节目的持续性和新鲜性;而湖南卫视的《全家一起上》在策划时对任务元素做了差异化处理,将传统的个人挑战模式改为家庭挑战,

---

① 鲁迅.鲁迅的声音——鲁迅讲演全集[M].傅国涌,编.珠海:珠海出版社,2007:202.

展现家庭团队合作的能力,别具一格。中央电视台的《你好生活》第三季将价值、情感等隐性元素与视觉、听觉元素等显性因素巧妙搭配,既让观众看到画面开怀一笑,又通过明星们的亲身劳动传递社会正能量。

(4)流程设计。

娱乐节目的流程设计是对节目中的游戏、活动、故事环节等节目内容的顺序安排。归纳起来,流程设计可分为模块设计、情节设计、综合模块与情节的混合设计。一般来说,综艺类节目比较适合模块设计,例如《中国好声音》通过学员展示、导师盲选、学员抉择、导师分班、导师考核、最终 PK 模式评选出"年度好声音",形成模块式节目。户外真人秀节目适合情节设计,如《极限挑战》中给每个团队设定一个终极目标,在到达终极目标的过程中又不断设定一个又一个小任务,任务与任务之间的衔接形成悬念和挑战,完成目标的过程犹如一部剧情大片。

三、求职类节目策划分析——以《非你莫属》为例

涉及人力资源的节目被称为求职类节目,一般是"真人秀+访谈"的形式,兼具职场性和娱乐性。求职者在节目中展示个人素养、职业技能、语言表达等各方面的素质,企业代表对求职者做出淘汰或者给予机会的选择。

1. 节目概况

《非你莫属》于 2010 年 10 月 30 日在天津卫视开播,每周日 21:21、周一 22:05 播出。每期十二名企业高管组成波士团现场招聘,对应聘者进行犀利的评判和严格的挑选。节目时长 90 分钟,由天视卫星公司制作(见图 6-2)。在线播放平台有 360 影视、暴风、爱奇艺和优酷。2017 年,《非你莫属》荣获"播放最多期的电视求职真人秀"吉尼斯世界纪录。

图 6-2 《非你莫属》场景图

2. 节目定位

每一期节目中都会有三到四位真实应聘者来到现场,十二位企业高管对求职者进行考察和选择。同时,节目中还有两位资深的人力资源管理人员和心理专家,根据不同应聘者的能力给予中肯的就业意见。主持人根据现场气氛,会对高管进行调侃,引发欢笑,适当调节节目的氛围,避免应聘者因求职失败造成场面尴尬,将实用性和娱乐性有

机结合。

3. 创意要点

(1) 冲突性。

由于节目本身属于真人秀,舞台上发生的状况并没有预先设置,完全是主持人、波士团、职场专家、求职者进行的现场交流,在何时会引起冲突或者争论,完全无法预料。甚至波士团成员会为了争夺优秀求职者而上演口舌之战。节目中出现的冲突会推动故事的发展,让节目跌宕起伏。

(2) 服务性。

节目保持娱乐性元素的同时,兼顾了职场话题、职场人物、职场人生等元素。相比其他的求职类节目,《非你莫属》具有较高的真实性和功能性,严格意义上,它不仅是一个综艺节目,而且是一个社会服务类节目。

(3) 职场技能。

求职类节目的立足点在于职场技能、职场理念与职场规范的深层含义,如职场规范遇上不同国家的文化差异时应如何应对;不同行业的职场理念融合在一起,是否能够让人们合作等。求职者和波士团从不同角度来表达一些观点,这种观点是对他们的过往经历和经验的总结,这也是宝贵的人生阅历的分享。

(4) 传统文化。

此类节目深入挖掘本土价值,加入中华传统文化元素,创造节目独特的知识内涵与文化魅力,营造相对真实、健康的中国职场文化。

4. 内容设计

节目主要由"自我介绍""天生我有才""别对我说谎""谈钱不伤感情"四个环节组成,除此之外还有求职者在进入舞台招聘前和求职后的场外采访。

在节目中,主持人率先开场,介绍场上的高管(波士团)和专家,对节目流程进行简单讲解,随后开始第一环节"自我介绍",也就是展示求职者的第一印象。其中对学历、求职意愿、工作经历等都要有简要介绍,求职者的现场发挥、表达、外貌特征、穿着装扮等都成为现场波士团的评判和考核内容。在对求职者第一轮表现留有印象后,波士团若对应聘者有兴趣,则亮灯,若没有兴趣,则灭灯。

之后进入"天生我有才"环节,求职者进一步展示才能。求职者选择自己比较擅长的领域在舞台进行自我展示,期望能够让波士团对求职者的个人能力有更深入的了解。展示完成后,波士团会对求职者进行逐一点评和分析,同时通过灭灯或亮灯的方式来决定求职者的去留。

若场上还有灯亮,求职者则进入第三环节"别对我说谎",若灯全部熄灭,求职者则遗憾离场。若求职者顺利进入最后环节,也意味着自己拥有了选择波士团成员的权利。最后时刻,波士团为求职团提供岗位和薪水,求职者们说出自己的薪水待遇要求,若波士团成员认为薪水符合要求,则双方达成意愿。

近几年,《非你莫属》新加入了一个环节——"了不起的手艺人",手艺人会带着自己制作的传统的工艺品或者艺术品上台,向场上的波士团成员进行展示并拍卖。

5. 人物设计

一位主持人,十二位企业高管,两位资深人力资源管理专家和心理专家,五位求职者。

6. 基本流程

这里以 2020-08-02 期为例说明《非你莫属》节目基本流程(见表 6-2)。

表 6-2 《非你莫属》节目基本流程

时间	内容	画面	背景音乐
00:00:00—00:00:41	主持人涂磊开场	主持人涂磊说开场白	开场音乐、人物原声
00:00:42—00:09:10	主持人邀请第一位求职者入场	第一位求职者入场,是一位毕业于湖北大学历史专业的女生。她进行自我介绍	人物原声
00:09:11—00:12:33	主持人引导,开始进入"天生我有才"环节	第一位求职者开始自我展示环节,企业高管开始对她进行点评	人物原声
00:12:34—00:14:47	进入职场情商课堂	求职者开始回答情商问题,企业高管杜老师对求职者进行发问	人物原声
00:14:48—00:17:49	波士团成员开始写牌	12位波士团成员开始为求职者提供岗位和薪水	人物原声
00:17:50—00:22:45	求职者开始做出选择	求职者开始反选,灭掉场上波士团成员的留灯	人物原声
00:22:46—00:23:12	求职者做出自己的选择	求职者最终选择自己心仪的企业,双方达成一致	人物原声
00:23:13—00:38:09	第二位求职者上场	波士团成员与求职者进行同上流程,该求职者最终没有得到岗位,遗憾离场	人物原声
00:38:10—00:54:35	第三位求职者上场	波士团成员与求职者进行同上流程,该求职者最终没有得到岗位,遗憾离场	人物原声
00:54:36—01:03:39	第四位求职者上场	波士团成员与求职者进行同上流程,该求职者最终没有得到岗位,遗憾离场	人物原声
01:03:40—01:17:25	"了不起的手艺人"环节	手艺人带着自己制作的传统工艺品或者艺术品上台,进行拍卖	人物原声

7. 商榷与讨论

在节目中,波士团的成员利用每一个可以制造冲突的点,来对自己的企业和品牌进行宣传,使节目成为宣传自家企业的秀场。高管中会有两家企业类型和结构大致相同,他们在和求职者进行探讨的过程中,经常会强调和宣传自己的企业文化和理念。这样做违背了此档节目的初心吗?

主持人在主持过程中,有时会用词不当,过于情绪化。主持人在节目中扮演着组织者和调动者的角色,如果使用过于情绪化的表达,则会对求职者和高管造成言语伤害。例如,在 2011 年 6 月 19 日的节目中,主持人对求职者高喊"你是个疯子、骗子",对企业高管说"四家不要命的公司"等。作为节目主持人,言行是否应该出于公心,做到公平公正?这样不顾及应聘者和高管们的感受,进行言语攻击,是缺乏职业水准的体现,还是节目故意制造看点?

讨论

如果是节目为制造看点,要求主持人对求职者进行言语攻击,你怎么看?

四、才艺选秀类节目策划分析——以《出彩中国人》为例

才艺选秀类节目是真人秀节目的一种,才艺选秀类节目所具有的共同特点是选取拥有才艺和表演能力的人作为参赛者,通过展示技艺、相互比拼等环节产生优胜者,给予荣誉和奖励。

1. 节目概况

《出彩中国人》是由央视和《中国好声音》出品方灿星制作共同打造的大型励志真人秀节目(见图 6-3)。该节目于 2014 年 2 月 9 日在央视一套开播,每周六(或周日)晚黄金档播出。节目时长 100 分钟左右,在线播放平台有央视网和腾讯视频。节目在全国范围内寻找各行各业的劳动能手和行业的标兵担任出彩候选人,在节目中,他们展示自己才艺和故事,节目从中评选出当周"出彩明星"。最终,10 位单周出彩明星将争夺当季"出彩之星"的称号。

2. 节目定位

节目以"出彩中国人,共筑中国梦"为口号,聚焦平凡人,令每一个追梦者都有机会绽放人生光芒。节目致力于在励志的主题下,打造一档大型全民真人秀。在受众定位方面,作为一档全民选秀节目,它的受众范围是整个社会人群。在节目内容定位上,节目呼吁让每一个平凡人都能有追求梦想的权利,旨在将平凡人的小梦想和他们的出彩人生通过央视这个平台最大化地展现出来。

3. 创意要点

(1)才艺展示。

这是才艺真人秀的重要环节。登台表演的选手不限年龄、性别、职业,才艺也不限种类。只要有才艺、有激情、够励志,能够为观众带来赏心悦目的演出和强烈的观感效果,就可以在舞台大展身手。

(2)民族文化。

节目还力求展现多彩的民族艺术,注重弘扬、传承中华民族文化,增强文化自信。例如,来自西安的选手李昕桐用一幅《花开丝绸之路》,让中国观众重新认识了原本属于中国的传统手工艺艺术品但目前已经失传的湿拓。在土耳其学艺十年后的李昕桐拿到了业界认可的出师证,毅然决定回到祖国,开始宣传和推广湿拓。在镜头前,她"浮水染

图 6-3 《出彩中国人》节目海报

色勾勒,美景跃然于纸上"。节目在"一带一路"背景下,弘扬民族文化,也让观众感受到了文化的魅力所在。

(3)温暖故事。

选手们的才艺展示种类繁多,他们的才华与实力都不容小觑,同时,选手们背后的温暖故事也能打动人心。节目用真挚、励志、温情的故事展示平凡人坚持不懈地追求自己梦想的不平凡的故事(见图6-4)。

图 6-4 《出彩中国人》活动场景

4.内容设计

以第一季为例对该节目的内容设计进行分析。

第一季节目共十一期,来自全国各地的候选人在前七期节目中陆续亮相,选手们在舞台上接受明星观察员的考验和指导。在节目中,若选手获得任意两位评审嘉宾给予的出彩认证,则视为出彩,若只获得一位评审嘉宾的出彩认证或未获得评审嘉宾的出彩认证,则出局离场。每一期节目中得到出彩认证的选手将组成二十四强,在节目的最后几期中,二十四组选手角逐九个"出彩候选人"席位,这九组候选人将晋级到总决赛。最后,九组选手在总决赛中争夺本季唯一一个"出彩之星"的名额。

5. 人物设计

主持人,评审嘉宾,候选人,现场观众。

6. 基本流程

这里以 2017-05-20 期为例,说明《出彩中国人》节目基本流程(见表 6-3)。

表 6-3 《出彩中国人》节目基本流程

时间	内容	画面	背景音乐
00:00:00—00:05:12	主持人上场、开场	主持人与评审嘉宾互动,邀请第一组候选人上台表演	舞台音乐,人物原声
00:05:13—00:09:50	评审嘉宾点评候选人的表演	四位嘉宾评论候选人的表演,且评审嘉宾给出评判结果。第一组候选人成功出彩	旁白,舞台音乐,人物原声
00:09:51—00:24:49	第二位候选人上场	第二位候选人表演武术,获得评审嘉宾好评,成功出彩	旁白,舞台音乐,人物原声
00:24:50—00:38:30	第三位候选人上场	第三位候选人用深情的歌声征服评审嘉宾,成功出彩	旁白,舞台音乐,人物原声
00:38:31—00:56:23	第四位候选人上场	第四位候选人坚持不懈钻研机器,感动评审嘉宾,成功出彩	旁白,舞台音乐,人物原声
00:56:24—01:05:44	第五位候选人上场	第五位候选人表演高难度顶功杂技,未能征服评审嘉宾,遗憾离场	旁白,舞台音乐,人物原声
01:05:45—01:15:14	第六组候选人上场	第六组候选人表演曲目《疯马》,奏出古丝绸之路的迷人风景,成功出彩	旁白,舞台音乐,人物原声
01:15:15—01:32:37	第七组候选人上场	第七组候选人表演高难度走钢丝,成功出彩。节目结束	旁白,舞台音乐,人物原声

7. 商榷与讨论

在节目中,在宣布候选人出彩还是出局的关键时刻,制作方插播了大量的广告,在这种激动人心的时刻,节目组有意地吊着观众的胃口。在观众迫切想知道评审嘉宾对候选人的评判结果时,这种期待突然被广告打断,这种做法也让不少观众吐槽。有评论认为这种做法太看重经济效益,会减弱节目效果。还有评论认为,制作方应该站在观众的角度看问题,了解观众的想法和心理,不应该"强迫"观众看其不愿意看的广告。

1. 该节目插播广告的方式是否合理？
2. 该节目和《中国达人秀》有什么区别？

五、音乐选秀类节目策划分析——以《中国好声音》为例

音乐选秀类节目非常受人关注，在世界各地不同语言的节目视频中都能找到它的身影。节目以音乐为主要传播内容，通过节目环节的设计，充分展现参与者的音乐才能和自我个性，并进行真实记录和艺术加工，最后以一种全面、精致又富有特色的视听表现方式呈现在观众面前。

1. 节目概况

《中国好声音》于 2012 年 7 月 13 日在浙江卫视首播，每周五晚播出（见图 6-5）。节目时长约 120 分钟。截至 2021 年底已播出十季。前四季引进使用荷兰"The Voice"节目模式，2016 年后改用自创模式。考虑到节目市场影响力和社会影响力等因素，本书选择前四季节目模式作为分析对象。

图 6-5 《中国好声音》节目海报

2. 节目定位

盲选环节的独特形式，树立了节目的"声音"本位。

节目属于典型的真人秀，真人秀的主角是学员和导师。四位明星导师通过盲选选出心仪的学员，随后学员进行反选，选择成功后进入该导师的战队，导师负责培训本队学员的音乐和才艺，学员在舞台上的演唱和发挥受到导师和观众的检验，并且也由导师和观众决定学员是否晋级。

好的声音和台上表现是选手唯一的筹码。节目的宗旨在于引导年轻人对于梦想坚持不懈，不轻易放弃，要相信只有经过时间的历练和沉淀，才能够赢得观众的认可。节

目注重音乐本身的专业价值,拒绝为了赚取流量而迎合低俗或利用选手进行话题炒作。

3. 创意要点

(1) 盲选。

参赛学员演唱歌曲,四位导师背对舞台,如有意向邀请该学员加入己方战队,则通过按键旋转座椅方向。如有多位导师转身,则由学员自行选择加入哪个战队。若四位导师均未转身,则该名学员被淘汰。

(2) 本土。

作为一档引进国外版权的节目,本土化是重点要考虑的问题。制作方在节目中添加了中国元素。在精神内涵上强调了中国历史、本土文化以及中国人的情感。

(3) 故事。

节目关注普通人的梦想,关注平民对于音乐的追求。例如在初选学员的时候,他们会问学员为什么要参加节目,即为何要来参加《中国好声音》,学员给出的答案能否与制作节目的初衷保持一致,也是除了唱功之外,选择学员的重要因素之一。因为中国老百姓喜欢听真实感人的故事,而有故事的人和作品更能打动人心。

(4) 竞争。

节目邀请四位歌唱导师通过盲选的方式选择自己心仪的歌唱学员组成战队,并且带领自己的战队去和其他战队进行音乐的较量和对抗。明星导师的言传身教,为中国流行乐坛培养一批怀揣梦想、富有才华的音乐人。

(5) 曲目改编。

制作方将内地近 30 多年的流行歌曲进行整理,在这些老歌中加入创新的元素,选手用演唱的方式展现了时代对于经典的怀念。如选手在歌曲中加入布鲁斯风格的元素,或者将歌曲改编成摇滚风,在一定程度上都是源于经典又高于经典的表现。将中国曲风融入多元化的元素,不仅传承经典,而且体现了个性。

4. 环节设计

节目总体上由四个环节组成,分别是"导师盲选""导师抉择""导师对战"和"终极对决"(见图6-6)。

图 6-6 《中国好声音》环节设计

首先是"导师盲选"环节,学员逐个上台演唱,导师坐在椅子上,背对着学员,纯粹靠听学员演唱而选择自己心仪的声音,若导师听到喜欢的声音,则按动按键转向来直面学员,只要有导师按下按键,学员便可以晋级。如果有多位导师按下按键,学员可以选择自己更心仪的导师。没有被导师选中的学员则等待下一次的机遇,可以在"外卡战"中继续努力。

随后到了第二个环节"导师抉择",四位明星导师选出自己心仪的学员后,成立一个战队。然后对战队中的学员进行培训,十四名学员由导师指定分成七组,组内成员PK同一首歌,谁去谁留由导师决定,先是十四进七,然后由导师选出一人直接晋级,剩下来的六人由导师指定分成三组,再次两两PK。谁去谁留由导师评定。六人中选出三人,加上直接晋级的一人,四强由此产生。

第三个环节是"导师对战",也就是导师的终极考核,此环节一共三轮。规则是:主考核导师手中有100满分,可以按照自己的喜好和意愿分配给每轮对战中的两名学员,而媒体评审们一人一分,共99分,这两个项目的分数相加,分数高的学员胜出。综合主考核导师和媒体评审意见之后,得分高者将在队内登顶,拿到唯一的梦想席位,率领自己的战队继续比赛。

最后到第四个环节"终极对决",在这一环节导师不参与评分,四强学员的最终结果和命运将掌握在现场观众和全国99家媒体评审的手中。现场观众通过投票的方式来选出四人中一位最先获得决胜的机会,票数低的学员将止步于舞台,票数相似的两位学员再次进行较量。同样由观众投票选出谁更好,胜出的学员将进行"年度好声音"的最终对决。

5.人物设计

主持人,四位导师,选手,媒体考核团,场上观众。

6.基本流程

这里以第三季第一期为例,说明《中国好声音》节目的基本流程(见表6-4)。

表6-4 《中国好声音》节目的基本流程

时间	内容	画面	背景音乐
00:00:00—00:06:10	画外音介绍四位导师	四位导师出场,旁白依次介绍	旁白,舞台音乐
00:06:11—00:12:02	四位导师在舞台上演唱	汪峰导师率先开场,其他三位导师加入后,四位导师一起演唱歌曲	舞台音乐,演唱声音
00:12:03—00:17:25	主持人出场	主持人出场说开场白,邀请第一位选手上台演唱	配乐,选手演唱
00:17:26—00:21:38	第一位选手登场	第一位选手赢得三位导师的转身,最后选择加入齐秦导师的战队	配乐,人物原声
00:21:39—00:31:32	第二位学员登场	第二位选手开始演唱,获得三位导师的转身,最后选择加入那英导师的战队	配乐,人物原声
00:31:33—00:42:26	第三位选手登场	第三位选手上台演唱,去了那英导师的战队	配乐,人物原声

续表

时间	内容	画面	背景音乐
00:42:27—00:53:10	第四位选手登场	第四位选手上台演唱,去了杨坤导师的战队	配乐,人物原声
00:53:11—01:04:09	第五位选手登场	第五位选手上台演唱,去了汪峰导师的战队	配乐,人物原声
01:04:10—01:15:40	第六位选手登场	第六位选手上台演唱,去了齐秦导师的战队	配乐,人物原声
01:15:41—01:23:58	第七位选手登场	第七位选手上台演唱,去了齐秦导师的战队	配乐,人物原声
01:23:59—01:31:58	第八位选手登场	第八位选手上台演唱,去了那英导师的战队	配乐,人物原声

7. 商榷与讨论

首先,缺乏原创歌曲可能是《中国好声音》的缺陷所在。在节目中,大部分学员都是演唱经典老歌,或者将歌曲进行改编,这也导致观众听到的都是对经典歌曲的致敬,而听不到真正的原创之声。其次,导师的点评比较和气,哪怕有些学员有明显的问题也只是委婉地指出,只会当"好好先生"的评委也许对选手而言并不是一件好事。在《美国偶像》(英文名:American Idol)中,毒舌评委西蒙·考威尔总是能够不留情面地指出选手演唱中的弊端,犀利的点评让选手茅塞顿开、醍醐灌顶。

《中国好声音》自创模式与引进版相比,创新点是什么?

六、游戏类真人秀节目策划案例分析——以《奔跑吧兄弟》为例

国内对于"真人秀"的定义不尽相同,有学者主要依据真人秀节目的参与者对其进行定性分析,指出真人秀节目的参与者应该是普通人,即"草根"阶层,而艺人、明星等公众人物不应该成为真人秀节目的参与者。真人秀节目的实质是非虚构性,即真实性,明星如若自愿参与真人秀节目并展现自己作为普通人的一面,则可以将其归入真人秀节目样式之列。① 也有学者认为,真人秀是近些年出现的一种新型节目样式,集中运用纪录片的纪实拍摄手法,以及电视剧的故事叙事方式,对真实的人性和个人隐私予以曝光,从而最大限度地满足观众的窥视欲。② 还有学者认为,真人秀是参与者在自愿的前提下,于规定情境中,事先知晓给定目标,遵循特定规则所进行的竞争行为,是对真实记

---

① 谢耘耕,陈虹.真人秀节目:理论、形态和创新[M].上海:复旦大学出版社,2007:7+127.
② 汪文斌,李幸.电视娱乐节目:理念、设计与制作[M].北京:中国广播电视出版社,2003:172.

录的艺术加工。① 以上观点虽然不尽相同,但是对真人秀的真实性要求是相同的。

1. 节目概况

《奔跑吧兄弟》是浙江卫视于2014年10月10日开始播出的竞技游戏类真人秀节目,于每周五21:10播出,节目时长约110分钟(见图6-7)。节目模式和理念源于韩国明星真人秀节目《跑男》(英文名:Running Man),由韩国制作团队SBS与浙江卫视共同制作,开创了中韩两国"联合开发"运营新模式。《奔跑吧兄弟》选取性格各异的艺人为固定嘉宾班底,且每一期都有固定主题,如中国传统民俗特色故事。节目嘉宾通过比拼脑力和体力,完成每一个任务的方式来完成节目的录制。节目中奖罚分明,悬念设置巧妙,戏剧冲突强烈,整体氛围轻松欢乐又不乏温情。节目采用纪录片拍摄手法,还原明星嘉宾的真实生活状态,在节目进行中传递美好、快乐、青春、团结、友爱的社会正能量,引导观众感悟生活。第五季起更名为《奔跑吧》,由浙江卫视节目中心独立制作。

图6-7 《奔跑吧兄弟》节目海报

2. 节目定位

《奔跑吧兄弟》节目模式来自韩国,但根据我国的社会文化环境进行了本土化改造。中国传统文化主张"以和为贵",这与当下一直提倡的社会价值观中的"和谐"是一致的。"以和为贵"的基调贯穿在整个节目的定位中,包括团队合作共同完成任务。在《奔跑吧兄弟》中,"兄弟团"在节目中每一期都以小组或团体的形式完成游戏任务。嘉宾成员之间互相帮助,彼此合作,最终完成任务。明星嘉宾在节目中表现出的团队精神和兄弟情谊弘扬了中国传统文化。

3. 创意要点

(1)文化元素。

虽然节目流程、游戏环节多采用原版,但是制作团队对节目进行了本土化改造,游戏安排、道具制作,甚至情节设置等各个环节均融入中国特色元素。如游戏场景放在了西湖、敦煌、乌镇、洛阳、西安、武汉等地,这样各地的风土民情在节目中都有展现,在给观众带来快乐的同时,也突出体现了各个地方的民俗文化;又如节目中的《满城尽待牡丹开》则以武则天创作的《腊日宣诏幸上苑》的传说为背景,把拍摄地点选在古都洛阳,汉服、汉字以及古代木制推车等元素都有所展现。

---

① 尹鸿,冉儒学,陆虹.娱乐旋风:认识电视真人秀[M].北京:中国广播电视出版社,2006:4.

(2)新鲜性。

节目注重加入社会热点元素,保持新鲜性。节目在内容设计和嘉宾参与方面结合当前社会热点和舆情走向,设计悬念性、趣味性和时代感兼备的游戏任务,尽量多选择一些舆论认同度和关注度较高的明星艺人加入。

(3)正能量。

节目注重积极向上理念的传播,以提升节目正能量。娱乐、阳光、健康是节目的三个关键词。在节目中,导演组有意识地强化了明星和素人通力合作、永不言弃的拼搏精神。

(4)真实性。

明星真人秀节目为明星与受众之间搭建起一种拟态人际关系。在节目里,明星们卸下偶像包袱,展现出他们较为真实和生活化的一面,拉近了与观众之间的距离,提升了观众对明星的好感度。

4.内容设计

内容设定为"跑男团"和每一期嘉宾先前往各个任务地点进行前期任务,胜出方的队伍或者个人获得对最终任务有利的提示或者权利,最后在最终任务地点进行终极任务。节目的流程主要有两个形式:多个小任务和追逐战或一个主要追逐战。成功胜出的战队或者个人获得本期节目的奖品。

5.人物设计

节目的主角是演艺明星,他们一起奔跑、游戏、寻找、竞赛,整个过程轻松幽默,令人在欢乐中释放压力(见图6-8)。

图6-8 《奔跑吧兄弟》节目嘉宾

6.基本流程

这里以第4季第12期为例,说明《奔跑吧兄弟》节目的基本流程(见表6-5)。

表6-5 《奔跑吧兄弟》节目的基本流程

时间	内容	画面	背景音乐
00:00:00— 00:02:35	"跑男团"出场	"跑男团"身穿蒙古族服饰出现,导演告知在内蒙古呼和浩特,并介绍任务环节	人物原声
00:02:36— 00:10:55	七位神秘嘉宾现身	"跑男团"请出七位神秘嘉宾,分别和"跑男团"成员组队	人物原声

续表

时间	内容	画面	背景音乐
0:10:56—00:20:22	助力爱心团出现	嘉宾乔装打扮,完成助力爱心团的任务	人物原声
00:20:23—00:27:01	嘉宾去学校完成任务	嘉宾走进校园,为高三学习加油打气	人物原声
00:27:02—00:34:05	嘉宾为伊利员工完成任务	嘉宾为久别重逢的父子制造惊喜	人物原声
00:34:06—00:52:25	嘉宾集合到一起	嘉宾分为两队,开始游戏比拼。绿队获胜	人物原声
00:52:26—01:13:56	嘉宾开始撕名牌	嘉宾在蒙古包草原,两队开始撕名牌	人物原声
01:13:57—01:24:33	嘉宾激烈撕名牌	嘉宾边撕名牌边完成指定任务	人物原声
01:24:34—01:31:07	嘉宾两两对决	两队嘉宾分别进行PK,撕去对方身上的名牌	人物原声
01:31:08—01:51:40	撕名牌环节结束	两队嘉宾进行最后的战斗,邓超成为第四季最强者	人物原声
01:51:41—02:14:37	回忆"跑男团"曾经的画面	温情晒出"跑男团"曾经战斗和感人的画面	人物原声

7. 商榷与讨论

在"流量为王"的新媒体环境下,制作方为了博取流量,有时会设定好节目的情节,使得节目按照安排好的剧本发展,这会不会影响到节目的真实性? 有些观众认为在这种明星真人秀节目中,明星就是演员,按导演的意图去演出,无可厚非。而有些观众认为,节目组把设计好的故事情节搬到节目中,就失去了最重要的真实性。

讨 论

对真人秀的"剧本"你怎么看?

七、竞技闯关类真人秀节目策划案例分析——以《男生女生向前冲》为例

在北京奥运会引发的全民体育热潮下,强调竞技色彩的全民健身类节目大量出现,体现了"更高、更快、更强"的奥运精神。如湖南卫视抓住观众的需求,在北京奥运会之后播出了《智勇大冲关》,其游戏健身的主题受到观众喜爱,创下了在同时段全国收视率第二的纪录。此后,视听媒体纷纷制作播出自己的竞技闯关类真人秀节目。安徽卫视的《男生女生向前冲》、浙江卫视的《冲关我最棒》、广东卫视的《全民亚运汇》、山东卫视

的《爱拼才会赢》,宁波电视台的《今天我最强》,山东广播电视台综艺频道的《快乐向前冲》等同类节目,都在播出后收到了不错反响。

1. 节目概况

《男生女生向前冲》是安徽卫视推出的一档"全民健身+竞赛"的节目(见图6-9)。首播时间是2010年7月5日,节目时长约105分钟,收视率居同时段同类节目前列。参赛选手来自全国各地各行各业,具有广泛性和草根性的特点。2014年9月,青海赛区版开播,名为《男生女生上高原》,2015年,海南赛区版开播,名为《男生女生闯天涯》。在线播放平台有央视网、爱奇艺、腾讯视频和安徽网络广播电视台。

图6-9 《男生女生向前冲》节目海报

2. 节目定位

这是一档全民健身榜样节目。节目定位于积极、健康、正能量的生活态度,通过真人秀的节目形式弘扬全民健身的健康主题,将全民娱乐的精神和健身运动精神融合在一起,构建户外的娱乐健身模式,使得选手和观众一同追求更健康、更有活力的生活方式。

3. 创意要点

(1)零门槛参赛。

节目打出宣传口号——欢迎四方冲客。节目参赛选手无报名门槛,线上和线下同步进行的报名方式使得人人都有参与节目的机会,给广大民众提供了一个展现自我、表达诉求以及获得社会认同感的平台。节目坚持采用素人参赛,将"全民运动榜样"落到了实处。相较于明星参与,素人参与的显著性优点是参与感、亲切感更强,认同度也更高。

(2)赛道设置。

竞技闯关类真人秀节目的形态大多简单易懂,符合视知觉简化性规律,通过简单的赛制规则和具有挑战性的关卡设置,极简地呈现节目内容(见图6-10)。在赛道关卡上"做文章"是其保持生命力和竞争力的关键所在。该节目根据男女不同体能特点,设置了男女双赛道,在赛道设计上也别出心裁,男生的赛道更注重力量和速度,女生的赛道则更注重技巧和智慧,赛道关卡不断推陈出新,另外,还设置了亲子赛道和企业赛道等多元化的形式,以保持节目的新鲜感、悬念感和娱乐性。

(3)专场设置。

为了避免节目设置的一成不变,节目根据公众属性的不同开发了不同的专场,增加节目的趣味性和可看性,激发"冲客"们的集体荣誉感和向心力。例如,2019年5月4日开始高校对抗赛,首次引入高校对抗元素,邀请了包括中国科技大学、复旦大学、浙江大学在内的四十余所名校,两两对抗,决出冲关最强高校。

图 6-10 《男生女生向前冲》闯关环节

4. 环节设计

竞技闯关类真人秀节目环节比较简单。选手报名参加闯关,男生和女生赛道总共有八关,男生的赛道难度略高于女生的赛道。开始比赛后,选手闯关开始,若落水则是失败,若通过最后一关,则成功。闯关成功后进入晋级赛,之后可以参与总决赛。

5. 人物设计

主持人,参赛选手(见图 6-11)。

图 6-11 《男生女生向前冲》主持人和参赛选手

6. 基本流程

这里以第13季0818期为例,说明《男生女生向前冲》节目的基本流程(见表6-6)。

表 6-6 《男生女生向前冲》节目的基本流程

时间	内容	画面	背景音乐
00:00:00—00:02:15	主持人出场	主持人自我介绍,并介绍闯关环节	人物原声
00:02:16—00:08:59	第一位选手出场	主持人请出第一位选手,选手在第六关失败落水	人物原声
00:09:00—00:14:18	第二位选手出场	第二位选手成功闯关	人物原声
00:14:19—00:19:08	第三位选手出场	第三位选手闯关失败	人物原声
00:19:09—00:24:48	第四组选手上场	第四组选手中有两位女生,闯关失败	人物原声
00:24:49—00:31:13	主持人介绍男生选手	男生选手在第六关闯关失败	人物原声
00:31:14—00:34:37	第七位男生上场	男生选手闯关失败	人物原声
00:34:38—00:36:47	第八位男生选手上场	男生选手闯关失败	人物原声
00:36:48—00:42:33	第九位选手上场	男生选手成功闯关	人物原声
00:42:34—00:51:57	女生选手陆续上场	女生队陆续上场闯关	人物原声
00:51:58—01:07:13	男生选手陆续上场	男生队陆续上场闯关	人物原声
01:17:14—01:19:00	后面的选手上场	后面的选手陆续上场闯关	人物原声

7. 商榷与讨论

首先,此类节目的模式比较单一,选手通过闯关来赢得比赛。相比其他竞技类的真人秀节目,如《奔跑吧兄弟》《极限挑战》等,节目内容元素相对较少,节目形式相对简单。其次,节目与观众互动较少,虽然观众可以报名参加节目,但人数毕竟有限,电视机前的观众无法实时与节目互动,无法表达自己的观点。

讨 论

为什么 B 站一些知名的 UP 主会去参加此档节目?

八、文化脱口秀节目策划分析——以《天天向上》为例

文化脱口秀节目是以传播文化、娱乐大众为目的的节目,具有综合性和大众化的特点。此类文化脱口秀节目不仅能够丰富观众精神和物质文化,同时在一定程度上打破了娱乐节目"娱乐至死"的现状。

1. 节目概况

《天天向上》是湖南卫视于2008年8月推出的一档文化公益脱口秀节目,由汪涵带领的主持团队担任主持人,每周日22:00播出(见图6-12)。节目以中华礼仪文化和倡导社会公德为主旨,每期邀请演艺明星、社会各界人士以及企业知名人物参与访谈和表演。节目在2008年奥运会背景下诞生,作为一档文化公益类节目,它始终保持了传递文化的精神,将"文化"和"公德"作为节目的重点,打造出了娱乐精神和文化传播并重的电视节目,同时通过嘉宾和节目主持人的访谈互动以及职业展示,讲述中国礼仪之邦的精髓文化,是一档集娱乐包装、礼仪诠释、丰富知识于一体的节目。

图6-12 《天天向上》节目海报

2. 节目定位

《天天向上》最初的节目创意由原湖南广播电视台台长欧阳常林提出,即不以逗乐消遣为目的,寓教于乐、传播知识、增长见识是立足之本,也是该节目创作的初衷。作为一档文化脱口秀节目,《天天向上》十多年来不断创新,以生动活泼的娱乐节目形式,始终保持着娱乐精神和文化气质相融合的核心定位,寓教于乐地向观众介绍知识,使国人更熟悉中华传统文化,提升国民整体素质,也方便外国人了解中国。

3. 人物设计

节目人物主要是主持人与嘉宾。

《天天向上》在嘉宾的选取上采取平民化策略,强化节目传播效果,嘉宾与日常生活彰显礼仪文化的定位紧密相连,也形成了栏目的一个重要特色。邀请的嘉宾不以演艺明星为主,而是来自各行各业的人物甚至普通人,如民间艺术家、企业家或是普通市民。例如在2021-06-27期节目中,嘉宾选择了眼科专家、航天事业贡献者以及守卫边疆的战士(见图6-13)。

图 6-13 《天天向上》嘉宾

2008年开播时，主持团由汪涵等八人组成，后加入金恩圣组成了天天主持团，而后在2016年确定由汪涵、大张伟、王一博等组成新天天兄弟主持团。汪涵作为主持核心，负责掌控全局，主持风格稳重不失幽默；大张伟作为音乐人，能够自带包袱，属于搞笑类型；王一博作为新生代，能够吸引年轻人。"天天兄弟"是继"快乐家族"后的另一偶像主持团体，力争博文风趣但不俗媚的主持风格。从2021年10月开始，主持人仅汪涵一人。

4. 创意要点

(1) 礼仪文化。

"以礼仪为切入口，介绍中华民族礼仪文化和传统美德"是该节目的创意点，通过元素的创新和组合，使文化以互动游戏、访谈、视频等具有丰富表现力的形式传递出来。例如，节目曾设置了名为"中华礼仪之美"3～5分钟的小短片，通过古代一对师徒小阿毛和师父互动的情景剧，展示了饮酒礼仪、吃饭礼仪以及茶文化等中华传统礼仪和文化，在一问一答中将知识展现出来。通过设计符合主题的表现形式，传递中国五千年灿烂历史和优秀的民族文化，提升国民审美和对文化的认同感。

(2) 视觉元素。

节目还通过服饰、道具等视觉元素的创新应用进行讲述。例如，在一期讲述汉唐乐礼的节目中，主持人均穿着汉服进行主持，通过服饰、短片等场景和背景元素传递文化。

(3) 听觉元素。

节目还通过解说词、音乐等声音元素的组合，丰富了节目的表现形式。例如，2010-06-04期节目开场时解说"花，草木之葩也。插花兴盛于中国的唐朝，以鲜花供佛，澄净心灵，是两千年前的风尚"，介绍了插花的发展过程以及插花在发展过程中带给人们生活的价值与意义。同时，节目经常运用中国风的音乐，《天天向上》最善于运用《琵琶曲》中的《欢沁》作为背景音乐，打造幽默、愉悦的氛围。

(4) 正能量。

制作人曾提到，收视率并不是节目优质与否的评判标准，高收视率也不是制作节目的目标导向，表示"相对于收视率，我们更看重节目的影响力"[①]。《天天向上》通过在娱乐中传递正能量的原则，将娱乐精神与文化品质有机结合。例如，2021-06-27期在建党

---

① 金文雄，俞虹，张一蓓，等. 由《天天向上》看电视节目娱乐精神与文化品质的融合[J]. 电视研究，2010(5):17-21.

一百周年背景下,节目选取了为祖国做出特殊贡献的嘉宾,通过中国航天人以及戍守边疆的民兵讲述个人保家卫国、为国奉献的事迹,同时通过唱红歌的方式传达了在党的光辉照耀下,中国人民无私奉献的精神。

5. 商榷与讨论

汪涵曾说,"坚持,这件事最不容易"。《天天向上》这类文化脱口秀节目的成功秘诀在于抓住观众文化需求,改变了游戏、唱跳、选秀等娱乐的方式,打造精神文明和文化品质之美。但是在近期节目中不难发现,节目已逐渐减少传统文化内容,从主题到形式均降低了传统文化比重,走向了文化介绍的"大同化"潮流中——中华礼仪课、大师讲礼仪等挖掘礼仪文化的节目环节已被去掉。同时,主持人仅剩汪涵一人,主持人之间的逗哏捧哏、插科打诨没有了,互动性和趣味性似有大幅度降低的趋势。

讨论

1. 主持人的减少会影响节目效果吗?
2. 类似《越策越开心》《拉呱》《咵天》等本土化脱口秀的优势在哪里?

九、文化类节目策划分析——以《朗读者》为例

文化类节目是以文化、文字为内容,通过朗读、表演、访谈等形式传递情感价值的节目。综合性和互动化是此类节目的特点,主要表现为表现形式的综合性和情感传递的互动性。此类节目策划的重点在于如何通过节目设计引起观众的情感共鸣。在文化类节目中,用视听语言塑造文化自信为导向原则,运用混合创新法,将表达文字之美、情感之美作为节目的价值元素,同时通过场景元素和环节元素创新,在娱乐综艺节目霸屏的当下,让公众看到还有另一种可能,那就是用文化符号获得人们对文化的价值认同、情感认同。

1. 节目概况

《朗读者》是中央电视台推出的大型文化情感类节目,目前已播出三季(见图6-14)。节目以"故事"为载体、以"朗读"为内容、以"情感"为律动、以"文化"为旨归①,在人物故事中品读经典文化,以个人成长、情感体验、背景故事与传世佳作相结合的方式,选用精美的文字,用最平实的情感读出文字背后的价值,旨在实现文化感染人、鼓舞人、教育人的传导作用,展现有血有肉的真实人物情感。节目自2017年2月18日开播,每周六晚在央视综合频道首播。每期节目围绕特定主题,邀请科技、文学、影视等各领域有影响力的嘉宾,分享情感故事与人生体验,并朗读经典美文。《朗读者》首期节目播出后,豆瓣评分9.5,朗读嘉宾走进了微博热搜的话题场,近250篇微信上的文章阅读量均为10万次以上。

---

① 张卓,赵红勋.仪式建构·故事表达·文化阐释——中央电视台《朗读者》的成功之道[J].中国电视,2017(8):73-77.

图 6-14 《朗读者》节目截图

2.节目定位

归于情感和情怀的考量,直击心灵的故事和饱含感情的朗读,摒弃矫揉造作的表演,是节目所想要传达的总基调。从 2006 年开始,国家大力推崇发展全民阅读,"书香社会"建设目标被写入《2015 年政府工作报告》,2016 年习近平总书记在视察中央电视台时也曾提出"中央电视台每天面对数亿观众,一定要紧跟时代、放眼全球,多设计一些融思想性、艺术性于一体的好栏目,多创办一些脍炙人口、寓教于乐的好节目"[①]。《朗读者》就致力于提升全民阅读兴趣,引领向上向善的社会风尚。

3.人物设计

《朗读者》人物主要包括嘉宾和节目主持人。每期设置一个主题,以主题词作为核心线索,由五六位嘉宾分别分享自己的人生故事,并朗读能表达自己情感的文字,嘉宾不仅是朗读者,而且是讲述者,节目需用其感情和温度打动观众,所以在嘉宾选取中,节目摈弃带有争议话题的流量明星,选择具有文化感、美誉度、影响力的"星素"朗读者们,他们以其丰富的人生阅历讲述个人故事,肩负文化使命和文化担当。

主持人是文化类节目中的品牌核心,也是一档节目成功的关键因素之一。主持人清丽大气的主持风格和带有共情的交流感是节目成功的重要因素。

4.基本流程

这里以 2017-04-15 期为例,说明《朗读者》节目的基本流程(见表 6-7)。

表 6-7 《朗读者》节目的基本流程

时间	内容	画面	音乐
00:00:00—00:01:24	主持人开场白	主持人开场白介绍	开场音乐、人物原声
00:01:25—00:03:13	朗读者在"朗读亭"中朗读	城市朗读者们朗读	人物原声

① 习近平:坚持正确方向创新方法手段 提高新闻舆论传播力引导力[N].人民日报,2016-02-20.

续表

时间	内容	画面	音乐
00:03:14—00:04:29	主持人引入主题:家	主持人	钢琴家陈洁演奏钢琴
00:04:30—00:09:27	进入嘉宾会话室,就演员王耀庆关于家的记忆进行访谈	主持人和嘉宾王耀庆交流	人物原声
00:09:28—00:10:10	专家对此次朗读作品进行解读	北京大学世界传记研究中心主任、世界文学学会会长赵白生分析	人物原声
00:10:11—00:14:22	演员王耀庆朗读《少年pi的奇幻漂流》	嘉宾王耀庆	人物原声
00:14:23—00:28:53	朗读者梁晓声朗读《慈母情深》	朗读者梁晓声	背景音乐及人物原声
00:28:54—00:40:40	朗读者冉莹颖和家人们朗读《猜猜我有多爱你》	朗读者冉莹颖、邹市明及可爱的孩子	背景音乐及人物原声
00:40:41—00:55:16	朗读者毕飞宇朗读《推拿》(节选)	朗读者毕飞宇	背景音乐及人物原声
00:55:17—01:07:26	朗读者赵文瑄朗读《老猫》	朗读者赵文瑄	背景音乐及人物原声
01:07:27—01:25:35	朗读者潘际銮朗读《告全国民众书》(节选)	朗读者潘际銮	背景音乐及人物原声
01:25:36—01:27:58	节目结尾	主持人结尾,钢琴家吴牧野弹奏	钢琴家吴牧野弹奏《我的祖国》

5. 创意要点

《朗读者》通过混合创新法,打造出属于文化类节目的独特模式。

(1)朗读语境营造。

节目进行环节创新,通过对国外《见信如晤》(英文名:Letters Live)等读信类节目元素的创新,加入访谈、朗读等元素,打造了节目的基本模块——先讲述人生故事,故事讲到了情感的高潮点之后,当事人借文艺作品抒发情怀,朗读作品,形成了朗读者的情感、所要朗读的文本的写作者的思想、看节目的观众情感三种元素的结合,引发参与者的共鸣和真情实感。

(2)场景创新。

节目通过对场景、灯光等形式元素进行创新,形成"图书馆+剧院"的空间仪式感,丰富了传播效果。例如,节目以古朴的色彩搭配大气的舞台,主舞台是半包围的剧场,节目观众席分为两层,嘉宾访谈室设在主舞台后,由一扇小门出入,整体以古风打造场景;同时充分利用灯光配合主持人出场和嘉宾朗读,在主持人或嘉宾出场时随机聚焦在舞台中央,让观众进入仪式的审美体验。同时文化类节目善于通过背景元素打破受众审美疲劳,将朗读的文字附着在书籍之中,并处于屏幕的显眼位置——中右方,叠加了文字效应,使朗读充满了感染力(见图6-15)。

图 6-15 《朗读者》朗读片段

(3)公众参与。

节目在第三季中不断适应新媒体发展特点,在形式上进行创新,开创72小时不间断直播的"一平方米"特别节目,将2020年特殊的故事汇聚在北京、武汉、厦门三地的朗读亭中,脚踏实地承载文化脉搏(见图6-16)。

图 6-16 《朗读者》第三季"一平方米"外景图

6. 商榷与讨论

作为文化类节目,《朗读者》主要以情感共鸣唤起公众对文化的赞同,从而唤醒人们对文化的记忆,传播文化自信。在节目中,嘉宾朗读了许多作品,其中包括《平凡的世界》《老人与海》《堂吉诃德》等经典作品,也包括家书、情书等文稿,但有人提出,节目把握"朗读"和"者"的比重似乎有些失衡,一档80分钟的节目邀请5~6位嘉宾,每位朗读者仅用短短3~5分钟时间对作品进行朗读,嘉宾演绎和表达的文学之美是不是少了几分?

1.《朗读者》主持人对节目有什么影响？
2.《见字如面》和《朗读者》有什么异同？

十、游戏类节目策划分析——以《快乐大本营》为例

游戏类节目的特点是通过设置各种游戏制造快乐。首先，在游戏类节目的策划中要重点考虑的是游戏设计。其次，在游戏过程中，主持人不仅起到串联游戏环节、监督游戏规则、活跃游戏氛围的作用，同时本身也是游戏内容的一部分。选择合适的主持人也是策划时必须考虑的。另外，在流程设计时要考虑节目的变化和节奏。完全用游戏贯穿节目不仅会使节目单调，节奏上也很紧张。策划时应考虑在游戏衔接时穿插其他形态的内容，如才艺展示、歌舞表演等。这样既充实了节目内容，也缓和了节奏，使节目有张有弛。

1. 节目概况

20世纪90年代开始，中国市场经济快速发展，电视节目逐渐多元化。为顺应观众娱乐化需求，湖南卫视打造一档以明星参与游戏、表演为主的综艺娱乐节目——《快乐大本营》（见图6-17）。该节目于1997年7月11日起每周五20:15在湖南卫视播出，2016年1月9日起调至每周六20:20播出。节目以游戏为主，辅以歌舞及各种形式。每期节目均为艺人设计个人专属主题，为大众制造快乐、分享快乐，成为一代青年人的记忆。历届制片人都遵循"抓年轻人喜欢的点，永远捕捉最新鲜的"制作理念，在创新游戏、注重细节中打造出具有"快本匠心"的游戏类节目（该节目于2021年10月9日停播）。

图6-17 《快乐大本营》节目海报

2. 节目定位

"锁定娱乐、锁定年轻、锁定全国"是游戏类节目《快乐大本营》的内容定位、用户定位和市场定位。作为娱乐综艺类节目，娱乐性、大众性和互动性是该节目的特色。节目

将15～20岁年轻人作为节目的受众群,并根据其性格特征、行为习惯、心理思维方式等,打造"快乐大本营,天天好心情"的节目口号。节目逐渐摸索出"大众、流行、通俗、娱乐、八卦、生活"的风格定位。通过游戏和观众互动,不仅创造了欢乐,而且保持了明星与粉丝的黏性,在欢笑声中打造出集娱乐时尚化、娱乐知识化、娱乐社会化为一体的游戏类节目。

3.创意要点

(1)游戏精神。

通过游戏、明星、主持人三方面元素的有机结合,打造出了游戏娱乐空间,例如2020-05-30这期节目通过"集合吧孩子王"带人们回到学生时代,同时节目选取当时较受欢迎的明星进行互动,再通过节目温馨的舞美设计,营造出年轻人的欢乐世界。在节目的编排上,《快乐大本营》极力迎合年轻观众群体的口味,将游戏精神贯穿整个节目,让观众在轻松、欢乐的节目氛围中以及主持人与明星嘉宾的互动中获得满足感。同时节目寓教于乐,将科学、公益等理念融入节目创新中,曾获得《人民日报》的称赞,认为其"比较有现实感,比较符合当下观众的需要,这是综艺节目本身在理念上的一种与时俱进"。

(2)游戏设计。

设计原创及有趣的游戏是节目的精髓。历年来,《快乐大本营》先后推出了"快乐传真""心有灵犀""爱的抱抱""火线冲击""音乐大不同""歌词接龙""支持人PK""正话反说""天才笨笨碰"等环节,同时原创了"科学试验站",全国首创静音综艺环节"我想静静",室内大型水上挑战环节"啊啊啊啊池到了""不好意思让一让""下一站是我"等创新环节,在游戏中抓住青少年兴趣,培养其正确的价值观(见图6-18)。此类游戏大致分为四种类型,第一类为动作类游戏,第二类为知识性游戏,第三类为综合判断游戏,第四类为捉弄搞笑游戏。①

图6-18 《快乐大本营》游戏环节

同时,在节目同质化时代中,力求打破观众审美疲劳,为青少年拓宽视野,是《快乐大本营》游戏设计的另一初衷。例如"谁是卧底""请相信我"等游戏板块考察嘉宾和主持人的语言表达能力、临场反应能力和逻辑思维能力,观众也能产生极强的参与感和代入感。现实生活中,很多学校、公司将这类益智游戏用在联欢活动上,使其成为最受欢

---

① 吴怡.《快乐大本营》为何火了20年[J].当代电视,2017(9):45-46.

迎的国民游戏之一。而跳高、拔河比赛、减肥健身专题等运动游戏内容设计,需要嘉宾们具备很好的体能以及肢体协调性,让青少年在惊叹中产生强身健体的欲望,激发运动精神。①《快乐大本营》正是基于对节奏快、挑战性强的游戏进行设计,吸引观众,将电视节目带进了游戏综艺时代。

(3) 注重人文关怀。

节目注重人文关怀,并以此拉近与观众的距离。节目除了"快乐"内容之外,对观众的尊重也是制胜法宝之一。节目嘉宾丢掉明星光环,化身普通百姓,在电视机前以平和姿态对待观众,拉近了与观众的距离。例如主持人谢娜在节目中讲述筷子兄弟在外经常闹笑话的往事,明星好友相互自曝无伤大雅的糗事等环节满足了观众心理需求,同时也加入"职场女性到底该不该早生孩子"等社会话题的探讨。

(4) 关注时事热点,聚焦青年话题。

以《快乐大本营》2020-05-30 期为例,作为一档欢庆儿童节的节目,节目以"集合吧孩子王"为主题,在开篇嘉宾介绍时便用"小孩"口吻拉近与观众的距离。同时在节目游戏环节设计中加入"小学题目大考验""童心问答赛""考考你的反应力之动作版儿歌""小时候最难忘的游戏之呼啦圈行走大赛""小时候最难忘的游戏之谁的被子盖得好"比拼,嘉宾分为两组进行比赛,同时还有抽奖环节,奖品集童心与爱心为一体,不仅可以为公益助力,而且嘉宾有机会获取铁皮青蛙、小熊软糖等充满儿童回忆的奖品。同时,2020 年作为脱贫攻坚战关键一年,节目组响应国家政策,将以获胜组之名,为偏远地区小学建立一间崭新的图书室,并且号召观众一起为脱贫攻坚助力,传递正能量。

4. 人物设计

电视节目主持人是电视节目品牌的标志,一档节目的品牌效应跟主持人所形成的个性化主持密切相关。何炅、谢娜、李维嘉、吴昕、杜海涛五人组成的"主持群模式"打造了"快乐家族"的品牌效应。"快乐家族"各有各的主持风格:何炅主持风格沉稳、平和、思路清晰,谢娜活泼机灵、刁钻古怪,李维嘉冷静、犀利,杜海涛憨态可掬,吴昕清新乖萌。五人各有所长又相互补充,使节目更具人性化色彩。

在嘉宾方面,每期节目选取具有重量级话题的明星,邀请过足球明星贝克汉姆,篮球明星科比、奥尼尔,影视明星成龙、刘德华、胡歌等当红明星,并通过节目设置给予嘉宾充分表现的机会。例如以前 TFBOYS 在节目播出后,该组合的百度搜索指数翻了 10 多倍。

5. 商榷与讨论

作为元老级综艺节目,《快乐大本营》成为我国综艺节目史上一个传奇。但是在互联网发达的今天,网络综艺等创新综艺节目不断兴起,新兴的主持人团队也在不断崛起,节目收视率不断走低。虽然《快乐大本营》曾有一段时间加入了新鲜血液,但是观众不难发现,年轻主持人并不能融入"主持群"中,节目最终还是维持五人老搭档。

---

① 王云峰. 常变常新 寓教于乐:《快乐大本营》长盛不衰的启示[J]. 当代电视,2016(3):43+42.

> 对于节目收视率持续走低的原因,你认为有哪些?应该如何创新?

十一、网络脱口秀节目策划案例——以《吐槽大会》为例

从 2015 年开始,网站自身策划制作的视听节目越来越多,比如网络自制剧、网络微电影、网络访谈、脱口秀及综艺节目等,以视音频多媒体为形式,以互动个性化为特性。

1. 节目概况

《吐槽大会》是一档网络脱口秀节目,于 2017 年 1 月 8 日在腾讯视频首播,时长在 90~120 分钟。节目采取的形式是先由一群"吐槽嘉宾"对主咖进行"吐槽",最后主咖上台反击。节目以网络独有的"吐槽"文化为切入点,每一期节目邀请一位话题名人,让他们接受"吐槽"和"自嘲"。《吐槽大会》的创作团队笑果文化脱胎于喜剧节目《今晚80后》脱口秀幕后团队,一贯以幽默犀利的风格著称,他们致力于开拓喜剧脱口秀领域。

2. 节目定位

节目定位于"吐槽"。"吐槽"逐渐成为网络特有的一种调侃文化。经过网络的演变和改造,如今"吐槽"成为一种自我表达的意愿和年轻态度的表现。节目设置名为"吐槽"实际是一种别致的交流方式,是一种独特的解压方法,嘉宾用"吐槽"的语言风格,不仅幽默,而且具有讽刺意味,向观众传达笑点,满足了公众的解压和娱乐化需求。

3. 创意要点

(1)"吐槽"文化独特新颖。

"吐槽"属于特别的表达方式,具有调侃和讽刺意义,渐渐地流行于网络传播中,成为网络中的特有文化。在节目中,嘉宾们用这种"吐槽"的方式表达,显得幽默风趣,也增加了节目的笑点。

(2)一站式"吐槽"。

节目选择一站式"吐槽"方式,也就是嘉宾们在表达的过程中,是不允许被打断的。这也意味着被"吐槽"到嘉宾,只能"默默忍受"被其他人"吐槽"和调侃,虽然看似有些残忍,但是也更好地让嘉宾们甩掉了自身的明星包袱,更直接地表达观点,并带给观众更直观的快乐。

(3)槽点选择。

把嘉宾的热议话题,和带有争议的话题放到节目中进行"吐槽"和调侃。例如第一期节目中的主咖李湘,事业、爱情、家庭都十分成功,会有什么可供大家"吐槽"的地方呢?首先,李湘是《快乐大本营》的前主持人,随着她的离开,新主持人谢娜上场。一直以来,许多观众会把两位主持人相比较。其次,生育后的李湘体重超标,还将自己的孩子带进了娱乐圈,遭到许多网友的调侃和嘲讽。面对扑面而来的争议,主咖李湘回答道——每个人都要有自己的人生态度,我很满意我目前的定位,不能因为他人的话就改变自己。李湘用个性化思想和语言,巧妙地回击了这些槽点,也构成了《吐槽大会》的

亮点。

(4) 嘉宾表演。

《吐槽大会》嘉宾在吐槽时，都带有表演的成分，在述说的过程中加入了个人的表演，使得吐槽更富有戏剧性和喜剧性色彩，这也是能够逗乐观众的重要原因。

(5) 融合传播。

在网络综艺节目的开始阶段，公众主要是通过大众传播渠道知道《吐槽大会》；而在迅速发展阶段，公众主要是通过人际传播获知节目，如通过朋友分享推送、微博话题讨论和互动游戏模仿等强关系传播。大众传播、人际传播与网络传播的融合，结合了传播网络中的弱链接与强链接，更能帮助网络综艺扩散。

4. 人物设计

节目嘉宾构成多元化，例如有性格率真的女演员宁静，风格独特的港台演员陈汉典，主持人黄子佼，脱口秀演员李诞、池子，还有央视老牌体育解说员韩乔生。他们风格迥异，处于不同的年龄层，从事着不同的工作，在节目中互相吐槽，碰撞出火花，吸引着不同的受众群体。

5. 基本流程

这里以第一季第一期为例，说明《吐槽大会》的基本流程(见表6-8)。

表6-8 《吐槽大会》的基本流程

时间	内容	画面	背景音乐
00:00:00—00:02:00	主咖自述	主咖李湘在节目开始前的一段自述	人物原声、对话
00:02:01—00:07:03	主持人出场	张绍刚开场白，介绍李湘的热点事件；主持人介绍广告方	人物原声
00:07:04—00:11:05	嘉宾出场吐槽	演员陈汉典上台吐槽	人物原声
00:11:06—00:17:06	嘉宾出场吐槽	脱口秀演员李诞上场吐槽	人物原声
00:17:07—00:22:57	嘉宾出场吐槽	体育播音员韩乔生上场吐槽	人物原声
00:22:58—00:28:06	嘉宾上台吐槽	演员宁静上场吐槽	人物原声
00:28:07—00:39:05	主持人对前面嘉宾的吐槽进行点评，嘉宾继续上场吐槽	张绍刚幽默点评各个嘉宾们的表现，脱口秀演员池子上台	人物原声
00:39:06—00:49:06	嘉宾上场吐槽	主持人黄子佼上场吐槽	人物原声
00:49:07—00:57:44	主咖上场	李湘上场吐槽，回应	人物原声

时间	内容	画面	背景音乐
00:57:45—01:01:00	众嘉宾鼓掌欢呼	所有的嘉宾们都站起鼓掌,观众们欢呼;张绍刚上台致谢	人物原声

6. 商榷与讨论

节目中,导演为了节目效果而安排嘉宾说一些比较俗气的热点事件,显得没有底线,违背了公序良俗,甚至可能引起舆论风波。

节目中嘉宾会抓住一个槽点反复"吐槽",这样是否会造成"人身攻击"？低俗与通俗的界限是什么？

十二、相亲交友类节目策划分析——以《非诚勿扰》为例

相亲交友类节目是媒体为未婚男女提供交友平台的一档节目,具有较强的服务性、娱乐性和互动性。

1. 节目概况

《非诚勿扰》是江苏卫视的一档婚恋交友节目,于2010年1月15日开播,由孟非担当主持,现由黄澜和陈铭作为感情观察员进行分析点评(见图6-19)。《非诚勿扰》作为一档适应现代快节奏的大型婚恋交友节目,每期节目采取1位男士面对24位女士的形式,经过"爱之初体验""爱之再判断""爱之终决选"三个环节("爱之初体验"后改为"爱之请回答"),让男女嘉宾具有选择权与被选择权,嘉宾借助主持人、感情观察员的穿插提问,讲述个人和家庭背景,展现男女青年敢说敢秀的性格。

图6-19 《非诚勿扰》宣传图

2. 节目定位

服务性为《非诚勿扰》的最高宗旨,"立足于情感,重视深度",在创作之初,节目以"只创造邂逅,不包办爱情"为口号,依托 2010 年江苏卫视由"情感"升级为"幸福"的频道定位,努力为单身男女提供交友的平台,创造牵手的机会。同时节目努力营造出轻松、幽默、喜剧的氛围,从而满足观众对爱情、婚姻的想象以及娱乐性需求,可以说《非诚勿扰》是一档集服务、娱乐、情感等为一体的相亲交友类节目。

3. 创意要点

《非诚勿扰》制作人王培杰认为,创造不可复制的节目模式是领先的根本。作为一档相亲交友类节目,《非诚勿扰》的亮点在于节目元素的叠加,以娱乐为主,并在娱乐基础上进行创新,场景、声音等显性元素和感情、节奏等隐性元素相组合,从而创造出独特的节目模式。

(1)环节设置。

《非诚勿扰》引用英国 Fremantle Media 的版权节目"Take Me out"的"亮灯灭灯"环节,加入了"配对"元素,创立了相亲节目一种全新的交友模式,给予女生主动和选择的权利,同时节目还通过设置鹊桥、舞台展示空间等场景元素,顺应了快节奏时代下 80 后、90 后追求爱情和体现自我的时代潮流。

设置具有悬念、冲突的戏剧性元素,突出当代男女之间的感情碰撞。《非诚勿扰》男女人数比例为 1∶24,设立的三个环节赋予每一个女性选择权,她们可不断表达内心想法和心理诉求。同时节目也赋予男嘉宾选择权,在第三个环节后,有一位以上女士亮灯,男士则有机会进行选择,如若所有女士都灭灯,男士只能离场。

(2)主持人把控。

主持人及感情观察员在节目中不仅起到把控节目进度的作用,同时为男女相处之道提供经验。孟非作为节目主持人,其平民化、幽默化的主持风格深受观众喜爱。同时节目曾选取黄菡、于正、黄澜、陈铭等具有深厚专业知识以及独特语言风格的情感观察员,与孟非一同解决了现场许多具有争议的话题。所以在相亲交友类节目中,专家的设立和男女嘉宾如何互动是节目策划的亮点和重点。

(3)个性表露。

作为一档相亲交友类节目,男女嘉宾的个性表露以及情感价值观是流程设计中的另一关注点,如果只是单纯的相亲节目则显得单调,但加入视听元素,包括图片、视频元素,让当事人讲出个人故事,在屏幕上争论探讨,会使节目更具有可看性,也能为观众传递正确的爱情交友观。

(4)场景设计。

相亲交友类节目应通过元素的变化组合加入场景元素实现节目创新。例如,在《非诚勿扰》中,舞台设计、演播室布局体现了时尚、娱乐和个性的节目风格。节目使用了红蓝为主色调的舞台背景,同时,在舞台结构中,男嘉宾入场采用升降台形式,为男嘉宾出场增添了一点神秘色彩,女嘉宾呈扇形展开,整个舞台用类似鹊桥的形式连通单身男女(见图 6-20)。

(5)价值引领。

相亲交友类节目必须有内在的社会责任,通过塑造正确的爱情价值观念为公众传

图 6-20 《非诚勿扰》舞台图

递正确的道德导向,从而凸显社会主流价值观,促进社会精神提升与道德进步。

4. 人物设计

人物包括节目主持人(见图 6-21)、男女嘉宾和情感观察员。其中情感观察员是《非诚勿扰》人物设计的创新之处。同时,节目选取了表现力强,言语犀利大胆的单身嘉宾,赢得了年轻观众的关注度。

图 6-21 《非诚勿扰》主持人孟非

5. 基本流程

这里以 2021-07-03 期为例,说明《非诚勿扰》节目的基本流程(见表 6-9)。

表 6-9 《非诚勿扰》节目的基本流程

时间	内容	画面	音乐
00:00:00—00:00:45	主持人开场	孟非	开场音乐、人物原声
00:00:46—00:06:10	广告环节	孟非及品牌特写	轻快音乐、人物原声

续表

时间	内容	画面	音乐
00:06:11—00:06:45	男嘉宾上场并选择心动女生	男嘉宾	人物原声
00:06:46—00:11:13	进入"爱之请回答"环节,男嘉宾提两个问题,并与女嘉宾互动	男嘉宾及女嘉宾	人物原声
00:11:14—00:19:29	进入"爱之再判断"环节,借一段视频介绍男嘉宾基本资料,女嘉宾根据视频内容提问	女嘉宾提问,男嘉宾回答,主持人和情感观察员分析	基本资料视频、人物原声
00:19:30—00:25:33	进入"爱之终决选"环节,由"感情经历"进一步了解男嘉宾,女嘉宾根据视频内容提问	女嘉宾提问,男嘉宾回答	基本资料视频、人物原声
00:25:34—00:26:36	灯全部熄灭,情感观察员分析失败原因,男嘉宾遗憾离场	情感观察员进行感情分析	悲伤音乐、温情音乐
00:26:37—00:27:16	广告环节	现场观众及品牌特写	背景音乐及主持人介绍广告
00:27:17—00:27:58	第二位男嘉宾上场,并选出心动女生	男嘉宾特写	人物原声、背景音乐
00:27:59—00:32:04	进入"爱之请回答"环节,男嘉宾提两个问题,并与女嘉宾互动	男嘉宾及女嘉宾	人物原声
00:32:05—00:39:03	进入"爱之再判断"环节,借一段视频介绍男嘉宾基本资料,女嘉宾根据视频内容提问,更深一步了解男嘉宾	女嘉宾提问、男嘉宾回答、主持人和情感观察员分析	基本资料视频、人物原声
00:39:04—00:39:24	广告时间	嘉宾和男嘉宾互动引出广告	人物原声
00:40:25—00:49:17	进入"爱之终决选"环节,由"感情经历"进一步了解男嘉宾,女嘉宾根据视频内容提问	女嘉宾提问、男嘉宾回答	基本资料视频、人物原声
00:49:18—00:52:32	第三轮选择还剩一名女嘉宾亮灯,系统显示智推女生人员,男嘉宾进行选择,并最终牵手成功	男嘉宾及女嘉宾	人物原声
00:52:33—00:53:36	牵手成功后,双方谈对对方印象及畅谈未来爱情誓言	牵手成功	人物原声
00:53:37—01:15:53	第三位嘉宾上场,在第三环节"爱之终决定"遗憾离场	男嘉宾、女嘉宾、主持人和情感观察员分析	人物原声、背景音乐

续表

时间	内容	画面	音乐
01:15:54—01:17:58	因第三位嘉宾离场引出对待"前任"感情的探讨	男嘉宾、女嘉宾、主持人和情感观察员分析	人物原声、背景音乐
01:17:59—01:18:28	片花	节目花絮	主题音乐

6.商榷与讨论

节目如果在形式上过于追求娱乐化,就会导致庸俗化,甚至会在导向上存在问题,影响整个社会价值观的健康发展。相亲节目免不了泛娱乐化因素。从内容上来看,此类节目一般都是隐私被娱乐化、商业化,借助专业的制作手法,让嘉宾"晒隐私""曝家丑"[①],嘉宾通过短短不到一个小时的认识时间便解决了双方的情感问题,到底是出于真心还是追求娱乐效果,还有待考究。

有人认为该节目只是作秀,并不为交友,谈谈你的想法。

思考

1.请选择一档你最喜欢的娱乐节目,从节目借鉴、节目概述、节目定位、制作团队、创意元素、人物设计等方面对其进行分析。

2.观看《奔跑吧兄弟》《极限挑战》《爸爸去哪儿》,并探讨三档真人秀在元素、环节、策划中有什么异同。

3.你认为除了书中所列举的娱乐综艺类别之外,还有其他类别吗?

---

① 印兴娣.浅论电视媒体的情感相亲类节目[J].新闻爱好者,2011(16):154-155.

第七章 音频节目策划

《海阳现场秀》是中央广播电视总台文艺之声的一档新闻娱乐脱口秀节目,以主持人名字命名。节目以当天或近期热点新闻娱乐话题为对象,由男女主持人海阳、小艾搭档进行幽默的点评与调侃。

声音是最为成熟的信息传播媒介之一,通过解放手、脚和眼睛,让伴随性成为音频媒体的独特属性。从模拟广播到网络广播,从收音机到智能终端,音频始终随着技术的进步不断发展,并随着用户需求、使用习惯和场景的变化持续焕发新的生命力。① 近年来,中国在线音频用户规模保持连续增长态势,预计到 2022 年,在线音频用户规模将达到 6.9 亿人。② 从传统的广播节目到网络音频节目,声音产品的生产传播一直在进行。

一、音频节目特点与功能

音频节目是指以音频为主要构成元素,通过广播或在线音频 App 等媒介面向大众的,具有传递新闻资讯、提供娱乐等功能的内容产品。由于音频本身具有伴随移动性的独特属性,音频节目受收听场景变化的影响较大。

---

① 王文涛.网络音频的特点及监管探析[J].西部广播电视,2020(7):29-30.
② 艾媒咨询.2021 中国在线音频产业运行监测调研报告[EB/OL].(2021-08-10). https://report.iimedia.cn/repo13-0/39452.html.

1. 音频节目的特点

声音传播的历史几乎与人类的历史一样悠久。音频节目以声音为传播介质进行传播,而声音与人类最重要的感觉功能之一——听觉息息相关,音频节目的特点取决于其自身的媒介属性。

(1)大众性。

音频节目面向大众,普及率较高。与报纸、杂志、网页等文字性媒体相比,广播更加通俗易懂,不受听众文化水平的限制。与电视相比,广播节目的运行成本和用户收听成本相对较低。截至2020年,中国广播节目综合人口覆盖率达99.38%。

(2)伴随性。

不同于文字和视频产品,用户在收听音频节目时可以解放双手、双眼,不影响从事主要事务,具有很强的伴随性。音频节目还可以给予用户资讯陪伴、时间陪伴和情感陪伴。

(3)移动便携性。

音频接收装置(收音机)所具有的移动便携性能够满足用户随时随地收听音频节目的需求。

(4)文化传承性。

音频产品在文化传播与传承中起着独特的作用,虽不是信息传播过程当中的主角,但不可或缺。早在人类发明文字,能通过眼睛阅读来传授文化、思想和知识之前漫长的历史阶段,听觉就担负着文化传承的历史重任。[1]

2. 网络音频节目的特点

网络音频节目随着互联网技术的进步而迅猛发展,与传统广播相比,网络音频节目独具特点。

(1)异步性。

用户不必遵循广播的线性传播方式"同步"收听节目,可以选择在合适的时间进行收听,智能移动网络技术的发展大大扩展了音频的使用场景,大幅增加了用户的聆听时间和活跃度。

(2)窄播化。

广播专业化频道的内容更加细分化和专门化,可以针对特定的用户群进行节目制作。

(3)互动性。

用户在很大程度上拥有了信息的选择权,用户与传播者之间可以进行更密切、更快捷的沟通。

---

[1] 吴硕贤.声音与听觉在人类文化传承中的作用[J].艺术科技,2000(3):6-8.

有人据此认为网络音频节目是对传统广播功能的补充,两者是互补和合作关系。[①] 你怎么看?

3. 音频节目的类型

伴随着媒介技术的不断发展,音频节目的内容和形态被不断丰富和完善,总体来看,主要可以从节目类型和节目播出平台两种角度去。按照节目类型,音频节目可以分为新闻资讯类、专题服务类、综艺益智类、广播剧类。按照节目播出平台,音频节目可以分为传统广播电台节目、网络电台节目、网络音频节目和有声书节目等。本书主要采用按节目类型划分的方式。

(1)新闻资讯类。

新闻资讯类音频节目通常是迅速、广泛地播报新近发生的事件,除了对当日的短消息进行即时播报外,还有可能会在直播间邀请评论员针对新闻事件进行点评,引发用户思考。总体上,新闻资讯类音频节目有较强的时效性、动态性,题材广泛。如中央人民广播电台中国之声节目《新闻晚高峰》。

(2)专题服务类。

专题服务类音频节目可分为心理疏导类、生活服务类和儿童教育类等多种类型。节目内容和形式灵活,突出广播节目的服务功能,如各个城市的交通广播栏目进行的路况信息播报,楚天交通广播美食服务类节目《好吃佬》,郑州人民广播电台情感类谈话节目《今夜不寂寞》等。

(3)综艺益智类。

综艺益智类音频节目通常是以传递快乐、为用户提供娱乐消遣为目的而开设的,该类节目涉及领域广泛,内容形式多样,随着广播技术的发展,这类节目更是拓展出了多种节目形式,如新闻娱乐脱口秀栏目《海阳现场秀》等。

(4)广播剧类。

广播剧类音频节目是用话语对白、音乐、音响效果等声音手段创造听觉形象,展开剧情,刻画人物的戏剧类型。

4. 音频节目的功能

音频节目自身的特点与属性决定了其节目功能。作为通过声音传递内容的媒介,音频节目通常在传递资讯、舆论引导、提供娱乐、心理疏导等方面发挥着重要作用。

(1)传递资讯。

音频节目当中,无论是新闻评论类还是娱乐服务类节目,都可以通过音频进行资讯信息的传递,具体可包括新闻资讯、交通路况信息以及其他生活服务类资讯,这一功能尤其体现在车载音频节目当中。

---

① 谢奇峰,王宇.网络广播发展及前瞻[J].现代传播(北京广播学院学报),2003(3):127-129.

(2) 舆论引导。

主流媒体开办的新闻评论类音频节目通常可以通过新闻播报和嘉宾访谈的方式对社会事件进行舆论引导,充分发挥媒体的喉舌功能,传递主流价值观。

(3) 提供娱乐。

音频节目当中,音乐栏目和脱口秀栏目是常见的娱乐形式,此外,这类节目还可以通过与用户的场外互动实现娱乐与交流。

(4) 心理疏导。

音频节目通过情感类谈话、答疑解惑等方式,能够实现和用户的连接,此外,音乐电台的节目编排也可以达到情绪疏导的效果。

你和你身边的人有收听广播的经历吗?是通过什么渠道收听的?

二、新闻评论类音频节目策划

新闻评论类音频节目指对新近发生的民生新闻事件进行及时播报,并发表对事件的看法的音频节目类型,通常会邀请嘉宾或特邀评论员来到节目当中同主持人进行互动,或是直接发表观点,通过记者连线、嘉宾访谈、专家点评、用户互动等手段,对新闻进行深度剖析,用声音铸就思想力量。①

1. 新闻评论类音频节目的特点

新兴媒体的迅速发展,意味着公共空间的扩展和信息资源的共享,随之而来的则是新闻同质化现象的日益严重,抢播第一时间的独家新闻越来越难。因此通过开设新闻评论性质的节目,借此输出平台的独家观点,能够在新闻的深度剖析、详细解读上有新的探索。② 新闻评论类音频节目通常具有时新性、贴近性、可讨论性和互动参与性的特点。

(1) 时新性。

新闻评论类音频节目播报的通常是具有时效性的新闻事件,遵循新闻价值当中的时新性原则,尽量通过广播第一时间将新闻消息当中的事件信息进行传递。

(2) 贴近性。

节目通常关注的是老百姓的生活问题,因此新闻评论类音频节目在制作过程中会倾向于公共热点话题,贴近日常生活、贴近群众所需所想、贴近生活实际。在"三贴近"原则的指导之下,节目内容能够对公众有影响力,更显温度。

(3) 可讨论性。

在节目策划过程中,选取的新闻话题通常具有一定的讨论热度或具有争议性,新闻评论类音频节目通过输出媒介观点对新闻事件进行权威解读。评论性的观点不仅能够增强节目的思想内涵和权威性,还可使得节目在同质化的新闻播报当中脱颖而出,成为

---

① 申启武,吕芳敏.广播新闻:多元化革新与全方位突破[J].中国广播电视学刊,2012(1):9-11.
② 申启武,吕芳敏.广播新闻:多元化革新与全方位突破[J].中国广播电视学刊,2012(1):9-11.

媒体的标志性旗帜。

(4)互动参与性。

新闻评论类音频节目通常会加入媒体评论员点评、记者连线、嘉宾访谈、用户互动等节目元素,增强节目的互动参与性。

2.新闻评论类音频节目策划案例分析——以《万有引力》为例

1)节目概况

《万有引力》是湖北广播电视台湖北之声的一档新锐新闻评论节目(见图 7-1)。每期节目 60 分钟,节目播出时间为每天 17:00—18:00,每期节目包括 4～5 个选题,每一个选题都是一个单独的新闻评论,由主持人掌控整体的节目节奏,发表主播观点或邀请媒体评论员进行民生新闻事件点评。资料显示,该节目在上线后的 4 年间,一直保持湖北省内同时段收听率第一。①

图 7-1 《万有引力》海报

2)策划要点

(1)明确的节目定位。

作为一档新闻评论类的音频节目,《万有引力》以"听众最关心的事件、独树一帜的犀利观点、大视野、锐观察、新态度就在——《万有引力》"为节目宣传标语,在新闻评论的选题确定、节目策划原则的确定、节目表达形式的设计和传播渠道的拓展等方面独具特色与代表性。

《万有引力》节目整体传递着关注社会公平正义等价值元素,传递主流价值观,节目环节元素较为固定,有着较为稳定的节目风格与定位。人物元素上,节目塑造了主持人万敏这一核心人物形象,同时引入媒体评论员、粉丝用户等人物元素。声音元素上,作为新闻评论类音频节目,每期节目都会配以合适的背景音乐、节目音效或环境声以活跃气氛,增强节目效果。

(2)前瞻性与高热度的新闻选题。

在确定新闻选题的过程中,《万有引力》以前瞻性和高关注度为标准,选择热度高、

---

① 万敏.融媒时代广播评论发展问题研究——以湖北之声《万有引力》栏目为例[J].新闻前哨,2016(12):55-57.

有争议性、讨论度较高的民生话题是节目策划的一个关键元素。

首先,民生类话题贴近用户生活,影响力较大,因此这类选题能够引起用户的共鸣,启发人们的思考,使其有兴趣参与到节目当中,例如"限塑令"的实施情况、共享单车等社会热点。其次,在确定新闻选题的过程中,需要具有前瞻性。能够通过舆情监测和新闻敏感性及时捕捉话题点,通过对话题本身的深入认识以及对事态发展方向的准确判断,较有前瞻性地找到可供探讨的新闻热点。要在第一时间快速抓住事件的第二落点、第三落点,在复杂的事件信息中梳理出主线和次线,提炼出观点,由此能够起到舆论引导的效果。最后,要认真核实评论话题的真伪、完整性和可持续性,在事实不清或者事件还在不断发展的情况下,"宁停三分、不抢一秒"。

(3)犀利与个性化的新闻评论。

新闻事件点评是新闻评论类节目的核心环节。《万有引力》的新闻评论由媒体评论员、主播观点、观点微评和网友观点几个模块构成。

媒体评论员评论部分,通常是主持人就某一话题,对话一位或多位该领域的精英,通过主播与媒体评论员之间的对话交流,产生观点上的交锋碰撞,推进新闻话题的深入。

主播观点部分,通常是一段一分半左右的评论,语言犀利、精炼,避免使用书面语。主播站在公众的角度看待问题,提出略高于公众水平的建议,可以适当地使用当下的网络流行语。但要明确的是,导向要正确,要提出有建设性的观点。

观点微评部分相较于主播观点更简短、更精炼。值得一提的是,《万有引力》节目在这一环节会利用不同的声音元素(现场声、效果声)去再现新闻事件,使得用户有在场感,紧接着主播简短阐述各方观点,配以犀利的评论。

网友观点部分选取粉丝的留言评论。节目设置"互动话题"单元,一方面吸纳了广大用户的观点,另一方面能够有效增加用户的黏度。节目粉丝通过节目QQ群、微信公众号和网络电台各个平台进行留言,对热点话题进行讨论,并提供关心的选题,这就为节目提供了公众的反馈信息,不仅有观点信息,而且有选题信息。

(4)鲜明的舆论导向。

节目一方面希望通过思想上的沟通,与用户在某种程度上达成共识;另一方面,作为主流媒体,其犀利与个性化的媒介观点之下则是鲜明的舆论导向,在潜移默化中进行舆论引导,输出节目态度和主流价值观。

(5)融媒体背景下的传播渠道。

相较于以往音频广播只能通过收音机这一载体进行传播,随着移动客户端的不断发展,用户可以通过多个终端收听音频节目。除了传统的广播媒介渠道,《万有引力》还拓展了微信公众号、QQ交流群和手机客户端等多个传播平台。在实现节目内容二次传播的同时,拓宽了与用户的互动渠道,增强了节目与用户之间的联系。

你觉得新闻评论类音频节目的用户群体有哪些?

三、新闻娱乐脱口秀类音频节目策划

新闻娱乐脱口秀类音频节目是以脱口秀的表现形式对新闻资讯进行娱乐化解读的一种音频节目类型。

1. 新闻娱乐脱口秀类音频节目策划的基本内容

(1) 脱口秀主持人。

主持人作为栏目的核心要素,被视为重要的品牌符号与标签,具有较强的用户与客户号召力。

(2) 脱口秀原创段子。

脱口秀类音频节目不可缺少的便是原创的脱口秀内容,这需要节目编辑团队持续不断地进行内容的创作与输出,将新闻内容与娱乐形态有机融合,以独特视角来解读新闻与资讯。

(3) 栏目流程。

此外,栏目流程策划方面通常具有鲜明的节目自身定位,注重为目标用户群体打造分众化的广播内容服务。

2. 新闻娱乐脱口秀类音频节目的特点

(1) 休闲性。

新闻娱乐脱口秀类音频节目的主要特性是休闲娱乐性,节目通常以轻松幽默的内容形式呈现,对新闻进行娱乐化解读。

(2) 个性化。

新闻娱乐脱口秀类音频节目通常会以脱口秀的内容形式表达对某一事件或话题的看法,个性较强。

3. 新闻娱乐脱口秀类音频节目策划案例分析——以《海阳现场秀》为例

1) 节目概况

《海阳现场秀》于 2011 年 1 月 12 日起在中央人民广播电台文艺之声上线,是国内广播节目中罕见的一档以主持人名字命名的节目,节目为此成立了"海阳工作室",每年投入上百万经费。海阳是中国第一位凭借脱口秀节目获得"金话筒"奖的主持人。节目以当天或近期热点新闻娱乐话题为对象,由男主持人海阳、女主持人小艾搭档进行幽默的点评与调侃。除专职编播团队外,还有 20 位兼职外脑团队为节目提供内容。《海阳现场秀》成品节目于 2014 年开始面向全国电台发售(见图 7-2)。

《海阳现场秀》播出时间:中央人民广播电台文艺之声每日 17:00—18:30;中央人民广播电台经济之声工作日 20:13—21:00、周末 20:00—21:00。节目开播后,最好成绩为同时段北京市场第二。节目已覆盖全国主要一、二线城市,同时通过节目销售实现山东、浙江、河北等省会级电台落地播出。节目吸引了几家知名企业的冠名或特约,是文艺之声单位时间品牌广告费最多的节目。

2) 策划要点

(1) 节目定位。

《海阳现场秀》节目定位于移动人群。以"下班路上的快乐陪驾"为口号,节目在定位之时就已树立多重独特属性。

图 7-2 《海阳现场秀》海报

一是视角独特：主持人把自己塑造成一个亲和、有小缺点且经常愤愤不平的小人物，在嬉笑中传递主流价值观，关怀社会民生。

二是观点独特：节目强调观点的独特性，很考验主持人和编辑的新闻敏感度和思维模式。

三是表达独特：节目中充分运用了脱口秀节目通行的策略——嘲弄与自嘲，再加上主持人海阳的模仿演绎、即兴搞笑的能力，形成了节目独特的表达方式。

与其他常态娱乐节目不同，《海阳现场秀》将美式脱口秀的结构、中国传统曲艺的叙述方式以及舞台戏剧表演的技巧相融合，将新闻内容与娱乐形态有机融合，形成强烈的富有批判精神的喜剧效果。节目充分发挥主持人的模仿与表演才能，通过新闻演播、情景再现、互动交流、生活滑稽录音等形式来解读新闻与资讯，借他人之口表达自己的观点。

在 2011 年该节目处于研发阶段，北京地区晚高峰广播市场基本饱和，新闻、交通、音乐与娱乐类栏目市场表现居高位，创新节目若定位上述类别都难以与已有栏目抗衡。① 中央电台文艺之声将优势类别进行组合，发挥主持人能力较强的优势，将栏目定位于新闻脱口秀，主打新闻的第二落点，对新闻做娱乐化解读，节目强调观点的独特性。以主持人说学逗唱的娱乐表达与较好的演艺票务资源，做到既契合频率定位，又能提供差异化服务。

（2）节目板块构成。

①海阳的快乐生活：以原创的主题段子讲述海阳糗事，作为脱口秀节目的开场秀部分；

②大家来说笑：节目用户原创的笑话平台；

③时事乱侃：以另类角度对热点新闻事件进行幽默机智的点评；

④哪里有问题：对用户日常生活工作问题的犀利爆笑回答。

以上四部分已成为节目常设板块，还有道听途说、新十万个为什么、海大夫热线等板块，会以季播的形式呈现。

---

① 李玥.解析如何运用互联网思维构建广播栏目——以《海阳现场秀》为例[J].中国广播，2015(8)：56-59.

(3)强化主持人品牌。

栏目刚播出时名为《给力十七点》,借用当年热词"给力"作为品牌标识。主持人海阳多以小人物视角,于嬉笑中关注民生公益,以善意的幽默评论新闻热点,同时运用自嘲夸张的表达方式、脑筋急转弯式的幽默,让用户在情理之中、意料之外会心一笑。这种节目调性契合了北京包容的城市品格与人文情怀,从而聚集了较高人气,很快打开了晚高峰收听市场。随着产品的生产流程与质量控制标准日趋完善,综合市场反馈与内容定位,2013年节目进行全面改版升级——强化主持人品牌,将节目更名为《海阳现场秀》。

音频脱口秀栏目的主持人因音频节目的特殊性,具有品牌形象代言人的天然属性。主持人的美誉度、知名度与节目品牌的成长紧密相关,将主持人作为鲜明的品牌符号打造并推广,是迅速提升节目品牌的捷径。

《海阳现场秀》采用品牌延伸策略,让主持人在电视、杂志、视频网站全媒体崭露头角,充分展示其多方面才能。主持人在辽宁卫视、山东卫视分别主持脱口秀《海阳俱乐部》《语众不同》,在《南方人物周刊》等杂志上刊登专访,与优酷、爱奇艺合作推出《牛人编辑部》《海阳头壳秀》等视频短片,并因其幽默表达与较好的主持能力获邀主持电影颁奖典礼等大型活动。海阳的知名度通过全媒体品牌传播获得较大提升与强化,这在很大程度上反哺了节目品牌。

(4)重视新媒体导流。

《海阳现场秀》注重打通传统的收音机广播和移动互联网社交媒体平台的多个渠道。"海阳"微信公众订阅号自改版以来,以"59秒语音唤醒一天好心情"为口号,以"语音段子+心灵鸡汤"为内容,以隐藏关键词推送为表达方式,进行全新升级。海阳微博现有粉丝146万,《海阳现场秀》的微博粉丝11万,微博成为节目二次传播的平台。此外,《海阳现场秀》拥有三个微社区,分别为:"海聊吧"——热门话题的二次发酵平台;"交友吧"——为单身青年打造的社交平台;"运动吧"——为热爱运动、喜欢旅行的人打造的互动平台。海阳工作室百度贴吧则是粉丝互动的平台,并有海阳后援团专人维护。在移动客户端,《海阳现场秀》在喜马拉雅播放平台和荔枝FM长期位居收听率排行前列,节目组联合蜻蜓FM及优听Radio电台,开辟"海阳电台",将每天节目的直播版内容进行剪辑,推出精品版节目。

(5)用户思维与线下互动。

《海阳现场秀》通过社会化媒体提供多样化服务、互动,并聚合用户形成粉丝属性后,成立线下粉丝组织,并由该组织自发开展活动。《海阳现场秀》的线下组织名为"海阳董事会",是在线下活动中通过用户的共同筛选产生的线下活动的协同组织者,其被群体称为"董事"与"副董"并赋予社群管理职能。据了解,"海阳董事会"的"董事"们多为高学历、高收入人群,具有一定的社会资源,且愿意无偿提供服务。其余活动参与者能自觉遵守活动参与流程与规定。《海阳现场秀》已初步积累了粉丝价值群体,与一般会员相比,粉丝更优质,是节目的热心追随者或支持者。

(6)平衡娱乐化与公共利益。

脱口秀节目在追求收听效果与社会影响力的同时,必须注意进行正确的价值观引导,引导人们的认知和行为符合公共利益。《海阳现场秀》作为一档新闻娱乐脱口秀栏目,在节目策划当中需要更加适应时代的发展,不拘泥于简单的笑话或段子博大众一乐,挖掘更深层次的社会意义,让用户在快乐中有所收获。

 讨论

你喜欢听脱口秀节目吗?为什么?

四、美食类音频节目策划

美食类音频节目指以美食为核心元素,以声音为主要表现形式,通过广播向用户传递与美食相关的生活资讯信息的音频节目类型。美食类音频节目有区别于其他节目的特有元素——美食。节目围绕美食展开,可以传授美食的制作方法,可以探究美食的历史文化,可以围绕美食展开竞技等,美食是此类节目的核心,是主线。[①]

1. 美食类音频节目策划的主要内容

(1)主持人。

主持人在美食类音频节目当中起至关重要的作用。优秀的美食类音频节目主持人都具有幽默诙谐、通俗、接地气的人物特征,还有丰富的饮食文化与烹饪技术的知识储备。主持人是美食栏目不遗余力投入资源去打造的一个重要元素,优秀的美食主播能够有效提升节目传播效果和打造节目品牌。

(2)节目主题与话题。

美食类节目通常将美食与美好生活、美食与文化进行挂钩,以此深化和提升节目主题。在特定主题下,节目会基于某一具体话题进行节目内容的策划。话题通常是应时、应季,从美食元素出发进行内容编排。例如,不同季节的进补话题、食物间的禁忌问题等,有持续性的话题和用户讨论热度的节目话题才能够获得更为理想的收听效果。

(3)节目流程。

美食类节目不论其是用记录式、美食资讯科普式,还是娱乐化等形式来展现和制作,流程都必须清晰,能够让用户明确了解节目的规则。流程可以设置悬念,但不能过于复杂,毕竟美食类节目属于休闲节目,不需要紧张、刺激的节目调性。科学的、符合用户收视习惯的流程设置更有利于节目为观众所接受。[②]

(4)听觉效果。

相对于报刊中的美食专栏和电视中的美食节目,广播中的美食节目想要得到足够的用户关注度和满意度,要难得多。在传统媒体中,报刊可以将美食专刊做到图文并茂,电视节目更可以将美食节目做得活色生香,而广播节目只能通过语言的描绘、音效的加持来为用户构建想象中的画面,营造现场感、形象感。因此富有特色的声音、流畅的表达、幽默的话语是这类节目成功的关键。

---

① 吴杰.美食类电视节目构成元素分析[J].东南传播,2013(4):80-82.
② 吴杰.美食类电视节目构成元素分析[J].东南传播,2013(4):80-82.

2. 美食类音频节目的特点

(1) 休闲娱乐性。

中国有句古话叫"民以食为天",国人对于美食的热爱体现在生活的方方面面,生活中缺少不了美食元素,谈及饮食文化的诸多话题也多是贴近生活、轻松愉悦的,因此,美食类音频节目自然带有休闲娱乐性的特征。

(2) 信息实用性。

美食类音频节目在节目内容上会向用户传递相关的资讯信息、科普餐饮常识,或是进行美食推荐、餐厅推荐等,上述信息对于用户来说,通常具有一定的实用性。

(3) 贴近性与分众化。

随着移动互联网的发展,音频广播在传播模式上也从传者主导转向了用户主导,不同用户的需求和喜好会影响节目走向,其中美食口味的分众化自然会带来节目的分众化。而值得一提的是,地方台的广播美食节目通常会更加具备地方特色,立足本土美食的宣传推广。由此,美食类音频节目会有贴近性和分众化趋势。

3. 美食类音频节目策划案例分析——以《好吃佬》为例

1) 节目概况

《好吃佬》是一档用武汉方言播出的餐饮美食节目,从2004年在楚天交通广播开播至今,收听率长期位居本地区同时段第一(见图7-3)。2012年栏目时长扩至90分钟,每天17:00—18:30播出。

图 7-3 《好吃佬》海报

2) 策划要点

(1) 主持团队设计。

在人物元素方面,注重主持人团队的打造,以主播陈哥、小妹为核心,他们一位机智幽默,一位活泼俏皮。嘉宾主持人三胖、雄哥、表弟"跑龙套"插科打诨,主持角色分配得当,逗哏捧哏配合默契。

(2) 方言元素应用。

声音元素方面,以武汉方言播出是节目的一大亮点,各位主持人一起用标准流利的武汉方言介绍各类美食,语言时而严肃,时而诙谐,谈笑之间既介绍了美食,又娱乐了用户。广播作为唯一的非视觉媒体,更加依赖语言来表达情感。① 而方言作为一种本土化的语言文化符号,是广播媒介连接本地用户的重要纽带。一档广播方言节目就如同一座有声的地域文化博物馆。《好吃佬》这档方言节目不仅把方言的元素融入了节目,而且用方言等媒介符号生产、复制了长期以来处于"亚文化"状态的本土文化。地域文化通过大众媒介的平台满足了自我认同和自我提升的价值诉求——不仅很好地展示了方言、饮食的魅力,而且增强了本土居民对地域文化的自信心和自豪感,可以在很大程度上加强用户与平台之间的情感维系。

(3)节目模块设计。

在节目模块的设计上,有生活资讯播报、美食脱口秀、好吃佬导吃热线等,同时穿插系列的品牌活动,如好吃佬进社区喜乐会、好吃佬美食自驾游、好吃佬带你逛食博会、好吃佬厨王挑战赛等。

(4)明确的用户定位。

从分众化传播角度分析,《好吃佬》在目标用户上进行了三层划分:驾驶员或者希望了解实时路况信息的人;能够听懂并接受、喜欢方言广播的用户;喜爱美食、乐意了解各类美食资讯的"好吃佬"。其中,"好吃佬"是最有价值的目标用户。分众的目的是使每个特定群体都能在传播过程中对号入座。《好吃佬》节目开播十几年来,一直在探访全国美食、结交四方"贪吃"精英、探秘美食独门特技、报道美食传奇人物和解答美食咨询等方面为目标用户提供服务,坚守并放大了广播媒体的传播优势。

(5)饮食文化输出。

楚天交通广播《好吃佬》栏目选取了本土饮食文化为地域文化代表,以介绍武汉及周边地区的饮食为主,突出地方特色,生活气息浓厚,更容易引起用户的共鸣,让用户感到亲切,为用户提供了充足的情绪价值。

(6)推广与营收设计。

除了在线上和广播端与用户形成联系,《好吃佬》还经常举办各种用户见面活动,增强用户的现实参与感。比如,每年"六一"儿童节前夕,《好吃佬》都举办亲子"摘桃大会",带领若干组用户家庭自驾,进行一系列活动。节目组还经常与一些商家合作,举办诸如啤酒龙虾节、试吃大闸蟹、宵夜系列"不醉不归"、采摘草莓、亲子烘焙大赛、跨年飙歌会和烤全羊等免费活动。这些活动很好地拉近了用户之间、用户与节目之间的心理距离,并为大家提供一个交流、娱乐的现实平台,增强了用户对节目的忠诚度。

《好吃佬》通过长期向用户推荐当地餐饮美食,成为美食领域的意见领袖,无论是对于武汉当地人,还是对于初来武汉的外地人来说,节目意见都有较高的参考价值。主持人按照用户需求推荐餐厅时,会根据广告客户餐厅的区域位置进行适当推荐,将广告融入节目,提高了广告客户的附加值,栏目组也有了更多营收的渠道。

(7)融合传播的突破。

《好吃佬》节目在发展中充分利用了电视、传统出版和互联网与广播节目的融合。

首先,在电视方面,《好吃佬》选择与湖北经视合作推出了电视版《好吃佬》,深度挖掘湖北地区最具特色的餐饮文化,展现荆楚美食背后的真情故事和人文关怀。电视节

---

① 芦珊珊.移动互联时代交通广播节目的发展策略研究——以湖北楚天交通广播方言节目《好吃佬》为例[J].出版广角,2016(10):56-57.

目的主要主持人和内容特色都与广播节目一致,很好地弥补了用户在广播节目上无法亲眼见到美食的遗憾。

其次,节目每年年底都会推出《好吃佬导吃黄页》,内容涵盖吃在江城、四大食圈、幺子角、家常菜新做法、众"亲"侃美食、陈阳(节目主持人)夸美食和中国烹饪大师等板块。黄页既作为节目礼品回馈忠实用户,也在武汉三镇售卖。用户再也不用担心稍纵即逝的美食信息难以再现了。

最后,《好吃佬》充分利用互联网络平台,2014年,楚天交通广播推出了移动客户端软件"路客",其中一项主打内容就是由《好吃佬》节目提供的美食推荐。《好吃佬》的听众进一步成为观众、读者和网友,使得不同媒体的用户实现了多重身份转换,增强了广播节目本身的影响力。此外,《好吃佬》的微博账号上会推送栏目的活动信息、节目预告、抽奖互动活动等内容,由此可以吸引更喜欢使用微博进行社交的年轻用户关注。

(8)节目品牌强化与维护意识。

首先,重视主播对节目品牌带来的影响力增值。《好吃佬》节目主持人都开有以节目和自己节目中的昵称命名的微博,在节目播出的同时与用户保持充分的互动,克服了单向传播带来的用户参与感不强等问题。此外,主持人还在平面媒体上开设专栏、客串电视美食节目主持人、在方言室内情景剧中扮演角色、担任各类烹饪比赛评委等,节目主持人受到社会广泛关注的同时,也给节目带来了知名度和活力。

其次,注重美食资讯传播的真实性,维护节目品牌形象。节目中推荐的各类美食,主持人大多都亲自品尝过,并力求给出真实的评价。比如,在评价全国知名连锁火锅店海底捞时,主持人评价:"真心不觉得这火锅有多好吃,倒是环境和服务让人艳羡。"《好吃佬》在武汉地区知名度非常高,有些商家抱着侥幸心理,打出"《好吃佬》节目推荐"等广告语招徕顾客,节目组一旦发现都会在广播、微博中予以澄清,维护节目的公信力。

讨论

你喜欢这类节目吗?为什么?

五、广播剧策划

1. 广播剧的界定及发展

《辞海》将广播剧定义为:"专供广播电台播送的戏剧。用对白、音乐、音响效果等艺术手段创造听觉形象,展开剧情,刻画人物。有时穿插必要的解说词,帮助用户了解剧中情景和人物的活动。"

广播剧是随着无线电科学技术的发展和广播电台的建立而出现的一个剧种,目前世界上第一部广播剧被公认为是1924年1月伦敦广播电台播出的理查德·修斯的广播剧《煤矿之中》。1933年7月,上海广播电台播出了中国第一部广播剧《恐怖的回忆》。20世纪80年代至90年代初,中国广播剧进入了黄金发展时期。20世纪90年代中后期,受市场化因素、电视等其他新媒体的冲击,用户出现分流,中国广播剧开始步入发展瓶颈期。①

伴随着互联网的普及以及网络文学的兴盛,网络广播剧逐步发展起来。资料显示,中国网络广播剧最早出现于 2000 年。除了个人制作之外,大部分广播剧都是以社团制作的形式出现。从 2015 年开始,广播剧开始出现了一些新的变化,拥有大量粉丝的广播剧社团开始转型,从非营利到步入商业化。同时,广播剧开始由小众向大众过渡,从平台播放量来看,知名小说和影视剧改编的广播剧播放量更高。② 在线音频平台的兴起为广播剧带来了更大的发展空间,而内容体裁也逐渐 IP 化,如喜马拉雅的《魔道祖师》、M 站的《全职高手》系列等都是根据知名 IP 改编的。

2. 广播剧的特点

作为一种以戏剧化的、纯粹的声学性能,配音演员演绎和后期声效为想象赋能的艺术表演形式③,广播剧可以被划分为传统广播剧与网络广播剧,按照不同的分类方法,网络广播剧又可以分为多种类型。网络广播剧按剧本可以分为原创剧本广播剧和改编剧本广播剧;按年代可以分为现代广播剧、古风广播剧和民国广播剧;按播出方式可以分为全一期广播剧、多期广播剧和多季广播剧。

传统广播剧与网络广播剧在形式上有许多相似之处,但在制作主体、题材选取、表现形式、表演者水平、播出平台和传播对象等方面又各有不同。

(1)制作主体不同。

传统广播剧的制作主体是广播制作单位,而网络广播剧的制作主体是通过互联网制作和传播广播剧的网络社团或个人。

(2)题材选取不同。

广播电台制作及播出的广播剧,除小说播讲外,大多偏重具有教育意义的主旋律题材作品。网络广播剧内容大多来源于受网民欢迎的网络文学或流行小说,题材主要为爱情、科幻、悬疑、军事、玄幻等。

(3)表现形式不同。

广播电台制作的广播剧,以小说播讲的形式为主,由数名播音员演播,后期配以音乐和音效制作播出。网络广播剧更强调角色的扮演及场景的搭建。网络广播剧首先需要将小说改编成剧本,后由几位到几十位配音员进行角色扮演,分轨录制,最后由后期制作人员进行声音剪辑、效果处理、场景搭建以及配乐等环节制作成剧。无论演播风格、剧本结构还是制作技术,网络广播剧更接近电影电视剧的表现形式。

(4)表演者水平差异较大。

广播电台的播音员大多受过专业训练,具有专业的声音及播音水平。网络广播剧的配音员大多是没有专业背景的业余爱好者,配音水平参差不齐,但其中也不乏优秀的配音演员。

(5)播出平台不同。

传统广播剧一般在广播电台节目中播出,一些拥有网络播出平台的广播电台,也会

---

① 赵然.广播剧兴衰研究[D].哈尔滨:黑龙江大学,2010.
② 艾媒咨询.2021 中国在线音频产业运行监测调研报告[EB/OL].(2021-08-10).https://baijiahao.baidu.com/s?id=1717190452449556758&wfr=spider&for=pc.
③ 朱岑郁.网络广播剧 VS 传统广播剧[J].视听界,2013(5):95-96.

将其制作的广播剧作品发布在网络平台上。尽管如此,由于其制作过程仍然是传统型,其性质不会因发布平台的改变而改变。网络广播剧的播出主要是依托各大视频网站、在线音频客户端或各大广播剧社团的官方博客及微博。

(6)传播对象不同。

广播电台的广播剧用户中司乘人员较多,男性较多,年龄偏大。网络广播剧吸引的都是较为年轻的用户,女性偏多。与广播电台被动的收听方式不同,网络广播剧的收听者基本是主动在网络上搜索收听。

3.网络广播剧策划案例分析——以《全职高手》为例

1)节目概况

《全职高手》是由原创作者蝴蝶蓝于2011年起连载于起点中文网的网游小说,其凭借人物塑造生动形象、战斗场面描写激烈精彩、故事新颖出色等在网络走红,全网点击量近百亿,成为网络文学史上的"千盟"作品(粉丝消费超1000元人民币可以成为作品盟主,该作品拥有超过一千位盟主)。作为"现象级"的网络文学作品,《全职高手》具备很高的粉丝忠诚度。2019年6月12日,《全职高手》广播剧第一季(上)于猫耳FM(M站)独家发布,该广播剧共三季,为付费作品(见图7-4)。第一季(上)15集标价249钻(24.9元)。每集时长约20分钟,前三集免费收听,购买成功后,用户即可收听全剧。

图7-4 《全职高手》海报

2)策划要点

(1)塑造声音景观。

在广播剧的策划制作过程中,制作团队会通过音响与音乐配合为用户精心打造想象空间,通过塑造虚拟场景,由声效强化真实感,将用户带入景观中,经历故事角色和情节共同塑造出的听觉感官体验。①

由于广播剧只诉诸听觉感官,它的场景建构完全通过音效来建构,能够使用的视听元素十分有限,仅包括语言、音响和音乐三个要素。语言声是叙事的主要元素,音效承担一定的叙事与转场功能。环境音效可以用来交代场景、渲染气氛和推进剧情。通过

---

① 方昕.网络广播剧的想象声音景观研究[J].视听界,2019(1):59-62.

人声和动作音效的结合,构建富有立体感和真实感的场景,同时,还能完成剧情当中的角色构建——塑造了剧中的主人公,荣耀职业联盟顶尖高手叶修的角色形象。《全职高手》运用了丰富的环境音效、动作音效和人声旁白,采用控制音量大小的形式为用户区分"远"与"近"的声源。用户即便不能判断具体的声音方位,也可以在脑中形成画面感。

(2)亚文化基调下的用户定位。

在网络广播剧的用户中,年轻用户是主要用户群体,且女性居多,各个著名CV(即声优)的粉丝也都是女性居多。数据显示,2021年上半年中国95后群体偏好度最高的在线音频节目类型分别是二次元、广播剧和小说。从节目类型偏好来看,95后群体对于新兴领域的音频类节目兴趣明显较高,而80后群体偏好的更多属于传统电台原有的节目类型,只是收听平台转移到了在线音频平台。①

《全职高手》结合了二次元文化和广播剧的双重特征,本身具有浓厚的亚文化基调。《全职高手》网游小说本身具有较高作品质量,加之较高的知名度和较强的粉丝基础,使得《全职高手》广播剧在创作之时便有了精准的用户群体定位,一经播出便吸引了大量粉丝收听。与此同时,M站设置的互动功能,可以让用户在收听的同时发表弹幕评论,还可以分享、点赞、收藏、关注、下载、投食(打赏)等,让收听者与生产者以及收听者之间建立通畅及稳定的互动关系。

(3)明晰的营收模式。

数据显示,当前超六成在线音频用户表示曾经购买过在线音频服务;同时,近九成用户表示在节日优惠期间购买在线音频产品的意愿更强烈,在线音频内容付费趋势明显。②《全职高手》广播剧为付费作品,收取作品收听费是营收的主渠道,此外,M站还开发了《全职高手》语音包,用户通过付费可以获得对应角色的语音条,利用IP和知名CV的影响力刺激用户消费。另外,粉丝的打赏也是获得收入的一个重要方式。

讨 论

这类节目对年龄为30岁以上的群体有吸引力吗?为什么?

六、新媒体音频节目产品策划

1. 新媒体音频节目的定义及特点

新媒体音频节目是指以智能移动音频平台为传播平台,在传播互动、传播范围和传播时效等方面,与传统音频节目存在显著区别的一类音频节目。移动互联网环境下,新媒体音频节目呈现出了传播主体多样化、传播渠道打破时空界限、节目内容分众化与类型化、节目变现方式多样化等特征。

---

① 艾媒咨询.2021中国在线音频产业运行监测调研报告[EB/OL].(2021-08-10).https://baijiahao.baidu.com/s?id=1717190452449556758&wfr=spider&for=pc.
② 艾媒咨询.2021中国在线音频产业运行监测调研报告[EB/OL].(2021-08-10).https://baijiahao.baidu.com/s?id=1717190452449556758&wfr=spider&for=pc.

（1）传播主体多样化。

在新媒体音频节目中，许多音频博主是其所在的某一领域的意见领袖，能够创作出具有一定影响力、分众化、原创性的音频作品。

（2）传播渠道打破时空局限。

首先，由于互联网弥补了广播传输的空间局限，新媒体音频节目只要被放在网上，不管是在自己的网站，还是在微信、微博、客户端，理论上就可以实现全球传播。其次，新媒体音频节目突破了时间局限。传统广播的内容只能顺序收听而且声音转瞬即逝，不能保存和选择，而互联网技术将它们变得可以保留，并形成了价值巨大的音频资源库。用户可以通过各种收听手段，随时随地收听自己喜欢的节目，还可以任意组合自己的收听次序，打破实时线性的传播模式。

（3）内容分众化与类型化。

公众往往更加关注自己感兴趣或与自己密切相关的事物，为此，新媒体音频节目需要实现分众化传播，打破时空限制，面向不同年龄、性别、文化程度的用户，采取差异化手段，制作不同版本，结合各个分众化人群特点，满足用户细分需求。

新媒体音频节目通常能够进行精准的用户定位——通过处理和分析用户数据，可以精准了解用户的喜好和使用习惯。然后通过精心策划和制作，将个性化和精准化的服务推送给用户。用户能获得更好的使用体验，由此促进用户黏度的进一步提升，同时使音频节目的品牌价值得到进一步延续。

新媒体时代，用户处于碎片化信息接收状态，过去长篇大论的广播节目，已明显不能适应新媒体用户的收听习惯。为了使用户更易接受，音频节目应与碎片化的要求相适应，通过节目碎片化、类型化发展，实现音频节目碎片化传播。

（4）节目变现方式多样化。

媒体融合的目的之一是依托互联网平台拓展音频产品的运营空间。移动互联网环境下，音频有了很大的拓展空间——拥有了更多的流量用户、更多的分发渠道、更多的营收变现模式。变现模式拓展为内容变现、流量变现、资源变现多种方式。内容变现——利用广播和互联网的融合进行音频衍生产品的开发，获得营收，如开办理财知识集训营；流量变现——依托用户规模进行转换，获取营收，如开办媒体超市或带货；资源变现——利用媒体的独特资源实现营收，例如合作开办平行进口汽车销售店。

2. 新媒体音频节目策划案例分析——以《凯叔讲故事》为例

1）节目概况

《凯叔讲故事》于2014年4月21日正式创办，是中国儿童内容领域知名品牌，其创始人王凯曾是中央电视台财经频道主持人、知名影视配音演员，曾为千部电视剧和电影的角色配音（见图7-5）。

2013年，凯叔团队创立"凯叔讲故事"微信公众号；2015年，凯叔讲故事App上线；截至2019年，"凯叔讲故事"累计播出8000多个故事，总播放量34亿次以上，总播放时长2.67亿小时，用户有2000多万，其中原创内容包括《凯叔·三国演义》《凯叔·神奇图书馆》《凯叔·恐龙战士》等。这一被大众贴上"哄睡神器""故事大王""幸福童年"等标签的内容品牌，成为不少年轻父母的育儿宝典。

2）策划要点

（1）节目定位："伴睡＋教育"。

节目以"独立之人格，自由之思想，天马行空的想象力，永不磨灭的好奇心的培养"

图 7-5 《凯叔讲故事》海报

为宗旨,内容创作上涵盖童话、寓言、名著、国学、历史、科普等,由哄睡故事逐渐向儿童教育领域拓展。

使用与满足理论认为,用户的媒介接触行为是基于特定的社会原因与心理需求的。作为一款儿童文学与有声读物相结合的新媒体音频节目,《凯叔讲故事》的节目定位非常明确,即"伴睡+教育",同时满足了父母与孩子的"教育"与"陪伴"的双重需求。

从用户的角度来看,该节目面向的是分布于一线、二线城市的70后、80后、90后的父母,他们重视教育,经济实力也较强,因此,该音频节目在家庭空间中扮演着陪伴和教育的角色,满足了他们的育儿需求。从儿童的角度来看,《凯叔讲故事》的主要对象是10周岁以下的儿童,该年龄段的孩子识字不多,主要阅读绘本等通俗易懂的作品。[①]

幼儿群体有着极大的市场潜力,《凯叔讲故事》专注于儿童故事内容,通过深度挖掘目标用户的需求,垂直深耕于少儿领域这一长尾市场,打造了个性鲜明的节目品牌定位,在新媒体音频市场上实现了差异化的竞争。

(2)传播者——"老爸"形象的设定。

《凯叔讲故事》的最大亮点就在于主持人元素。该节目的创始人凯叔,曾经是《财富故事会》和《对手》的主持人,做了十几年的配音工作。同时,他也是两个女儿的父亲。这些经历为凯叔设定了一个富有魅力的"老爸"形象。

在节目内容的制作过程中,凯叔凭借着专业主持人的素养与配音功底,让枯燥难懂的文言文作品变得生动活泼起来。例如,《凯叔西游记》第一集讲到花果山面前有一道瀑布,而不少年幼的孩子还不懂瀑布是什么,凯叔就讲道:"宝贝,瀑布你见过吗?就是从山上下来的一片大水,密得像布一样……",他从儿童的视角出发,以一种平视而非俯视、对话而非说教的口吻来讲故事,尽可能贴合儿童的习性,把故事演绎得通俗易懂、声情并茂。

凯叔善于运用不同的声音诠释不同人物的性格,以音乐背景元素营造出故事的氛围感与沉浸感,提升了故事艺术效果。同时,通过父亲角色,帮助孩子树立正确的世界观、人生观、价值观,最终使得一个光头的、戴着黑框眼镜的"老爸"形象深入人心,推动

---

① 潘颖,张振宇.视听先行:新媒体时代儿童文学的新特点——以"凯叔讲故事"为例[J].山东社会科学,2019(4):44-49.

了其个人品牌的发展。

(3)适用场景的细分。

用户在不同场景中对同一个产品的需求深度是不一样的。《凯叔讲故事》将其节目的适用场景进行了细致的划分，比如用户在什么时候听故事，听之前在做什么事情，听完之后会做什么事情，听故事的人有什么样的需求，播放故事的人又有什么样的需求等。① 因此，该节目分为哄睡场景、叫早场景、亲子场景等多个维度，借助声音元素的变换来使内容与形式结合得更加紧密。

哄睡场景是孩子入睡阶段，背景音乐要尽可能舒缓轻柔，故事节奏也尽可能缓慢而剧情松弛，突出凯叔深沉而有魅力的人声，为了防止孩子因为故事太生动而不想入睡，节目还开发出了睡前诗。在讲完故事后配上一小节诗，声音由高到低，实现一种淡出效果，让孩子慢慢进入梦乡。另外，从第三人效果的角度来讲，媒介传播效果的触达人群并非表面用户，而是与之相关的第三人，虽然《凯叔讲故事》是为儿童讲故事，但是放故事的人或者真正有决策的消费者是他们的父母，针对亲子场景的刚需，凯叔也推出了"妈妈微课"等针对父母的育儿课程与讲座。② 在不同场景下垂直细分各种有针对性的节目，以此更好地服务用户。

(4)原创内容极致打磨。

"内容为王"始终是新媒体音频节目生产的准则之一，也是节目保持生命力、经久不衰的重要原因。《凯叔讲故事》始终以"工匠精神"来精心打磨其节目，并且有着完整的内容创作机制——工作室模式与品控会机制。

"凯叔讲故事"公司以项目工作室的形式来推进故事创作，保证优质内容的持续产出。各个工作室负责的故事类别也不尽相同，包括科普类、冒险类、推理类等。每个工作室都配有一个专业的主编，并独立完成产品上线的所有工作，包括策划、文稿创作、插画配置、录音演播、后期制作，以及用户互动、产品迭代等。为保证内容的专业性与科学性，工作室也会与外部的学者、专家合作，如《凯叔讲历史》就是与著名文化学者、观复博物馆馆长马未都联合打造的。

品控会机制是针对工作室机制而言的，品控会成员包括音乐编剧、导演、绘本作家、画家、配音大咖以及儿童心理学、教育学教授等。③ 品控会就是对工作室出品的节目进行严选，在项目立项、上线视听、创意小样、项目终审等各个环节都有专业团队严格把关，将精雕细琢的产品呈现在用户面前。④

在打造《凯叔西游记》产品时，王凯3年写了70万字，产品上线时，删减到40万字，一共43小时的音频，并结合故事情节与自己女儿的切身体会，反复修改。正是对内容的极致打磨使该音频产品获得成功。

---

① 刘润.凯叔讲故事，一个自媒体大号的修炼术[EB/OL].(2020-06-15). https://www.163.com/dy/article/FF61GQFB05199MO5.html.
② 李默.互联网环境下少儿广播发展思路探索——以儿童内容品牌"凯叔讲故事"为借鉴[J].中国广播，2018(4):62-66.
③ 从音频、书本到动画，凯叔讲故事离"第一童年品牌"还有多远？[EB/OL].(2020-06-08). https://baijiahao.baidu.com/s?id=1668902905156602241&wfr=spider&for=pc.
④ 石珈源.移动互联网时代儿童有声读物自媒体平台的发展模式——以"凯叔讲故事"为例[J].科技传播，2019(20):102-105.

(5)品牌化运作。

IP并不是同一内容在不同媒体形态上的简单叠加,而是一种新的内容生产方式,形成全产业链的生产模式,人们对某一IP形象的认同与喜爱能够转化为直接的消费行为,为IP品牌赋能。

凯叔本人就是一个戴着黑框眼镜的光头形象,该形象既具有亲和力,也具有辨识度,在积累了一定用户规模后,其产生的影响力也赋予用户对其他产品的高度信任。如在《凯叔西游记》走红之后,又衍生出了一系列的IP产品,如《凯叔365夜》《凯叔讲历史》《凯叔三国演义》《凯叔神奇图书馆》《凯叔口袋神探》等。"凯叔"在用户的身份认同中成为特殊的符号形象,实现了IP产品的持续开发衍生。

《凯叔讲故事》的营收模式不同于传统广播电台的二次售卖模式,而是通过内容付费与电商的形式来实现商业变现。内容付费基于原创或改编的优质音频内容,价格区间从几十到几百元不等,此类用户付费意愿较强烈;电商产品除了通过自有渠道销售绘本外,还有由电商事业部严选的一些儿童文体用品、玩具、家用电器、零食等多品类的产品。"凯叔"的IP形象也始终贯穿在App模块、故事内容、好物严选、品牌宣传等环节。①

电商变现模式的风险有哪些?

七、音频节目策划总结

《文心雕龙·指瑕》中,管仲有言:"无翼而飞者声也,无根而固者情也。"声音自古以来在人的感官系统中就具有重要地位,即使在如今以视觉为主的社会中,声音仍有其独特的魅力。

从个人层面讲,音频具有伴随性,移动音频在不同的生活场景中能够起到陪伴的作用,节目主持人与用户在"播出—收听"以及互动中建立起一种深厚的情感连接,另外,音频广播能够解放眼睛,与如今快节奏、碎片化的社会具有高度的适配性,这也决定了音频广播并非可有可无的存在,而是能够以新的样态焕发出新的活力。从社会层面讲,精品音频节目能够塑造个人的价值观、人生观、世界观,满足人们的精神文化需求,在整合社会、引导主流思想等方面发挥着重要作用。

因此,音频节目策划不仅要从个人出发,而且要从社会出发,发挥音频传播本身的优势,打造精品节目。从以上这些优秀案例中,我们也能够总结出一些共同点。

1. 充分挖掘主持人价值

在融媒体时代,对媒体影响力的划分标准不再是有形的物质介质,而是无形的媒体品牌。主持人其实就是音频广播节目的品牌符号,在节目策划中,我们要将主持人的特

---

① 石珈源.移动互联网时代儿童有声读物自媒体平台的发展模式——以"凯叔讲故事"为例[J].科技传播,2019(20):102-105.

质与节目的特性将结合,充分挖掘主持人元素的价值。

在前面所提到的案例中,《好吃佬》打造了具有特色的主持人团队,核心主持人与"跑龙套"的人相配合,以武汉方言的形式诙谐幽默地介绍美食,拉近与用户之间的距离,并在社交媒体上运营自己的账号与用户互动,线上线下充分扩大自身的影响力;《海阳现场秀》直接以主持人名字命名,以全媒体传播提升主持人的知名度,并反哺广播品牌,以小人物的视角,在幽默机智的表达中传递主流价值观;《凯叔讲故事》的成功也离不开凯叔自身的专业背景与配音技巧,"凯叔"本身就是一个超级IP。

在众声喧哗的时代,更多的草根声音能够被听见,但是,优质产品始终来自优质的生产者。传统广播电台的主持人具备专业的音频产品制作能力,能够发挥PGC(专业生产内容)的先天优势,在专业领域垂直深耕,保证内容的质量,有助于实现用户的导流变现与内容产品的衍生开发。而"工作室"等制度在某种程度上也赋予了主持人更大的灵活机制,音频节目策划要在遵循互联网传播规律的基础上,选择合适的、与节目特性相匹配的主持人。

2. 洞察用户需求与使用场景

音频节目要积极拥抱融媒体的变化,策划也要于新的媒介生态中进行考量。最重要的就是从听众思维向用户思维转变,重构整个内容生产流程与服务链。[①]

要体现节目的价值,关键在于连接用户需求与生活场景,根据场景定制内容。例如,交通广播的路况播报、《海阳现场秀》关于"下班路上的快乐陪驾"的节目定位都是从用户驾车场景出发的;《凯叔讲故事》细分了哄睡场景、叫早场景、亲子场景等多重场景,为用户提供不同的产品与服务;《好吃佬》则以三个层次用户为传播对象,通过接地气的方言传递生活美食资讯;《全职高手》广播剧更是为喜欢二次元的亚文化群体量"声"定制。我们可以看到,在不同的社会情境中,不同的社交氛围、不同的用户偏好都决定了不同的场景要素,音频广播节目策划的创新点就在于发现这些场景要素,培植用户喜闻乐见的音频产品,来满足场景中的用户需求,将线下场景转化为线上流量。[②]

随着5G技术的发展,音频广播也将迈入全场景时代。不同的智能终端如智能音箱、智能家居和可穿戴设备等意味着新的收听场景,音频传播也应与时俱进,提供精品内容以及精细化的联合运营服务,不断扩大用户的覆盖面。

3. 搭建平台与聚焦本土化发展

在传统媒体的时代,广播有着专业壁垒——呼号、频率、运营等都要经过严格审批,这也成为传统媒体的渠道优势,但是,在互联网时代,音频的大门是敞开的,在开放的舞台上,面对的是无数的对手,既有个人构建的音频播客,也有社会资本大投入的音频平台App,因此,拥有入口思维至关重要。

音频新媒体喜马拉雅、蜻蜓FM、荔枝FM等都是典型的聚合型音频平台[③],其借助资金、机制的优势聚集内容资源与用户资源;专业型音频平台如"凯叔讲故事"客户端凭借自身特色与优势内容提升市场竞争力。不具备入口条件的地域性广播同样有着自身

[①] 栾轶玫,周万安.传统广播转型新方向:移动付费"音频生态圈"[J].新闻与写作,2018(10):44-47.
[②] 高贵武,丁慕涵.从广播到音频:听觉文化里的声音生态[J].青年记者,2021(11):60-63.
[③] 连新元.传统广播的媒介"进化论":重构运营闭环[J].中国广播,2017(11):22-26.

优势,在节目策划中可以本土用户为目标人群,聚合本地内容服务,做本地化的音频垂直服务入口。例如,楚天交通广播的《好吃佬》音频广播节目有着浓厚的地域文化基因,以武汉方言切入日常题材,并与当地的新闻资讯、地域文化紧密结合,表现出强烈的本土风格。诸如此类的本土性节目在策划中也可以选择进一步放大并强化区域的品牌优势。

4. 发挥直播流的优势

直播流所具有的伴随性、即时性、互动性以及真实感的特点是录制式音频所无法比拟的。首先,直播音频节目在用户不同的生活场景中扮演着时间陪伴、资讯陪伴和情感陪伴的角色;其次,直播音频节目能够提供即时的信息资讯,为人们提供生产、生活决策指导,如路况、天气等服务信息的及时提供、新闻事件的动态直播、社会事件的逐步跟进、应急突发事件的随时插播等;最后,互动也是直播流带来的最为直接的用户体验,通过电话、短信、社交媒体等方式获取用户反馈,提供社会服务与情感连接,在私密空间里,直播音频节目还能够营造一种人际交流的亲密感。

在节目策划中,一方面要强调广播节目的实时播出,发挥广播直播流的优势,挖掘具有故事性、戏剧性、互动性、场景性的内容[1];另一方面可以对音频客户端的节目进行编排,为用户提供"私人定制"——对众多直播流进行"重组",既保留直播流的及时互动的竞争优势,又保证用户个性化的需求及体验。总之,直播音频节目的直播流不仅要提供娱乐资讯,还要与社会同脉搏,与时代同发展,关注民生服务,成为政府、社会、个人沟通的桥梁。

5. 拓展营收模式

音频节目的盈利模式主要有三种:内容付费、广告收益和衍生品售卖。

内容付费即通过输出优质内容来聚集用户与流量,优质内容与优质的"声产者"是节目实现可持续发展的重要保障。在前面所提到的案例中,少儿音频节目的领头军——《凯叔讲故事》始终将原创精品内容作为其核心竞争力,以一种工匠精神对产品进行精心打磨,用户也愿意为优质内容付费。广告收益也是音频广播的重要盈利点,主要是结合节目内容、主持人形象,利用节目资源宣传推广来实现营收,《好吃佬》在推荐武汉及周边餐饮美食的过程中,将广告适当融入栏目,提高了广告主品牌的曝光度。需要注意的是,广告品牌与媒体形象息息相关,在节目策划中,广告宣传活动的选择要与节目的风格与调性保持一致,才能实现双方的共赢。《全职高手》广播剧本身就是借助网游小说的超级 IP 拓展衍生价值,而《凯叔讲故事》除了对作品本身收取费用外,也开发了在线课程,同时售卖"凯叔西游记"故事机等硬件产品,发挥"凯叔"IP 的长尾作用,整合节目资源打造电商生态,实现资源变现。

在未来,音频节目还可以考虑粉丝经济、布局智能音箱、音频合集等多种营收模式。不论市场如何变化,优质内容始终是节目策划中的第一要素,只有自身具备不可替代的吸引力,才能在激烈的市场竞争中获得一席之地。

总之,新一轮信息技术的革命改变了媒体的生态格局与传播方式,各种媒介形态与节目类型层出不穷,但是,声音的魅力始终是无法被替代的。在音频节目策划中,需要

---

[1] 孟伟.当代广播音频媒体转向的基本理念[J].中州学刊,2017(11):167-172.

发挥音频传播自身优势,洞察用户需求与使用场景,通过多种元素的合理运用开发优质内容,并拓展多种营收模式,从而走出音频节目的特色之路。

未来音频节目重要的应用场景有哪些?针对这些场景,策划时应该注重什么?

第八章　融合视听产品策划

2020年,《新京报》为客观记录武汉抗疫轨迹,回应用户关切,发布了《武汉!武汉!》H5专题报道。该作品将文字、影像、视频、数据新闻等多种报道形式融于一体,体裁丰富多样,互动性强,富有沉浸感。

在封面上采用毛笔字的设计,画面大气,四篇特稿是记者深入一线采访的真实故事,"武汉影像日历"是在现场拍摄的图集,记录了武汉抗疫中的点点滴滴,"数据专栏"以大数据的形式呈现了武汉抗疫的初步成果,另外还通过其他形式科普了抗疫知识等,既满足了用户的知情权,也体现了武汉英雄城市的形象。该作品上线一周点击量突破千万,全网阅读量超过两亿。

媒体融合(media convergence)的概念源于美国麻省理工大学教授伊契尔·索勒·普尔1983年的著作《自由的科技》(*The Technologies of Freedom*),书中提出了"传播形态聚合"(the convergence of modes)的概念。[①] 随着媒体融合实践的发展,"convergence"一词逐渐深化,有学者定义:媒体融合是指各种媒体形态的边界逐渐消

---

① Ithiel de Sola P. Technologies of Freedom[M]. Cambridge:Harvard University Press,1983:23.

融,多功能型、复合型媒体登上舞台,它是一种全方位、深层次的融合。① 随着大数据、云计算、移动互联网以及 5G 技术的快速发展,传统视听媒体和传统纸质媒体,在媒体融合逐渐深化的过程中,竞相推出各类融合视听产品,以此来提升媒体的传播力、公信力、影响力和引导力。

融合视听产品是指由视频、音频、图、文、用户参与、沉浸式交互等元素构建的视听节目新形态。与传统媒体产出的媒体形态与内容形态不同,它并不是单一的报纸版面或者广播电视节目,而是基于多形态生产、多用户设计、多平台传播打造的信息产品。② 实际上,"产品"一词非常贴切,阐述了融媒体环境下视听媒体信息产品的特性,从这个意义上来说,它是面向市场的、由用户来衡量其价值的、承载着消费者需求与服务理念的互联网产品。

一、融合视听产品的特征

1. 内容:多元素构成

融合视听产品的内容是由声音、画面、文字、图片、互动方式等多元素构成的。媒介环境学派第三代代表人物保罗·莱文森提出,媒介的形态总是在不断进化、自我调节以适应时代的发展。从补偿性媒介的视角看,他认为每一种新媒介都是旧媒介的补偿,例如报纸是视觉媒介,保存性好但时效性差,广播是听觉媒介,具有伴随性,时效性好但转瞬即逝,电视则视听合一,融合了画面、声音、文字等多种元素,但是选择性和保存性差,广播媒介是对报纸媒介的补偿,电视媒介则是对广播媒介的补偿,而互联网的出现弥补了电子媒介共有的劣势,赋予受众自主选择的权利,使所有信息都可以被追踪。③

融合视听产品就是这样一种在互联网环境下快速发展的补偿性媒介产品,它的诞生满足了受众可感知性的知识需求,也适应了优胜劣汰的市场竞争法则,传播技术的进步则不断赋予媒介以新的活力,例如,长幅互动连环画《天渠:遵义老村支黄大发 36 年引水修渠记》(以下简称《天渠》),融视频、音频、图集以及渐进式动画于一体,用户可以通过 H5 产品的交互式体验,感受到团结村通过万米水渠脱贫致富的故事。融合视听产品不仅是视听符号等多元素内容的集合,而且是传统媒体的优势集成,是传统媒体探索互联网表达的一种新形式。

2. 渠道:移动客户端

从渠道上看,融合视听产品的另一重要特征就是移动化,不论是在平台建设、采编理念,还是在表现形式上,都以"移动优先"为发展策略。《中国互联网发展报告(2021)》显示,截至 2020 年底,我国网民规模为 9.89 亿人,互联网普及率达到 70.4%,特别是移动互联网用户总数超过 16 亿。手机等移动设备成为人们获取信息的主要终端之一。在移动互联时代,一部手机下载几个客户端(App),就可以满足人们观看视频、收听广播、阅读资讯等多种需求,人们可以随时随地观看最新资讯。因此,融合视听产品特别

---

① 李良荣,周宽玮.媒体融合:老套路和新探索[J].新闻记者,2014(8):16-20.
② 胡正荣.传统媒体与新兴媒体融合的关键与路径[J].新闻与写作,2015(5):22-26.
③ 杨陶玉.媒介进化论——从保罗·莱文森说起[J].东南传播,2009(3):28-29.

注重移动客户端的建设,在体制、机制和生产流程上也做出了调整,以适应时效性的需求,在内容及表现形式上"移动优先"——图片优于文字,视频优于图片,图文并茂,增强信息的形象性与可阅读性,从多方面提升产品的传播力。更重要的是,融合视听产品的设计要考虑到"移动化"用户的场景需求,为他们提供全程服务。

3. 用户:多元化需求

融合视听产品的用户特征是用户的多元化。"用户"一词体现了使用者(受众)的主动性,也体现了需求的多元化。传统媒体(如报纸)面向的是读者,广播面向的是听众,电视面向的是观众,单一的媒介形态面向单一的受众,而融合视听产品面对的是多元的受众,是为多用户设计的,要满足多元化用户的需求以及用户的多元化需求。首先,在定位上,通过大数据挖掘用户的地域分布、年龄行业等特征,结合其行为偏好,生产具有针对性的内容产品。其次,在推送方面,为用户提供定制化的服务,如喜马拉雅的定制化电台等。最后,融合视听产品还需构建用户数据库,进行精细化的用户运营,对融合视听产品进行迭代与优化,提升用户的黏性与留存率,实现差异化的发展。

4. 形式:沉浸式交互

融合视听产品呈现的形式有很多种,如 VR 新闻、AR 新闻、互动连环画、数据可视化报道等,其共同特征就是沉浸式交互——需要用户的动作参与以完成视听信息的获取。融合视听产品通过交互式技术将图片、视频、音频整合为交互式新闻场景,拓展了信息的广度与深度,增强了新闻的可读性与趣味性,最重要的是,融合视听产品的沉浸式交互特征能够赋予用户极大的自主性,用户可以自由选择自己感兴趣的内容,从不同视角对新闻事件做出自己的解读。而虚拟现实技术与增强现实技术的应用,增强了用户的在场感和目击感,让人产生一种身临其境的感觉。

思考

什么是沉浸式交互体验?

二、Vlog 产品策划与案例分析

《康辉的 Vlog》系列微视频节目由总台新闻中心时政部、新闻新媒体中心出品,以著名主持人康辉的第一视角展现总台记者报道重大国际新闻的全过程,拉近了观众和国际时政新闻之间的距离。"康辉的 Vlog"微博话题总阅读量突破 1.5 亿,《康辉的第一支 Vlog》视频在哔哩哔哩平台投放仅一天播放量便突破 100 万(见图 8-1)。

Vlog 又称"video blog",即视频博客,它脱胎于短视频,时长更为自由。最早流行于国外的 YouTube 平台,是年轻人以个人视角记录生活的一种方式,具有极强的个人风格特征与生活质感,因此又被称为视频日记。其在形式上符合图像时代的视觉消费以及碎片化时代人们的阅读习惯,在内容上则适应 UGC(用户生成内容)的自我表达。

据艾媒网发布的《2019 中国 Vlog 商业模式与用户使用行为监测报告》,2019 年中

图 8-1 《康辉的第一支 Vlog》自我介绍

国 Vlog 用户规模达 2.49 亿人,在 5G 的加持下,Vlog 会成为视频社交的下一个风口。① 作为融合视听产品的一个新剪影,"Vlog+新闻"报道在 2019 年两会期间开始崭露头角,并取得了量化级的传播效果,为新闻报道注入了新的活力。

思 考

1. 你认为 Vlog 具有哪些特征?
2. Vlog 新闻报道与传统新闻报道有哪些区别?

1. Vlog 新闻报道与传统新闻报道的区别

Vlog 新闻报道与传统新闻报道的区别主要体现在以下几点。

第一,在报道语态上,Vlog 新闻采用生活化的口语,显得亲切随和,而传统新闻报道讲究专业的播报语态,用词严谨规范。

第二,在呈现方式上,Vlog 新闻倾向于与用户对话,报道的主持人讲述自身的体验与感受,而传统新闻报道更多的是介绍与传达新闻信息。

第三,在叙事视角上,Vlog 新闻主要采用内视角,即人物的主观视角,叙述者即事件的经历者所知道的同人物知道的一样多。报道的主持人通过第一视角向观众传达自己的所见所感。虽然这是一种限知视角,但是能够最大限度地展现事件的原貌,增强新闻的真实感、在场感。而传统新闻报道多采用外视角,从旁观者的角度去记录事件,尽可能地体现报道的客观态度。

第四,在镜头语言上,Vlog 新闻多以自拍、主观镜头为主,而传统新闻报道多为摄像拍摄的客观镜头。

另外,Vlog 新闻极具个性化,给予创作者更多的发挥空间,而传统新闻报道更偏向

---

① 艾媒报告.2019 中国 Vlog 商业模式与用户使用行为监测报告[EB/OL].(2019-06-11). https://www.iimedia.cn/c400/64757.html.

权威性与严肃性,个性化特征较为弱化。①

2. Vlog 新闻的策划步骤与内容

(1)受众定位:说给谁听。

媒介的市场定位包括媒介自身定位和媒介的受众定位。随着传媒生态的不断演变,媒介竞争也转变为受众之争,媒介的受众定位是媒介市场定位的关键。②

新媒体时代,受众日益多元化,从批判学派认为的传播链条的末端转变成当代传播环境下的中转环。③ 受众由被动的信息接受者转变为搜寻者、浏览者、反馈者和对话者。多元化与主动性也是视听融合产品的重要受众特征。我们除了要了解目标受众的职业、年龄、地域等基本特征,还要弄清楚媒介偏好、媒介使用的平台渠道、接触时长及频次等变量。只有充分了解目标受众、掌握他们的使用规律,我们才能够建立起共通的话语空间,使信息更加精准地触达受众。

Vlog 面向的是互联网环境下成长起来的一代年轻受众,他们富有创造力,思维开放,追求平等,他们是短视频传播的主要参与者,同时使短视频传播成为新的媒介景观。运用 Vlog 去报道新闻是主流媒体话语方式的一次转变,也是实现硬新闻"软着陆"的一种新形式,有利于吸引互联网时代的年轻受众。

因此,在进行 Vlog 新闻策划时,首先要弄清楚故事是讲给谁听的,谁会对视频的内容感兴趣等问题。在明确了传播对象之后,要尽可能地缩小 Vlog 的话题范围,为他们提供真正想要和需要的信息、产品或服务,回答他们想了解的核心问题——这些决定了 Vlog 的选题方向,也决定了 Vlog 的话语风格、画面风格。

(2)主题定位:讲什么故事。

Vlog 视频有时是即兴创作的,但是这并不意味着没有主题。主题定位意味着讲什么样的故事。

怎样的故事才是好故事呢?好的故事是鲜活而轻盈的,需要经过巧妙的构思与布局,同时它又是有"形状"的,能够撞进现实,让人看得见、摸得着,并能够快速抓住受众的注意力,使他们沉浸在精彩的讲述中。

在 2018 年全国宣传思想工作会议上,习近平总书记提出要不断增强脚力、眼力、脑力、笔力,努力打造一支政治过硬、本领高强、求实创新、能打胜仗的宣传思想工作队伍。在 Vlog 新闻的主题定位上,同样要运用这"四力"去发掘鲜活的故事——脚力意味着我们要通过深入调研挖掘故事细节,贴近生活、贴近实际、贴近群众,回答人们普遍关心的问题;眼力意味着我们在寻找新闻故事的过程中要透过现象看本质,去伪存真;脑力意味着面对复杂的国内外形势,面对纷繁多样的社会现象,Vlog 新闻的主题要尽可能从大局出发,坚持正确的价值方向,正确引导社会舆论,讲好中国故事;笔力则意味着要想讲好故事离不开一定的文化修养和专业功底,策划者要运用公众喜闻乐见的方式将目光聚焦于与人们的切身利益密切相关的话题,同时不断创新,才能创作出有思想、有温

---

① 张诚.出镜记者转型 Vlog 创作者之策略探析[J].电视研究,2020(12):54-56.
② 李涛.新媒体环境下受众角色定位探析[J].新闻世界,2021(4):40-42.
③ 丁嗣赓.新媒体环境下受众的变化[J].青年记者,2013(9):66.

度、有品质的优秀作品。

另外,在主题策划中,也要注重对故事细节的挖掘,从受众视角出发,以小切口折射大主题,拉近与受众之间的距离。

总之,Vlog新闻的主题定位既要避免浮于表面、流水账式的表达,使得Vlog形式大于内容,也要避免落入传统新闻报道"套路式说教"的窠臼。

(3)叙事技巧与镜头语言的运用:采用什么样的话语方式讲好故事。

找到了一个好的故事,还需要有一个好的故事形式,要充分运用叙事技巧与镜头语言,采用合适的话语方式讲好故事。

叙事技巧与镜头语言的运用,一方面能够避免传统新闻报道自说自话的单向灌输,另一方面能够增强Vlog的可看性,使故事表达更具个性化,提升新闻报道的吸引力与感染力。

在叙事结构上,重大新闻的Vlog报道基本都是采用时间顺序,通过景别、视点和运动来进行表现。除了基本的时间顺序之外,还有空间顺序、意识流顺序以及逻辑顺序等,在叙述方式上也有顺叙、倒叙、插叙、伏笔等。无论采用哪种方式,最终目的都是使散落的素材形成有机的统一整体,条理清晰、层次分明。

在叙事技巧上,Vlog新闻也可以采用故事化的手法,如悬念、冲突与矛盾等,达到引人入胜的效果。Vlog视频本身节奏就是短、平、快,要在有限的时长内传达大量的信息,用最精彩的内容开头抓住人们的眼球。因此,Vlog的第一集一定要给观众留下好印象,可以向他们展示你是谁,他们将在视频中见证什么或者能够获得的益处,以及他们应该看这个视频的确切理由。同样,也可以通过悬念或富有冲击力的画面吸引观众继续看下去。

运用镜头语言去表达故事,既要运用语言符号,也要运用非语言符号。

在Vlog视频中,语言符号除了包括Vlog记者出镜主持的基本功之外,还包括出镜表达的方式,包括叙述式表达、体验式表达与对话式表达等。叙述式表达就是要对报道背景、基本概况在开篇或转场过渡时进行简要介绍,在结尾处对报道意义进行总结或启发;体验式表达就是表达自己的体验感受;对话式表达就是以人际传播的新语态进行现场交流和对话,更具有生活感与代入感。[1]

非语言符号在Vlog视频的故事表达中也起着重要作用。它包括体态符号和语言符号的伴生符。体态符号即出镜记者的肢体语言,如手势、表情、动作等。与传统新闻的正式严肃的肢体语言不同,在讲述故事时,Vlog出镜记者要充分运用自己的面部表情、肢体动作向观众传达自己的感受与体验。语言符号的伴生符包括声音的高低、大小等,对整个视频的语言表达起着辅助作用。在不同的情境或人物关系中,再丰富的语言也难以表达深切的心理和情感,而声音元素这种"副语言"的运用可以拉近我们与受众的心理距离,例如,在Vlog新闻报道中,记者可以通过提高或压低音量来提示观众注意。[2]

另外,我们也可以通过镜头的推、拉、摇、移来设计新闻报道的转场方式、过渡环节和交代背景环境等。《两会夜归人》Vlog作品就是以多线叙事和蒙太奇的手法,以剪辑

---

[1] 郝滢.如何用vlog丰富行进式报道的出镜表达[J].新闻前哨,2021(4):36-37.
[2] 张诚.出镜记者转型Vlog创作者之策略探析[J].电视研究,2020(12):54-56.

的方式进行多场景和时空的切换,展现众多两会工作者的一天。

(4)品牌塑造:刻画媒体形象。

品牌是一个产品的无形资产,有助于人们感知产品品质,进行产品选择和消费。在市场化快速发展的今天,Vlog 新闻策划也需具备品牌意识,做好视听产品的品牌塑造与管理。

Vlog 品牌塑造有以下三个步骤。

首先,塑造 Vlogger 的在线人设。人格化是 Vlog 的重要特征之一。其实,网友关注的不仅仅是视频内容,还有博主的人设。优秀的 Vlog 往往具有鲜明的个人风格,能赢得人们的关注与认同,这种将视频产品特性与个人特性相结合的方式,既能够增强品牌的生命力,又是市场竞争的必然结果。塑造 Vlogger 的在线人设是提升 Vlog 视频影响力的重要一步。

在 Vlog 新闻策划的品牌管理中,可以打造一批名记者、名主播,以其独特的个人魅力与亲和力形成符号化的人设,强化他们在故事中的个人属性,以明星效应吸引受众青睐,在与受众的交流中,形成强关系链,从而增强受众的黏性。[1]

其次,深耕垂直领域,突破同质化的困境。Vlog 视频的门槛并不高,不论是媒体机构还是平台草根博主,只要有初步的拍摄剪辑能力,都可以尝试制作 Vlog,这也导致了 Vlog 的同质化问题十分严重——内容简单重复,有记流水账之嫌。跟风的制作、缺乏亮点的设计很容易使视频淹没在信息洪流之中。因此,要突出 Vlog 视频的个性定位,要根据自己的特长深耕垂直领域,形成差异化的竞争,保证长期稳定的优质内容输出。

新闻媒体可以延伸自身的节目定位和内容特色,如《中国日报》"解读中国万象、点评世界风云"的宗旨;澎湃新闻"专注时政与思想"的定位;九派新闻"资讯奔流,激越中国"的口号等。不同媒体在 Vlog 新闻视频的创作中往个性定位靠拢,推动内容的供给侧改革。

最后,运营粉丝社群,促进受众参与。品牌营销离不开粉丝运营。品牌的忠实粉丝是基于共同的喜好、价值观而聚集的人群。粉丝运营一方面能够形成一定的社群经济,另一方面能够利用粉丝的信息传播产生口碑效应,提升品牌的影响力。粉丝运营的关键在于促进受众参与。在 Vlog 新闻的品牌营销中,我们要注重与受众的互动与反馈,以平等、开放的语态与受众沟通,运用内容回顾、相关内容推荐、意见评论等反馈机制,打造交互式视频,增强他们的参与感,提升用户体验,同时也要增强与他们的情感联系,满足他们的情感诉求,让他们觉得自己是在与一个真实的人交流,在互动中赢得受众的认同感。

(5)平台推广:选择何种渠道。

Vlog 新闻在传播渠道的选择上十分广泛,实际上,基本上所有短视频的发布平台都可以推送 Vlog,例如自己的 App、B 站、抖音、微博、微信视频号、头条号等。因此,Vlog 新闻在平台推广上除了聚合自身的优势资源,还可以借助外部横向资源与多个终端,打通一切渠道,打造全媒体联动平台,以丰富的发布端口构建立体化的传播矩阵。

同时,不同的渠道也有不同的推送策略。例如,就微博而言,因为互联网用户的注意力持续时间通常较短,在正式 Vlog 之前可以制作一个预告片或浓缩版本,并配备简

---

[1] 成竹.Vlog 在新闻传媒领域的运用分析及展望[J].中国广播电视学刊,2021(4):32-35.

短的描述来吸引受众的注意,同时,可以充分利用标签议题设置的作用——在每条推文或简介中添加 1~2 个标签来增加 Vlog 在社交媒体上被发现的机会。标签尽可能选择与热门搜索或实时检索相关的内容。

如果在 B 站上推广你的 Vlog 新闻,你会选择怎样的推送策略?

3. Vlog 案例分析——以《小姐姐的两会初体验》《康辉的 Vlog》为例

《小姐姐的两会初体验》系列视频(见图 8-2)是中国日报社新媒体在 2019 年两会期间推出的专题系列报道。该系列报道视频被《人民日报》、新华社、央视等多家媒体转载报道。该节目创新性地使用了"时政新闻＋Vlog"的报道形式,在业界及学界受到广泛讨论,学术网站中国知网中关于"两会 Vlog""中国日报 Vlog""小姐姐的两会初体验 Vlog"的相关文章达 458 篇。系列视频在《中国日报》各新媒体平台发布后,传播量超过 3000 万次,海外传播量超过 600 万次,共收到超过 30 万次的互动评论。①

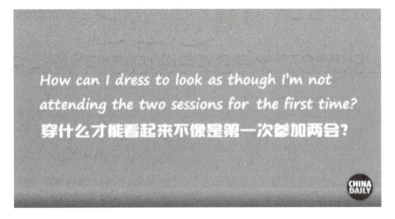

图 8-2 《小姐姐的两会初体验 01》Vlog 主题

(1)不同的主题定位。

《大国外交最前线》《武汉日记 2020》《小姐姐的两会初体验》等 Vlog 作品的定位非常精准。《大国外交最前线》侧重反映重大新闻的幕后花絮,《武汉日记 2020》聚焦为抗击疫情做出努力的平凡人,《小姐姐的两会初体验》则从生活化、平民化的视角切入两会。

在策划两会 Vlog 报道之前,《中国日报》新媒体中心就进行了头脑风暴,拍摄主题都是由记者自己提出的,主题尽量日常化、生活化,又具有真情实感,再通过集体讨论来共同确定主题。②

在构思主题的过程中,策划者进行了换位思考——"如果我是一个用户,我希望看

---

① 中国新闻奖推荐表[EB/OL].(2020-10-27). http://www.zgjx.cn/2020-10/27/c_139470498.htm.
② 胡安冉.年轻记者眼中的社交媒体:不是洪水猛兽,也没有娱乐至死[EB/OL].(2021-04-15). https://36kr.com/p/1182548679606537.

见什么样的新闻报道？我为什么会点开这个内容？我能从中获得什么可以借鉴学习的信息？"①，然后将整个报道分为五集，每集控制在六分钟以内，以第一人称"我"的视角向观众讲述了记者在两会采访前的紧张准备、采访被拒的无奈以及采访后的感想，故事气息与生活气息十分浓厚。在第一集中，小彭记者就以网友的视角在线发问"穿什么才能看起来不像是第一次参加两会"，以网友感兴趣的话题去吸引人们关注两会的"台前幕后"。

在戈夫曼的"拟剧理论"当中，前台是理想化的表演，后台则是脱下理想化的面具。人们通常看到的新闻报道是经过精心布置与正襟危坐的严肃场景，但是小彭记者的 Vlog 视频充分展现了后台个人生活与工作日常，包括采访的手忙脚乱、一路狂奔以及采访被拒之门外等突发情况，毫不掩饰地表达了自己第一次参加两会采访的激动与紧张，牵动着观看者的情绪。其生活化的语调也拉近了与年轻观众之间的距离，将观众带入其生活场景之中，在获取情感共鸣的同时，也充分满足了人们的好奇心。

五期 Vlog 的主题策划按照时间顺序，环环相扣，将个人参会的故事向人们娓娓道来，带领观众沉浸式地感受他们无法经历的体验或者从熟悉的生活中获取陌生化的体验。

(2) 话语方式的转变与叙事技巧的运用。

Vlog 使得新闻报道由严肃话语向个性化表达转变。在 Vlog 视频中，多采用第一人称视角的参与式叙事，一方面可以减少权威带来的压迫感，另一方面视觉的"在场"也可以唤起人们的"情感在场"，从而产生一种移情效果。

在《小姐姐的两会初体验》中，小彭记者贯彻 Vlog 的自拍视角，以第一人称的叙事视角对一线记者的日常生活进行了再演绎。例如，向前辈请教经验、工作小结、参观人民大会堂等，"我"视角的重叠使人们仿佛亲临两会现场，有一种与代表们面对面的交流感。在参观人民大会堂时，她运用 Vlog 流行的拍摄手法——房间导览(room tour)(见图8-3)，有着极强的代入感。她的采访初体验对于观众而言同样是充满悬念的主观体验。

另外，在小彭记者的 Vlog 后期制作中，不乏符合年轻观众审美的网络语言与表情包的使用，在不同的情境中采用不同的背景音乐元素来表达人物的丰富情感(见图8-4)。

(3) 独特人设的塑造。

在融媒体时代，新闻报道应回归"人"的属性。Vlog 的魅力就来源于独特人设的塑造，不同的媒体定位塑造的人设也不尽相同。

在《小姐姐的两会初体验》系列 Vlog 中，小彭记者自我呈现的形象是：标志性的娃娃短发造型、爽朗的开怀大笑以及标准英音，每集结尾富有哲理性的总结加之可爱的卡通转场等视频背景，这些都成了她的人格化符号。另外，她总是带着"哇"体验的惊叹去学习采访，既有晃动的镜头，也有慌乱的"NG"画面，这让我们从视频中看到的并不是遥远的、严肃的人，而是一个有个性、纯真可爱的"小姐姐"(见图8-5)。

而康辉的 Vlog 是以"邻家大哥"的形象和接地气的语态向观众展示中央电视台内

---

① 胡安冉.年轻记者眼中的社交媒体：不是洪水猛兽，也没有娱乐至死[EB/OL].(2021-04-15). https://36kr.com/p/1182548679606537.

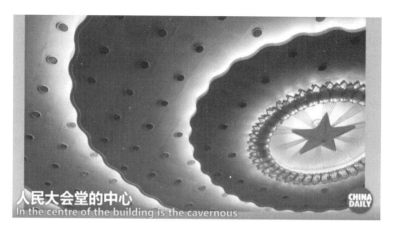

图 8-3 Vlog 中人民大会堂的导览

图 8-4 Vlog 中蹲点采访霍启刚的画面

部装潢、日常工作流程以及跟随习近平总书记的出访经历等,揭开了央视大楼的神秘面纱,充分满足了网友的好奇心。其诙谐幽默的解说以及熟练的运镜技巧则使得央视的品牌形象具化为鲜活的主播形象,打破了人们对传统媒体的刻板印象,与 Vlog 的个人化特征相吻合。主持人通过身体符号与视听语言的表达与受众形成了一种极具在场感的社会互动,从对话空间与场景空间上让受众沉浸其中,从而建立起一种亲密关系。

 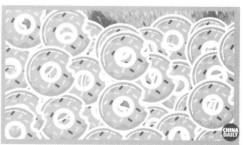

图 8-5 《小姐姐的两会初体验》Vlogger 塑造

(4)互动机制的运用与设置。

Vlog 中的生活化叙述方式在增强观众互动性方面有着天然的优势,充分运用互动机制能够使年轻受众与重大主题事件产生连接,架起传受双方沟通的桥梁,消除传统新闻报道"居庙堂之高"的距离感。

作为 Vlogger 的康辉,积极与网友互动,第一期 Vlog 结尾,提到自己携带了一件"秘密武器",等到达希腊时再揭晓,吊足了网友的胃口。虽然他不小心读错了 Vlog 的发音,有细心的网友发现并指出后,在第二期 Vlog 视频中,他立马就改了甚至调侃地问道"这次发音对了吗?"(见图 8-6)。

图 8-6 康辉纠正"Vlog"的发音

他对于热心观众也是有求必应,向他们拍摄展示了巴西外交部的建筑,也采纳了网友多用自拍杆的建议,甚至自嘲为"自拍菜鸟"。因为多次被抢镜,康辉干脆就出了个花式抢镜合集,一时间冲上微博热搜榜首,也使得网友不断催更。这些互动在提升视频声量的同时,也提升了用户的黏性。小彭记者在她的 Vlog 中也采用了同样的方式——以抽奖方式鼓励观众留言,请观众提出宝贵的建议,这些互动机制的运用有效地促进了受众参与。

康辉的 Vlog 呈现出了一个怎样的形象与人格化符号?取得了什么样的效果?

三、H5 产品策划与案例分析

在 2017 年两会期间,《人民日报》发布了 H5 产品《两会喊你加入群聊》,24 小时内点击量突破 600 万,成为 H5 新闻的代表作。

产品模拟了微信群聊与朋友圈的形态,拉近了与用户之间的距离。在入群之前需要输入密码 0305——2017 年两会日期,入群后用户不仅可以与总理、部长聊天,还可以通过点击红包进入总理、部长们的朋友圈。在朋友圈页面中,我们可以看到一些政策信息已经被"转译"成了人们通俗易懂的话,我们还可以在动图中感受国家日新月异的发展变化,体验一回当人大代表的感觉(见图 8-7)。

图 8-7 《人民日报》H5 产品《两会喊你加入群聊》

H5 产品是视听融合产品的形态之一。它指的是第五代 HTML,集合了文字、图片、音频、视频等多种要素,融视觉、听觉、触觉为一体,兼容于各大移动平台与社交媒体,具有受众阅读碎片化、传播社交化、表达个性化、沉浸式参与等特性。[①] 在新媒体浪潮之下,H5 成为时政新闻进行内容创意表达新的载体,掌握 H5 产品的制作规律对于融合视听产品的策划具有重要的实践意义。

1. H5 产品的特征

(1) 内容可视化。

相比文字,人类天生就对图像更加敏感,内容可视化就是将抽象的文字信息转化为具象的图像信息。H5 产品的可视化应用一方面可以使枯燥的新闻内容更加生动直观,抓住那些不具备从文字中处理信息能力的潜在受众,适应了处于不同社会阶层与知识水平的人们的信息需求;另一方面,在碎片化时代,受众的注意力本身就是稀缺资源,H5 产品通过可视化的形式,能够促进内容的高效表达,节约用户的时间成本,提升用户的阅读体验,使新闻信息能够更好地触达。

(2) 信息整合与优化。

互联网的网状结构与扁平化传播为我们提供了更加便捷的信息获取渠道,同时各种纷繁复杂的爆炸式增长信息也增加了人们处理信息的压力。信息的整合并不是简单的数据与文字的叠加,而是最大化地挖掘信息的价值,优化信息的资源配置。H5 产品能够通过信息的重组与优化,将关键信息提炼出来,使信息在逻辑形式上符合碎片化时代人们的阅读规律,在内容上提升新闻信息的价值与深度。

(3) 体验交互化。

视听融合产品的形式特征之一就是沉浸式交互,而 H5 产品在细节上也处处诠释着互联网产品"传受互动"的核心理念。《人民日报》的 H5 融合产品《快看呐!这是我的军装照》在推出当日的浏览次数就突破 6000 万,后两日的浏览量更是不断攀升,最终

---

① 郭芳.跨媒介叙事语境下场景设置与人物再现——以澎湃 H5 新闻《天渠:遵义老村支书黄大发 36 年引水修渠记》为例[J].新闻论坛,2019(4):49-52.

破亿,成为一款现象级的融媒体产品。它依托强大的"人脸融合"图像处理技术,用户一键上传照片,就能够自动生成属于自己的"军装照",圆了人们的军旅梦,为致敬中国人民解放军建军90周年取得了良好的宣传效果。

马克思指出,人是一切社会关系的总和。移动互联网时代,人们的社交和自我表达的需求更加强烈。好的融合视听产品自带社交属性,能够为用户累积大量"社交货币"。H5产品的交互式体验能够吸引用户主动将信息分享到朋友圈、群组,自发成为传播网络中的一环,满足他们的情感需求与表达欲望。

2.H5产品的样式

H5产品的样式主要有图文型样式、交互型样式、游戏型样式、视频型样式和代入型样式五种。[①] 我们究竟采用何种样式来策划H5产品,还需要结合传播内容的特性与自身的传播意图来考虑。

(1)图文型样式。

图文型样式H5产品是最早出现的,主要由图片与文字组成,设计简单、操作便利,最早应用于招聘广告、海报制作等领域。在新闻报道方面,图文型样式的H5产品多为长图故事型,整个H5产品的创意也融于故事的讲述,文字与图片紧密结合,不同元素多元交互,用户可以通过滑动图片页面来自主控制故事的展开,具有较强的参与感。例如,为致敬建党100周年,《人民日报》与"快手"联合出品了手绘长图H5产品《复兴大道100号》(见图8-8)。

图8-8 《人民日报》客户端+"快手"手绘长图H5产品《复兴大道100号》

(2)交互型样式。

交互型样式H5产品的创意点来源于它的交互性。它主要着眼于融媒体素材的安排与交互路径的设计以促进用户参与,其表现形式多样,如滑动、摇一摇等多种形式提示用户操作,引导用户观看。例如,2021年全国两会期间,长城新媒体推出的融媒交互型样式H5产品《时光留声机:致5年、15年后的自己》,以不同年代为节点,用户可以通过写字、录音、录像等三个按钮进行五年规划,全平台留言,甚至还可以选择一年后的时间提醒,参与感极强(见图8-9)。

交互型样式H5产品与图文型样式H5产品并非相互独立的,而是相辅相成的,长图文也可以搭配按钮、动画、音频等多元互动元素,既适应了移动端的视图比例,也提升了用户的参与感。随着技术的进步,H5产品也呈现出不一样的阅听新样式,为用户提供更加丰富的新闻感知体验。例如虚拟现实技术与H5产品相结合,360度全景呈现新闻现场,将画面场景以及声音等全方位记录于方寸之间,使用户脱离时空的限制,由旁

---

① 詹新惠.H5产品的基本样式及其在新闻领域的应用[J].新闻与写作,2017(6):75-78.

观者变为目击者,具有极强的现场感与沉浸感。AR与VR技术的应用也将成为未来H5产品发展新的探索方向。

图 8-9　长城新媒体 H5 作品《时光留声机:致 5 年、15 年后的自己》

(3)游戏型样式。

游戏型样式 H5 产品的最大特点在于它的趣味性,有常识问答、趣味测试题、通关游戏等多种形式。此类型的 H5 产品注重玩法和视觉设计,把所要传达的核心内容植到游戏过程之中,让用户在游戏体验过程中获得前所未有的成就感,在朋友圈的分享挑战中满足他们的胜负欲,例如,2022 年封面新闻推出的《两会热词限时填空大比拼》H5小游戏(见图 8-10)。

图 8-10　2022 年封面新闻《两会热词限时填空大比拼》

(4) 视频型样式。

视频型样式 H5 产品主要是将视频以不同的形式嵌于浏览页面中,视频成为 H5 产品的重要元素。例如,澎湃新闻的视频+图文 H5 产品《两会通道里的中国 2021》,以图文和短视频的形式呈现了两会部长、代表、委员等人的精彩发言(见图 8-11)。

虽然视频相较于文字、图片更为直观生动,具有较强的视听感染力,但是我们在策划视频型样式的 H5 产品时,仍需要注意以下几点。首先,网络环境影响视频的加载,H5 产品视频的高画质与流畅度难以兼容,在策划时就应考虑二者的平衡问题。其次,为保证良好的用户体验,视频型样式 H5 产品应充分尊重用户的选择权,提供跳过、快进、关闭等按钮,而不是一支视频只能从头放到尾。最后,人们大多是在碎片化时间内观看 H5 产品,如果视频过长且不具吸引力,那么用户可能会失去耐心而跳过关键内容,甚至直接关闭,因此,视频型样式 H5 产品在设计时要注意内置视频的节奏安排是否紧凑,内容长度是否合适,并综合运用多种视听元素,争取在第一时间给用户留下深刻印象。

图 8-11　澎湃新闻 H5 产品《两会通道里的中国 2021》

(5) 代入型样式。

代入型样式 H5 产品主要是通过互联网技术模拟生活场景,给用户一种身临其境的代入感。其创意点就在于生活场景的重塑,以熟悉的场景切入,如微信朋友圈、微信视频、直播间等,让用户倍感亲切。

例如,《人民日报》的《两会喊你加入群聊》就是一种代入型样式的 H5 产品,首先,用户需要密码输入才能进入,做足了神秘感。其次,高度还原微信的群聊页面,群名自动修改为"两会建言献策",总理以及各个代表委员角色可以触发人民意见的表达,可以回应公众所关心的问题,模拟真实对话。另外,用户还可以在各大领导人的朋友圈里点赞留言,给人一种"以我为主"的参与感,将严肃的新闻话题转译成与用户促膝谈心的形式,促进了主流话语的传播。

3. H5产品策划的基本步骤

在传统视听节目策划中,策划者通过市场调研找到策划切入点,进行方案设计、方案优选、测试评估,再到目标实施以及效果反馈等,其实已经形成了一套完整的运作体系。H5产品的策划同样如此,在方法和思路上与传统视听节目策划是相通的。

(1)定位:六个维度明确核心诉求。

一个好的创意是建立在周密的市场调研基础之上的,市场调研的方法有很多,但最重要的一点就是明确产品的核心诉求,这些问题关系到整个产品的顶层设计。不同的产品项目,其诉求也不同。我们可以借鉴新闻写作的六要素"5W1H"来把握项目需求。[1]

What:即传播信息是什么。

Who:即该H5产品传播的核心受众是谁。

When:即上线时间安排,策划、设计、开发时间的分配等。

Why:即为什么要制作这样一个H5选题,其传播目标是弘扬主旋律,传播品牌形象,为在线平台或专题活动引流,还是为了提升用户黏性。

Where:即用户的使用场景与产品的投放渠道。

How:即选择什么样的表现形式,如何呈现与组织内容。

总之,"5W1H"的内容策略为我们把握项目需求提供了一个检查表,我们可以通过这六个维度统筹全局,进行策划、设计、开发的协调沟通,把握产品研发的进度,实现传播目标。

(2)主题:构思创意方案。

在明确核心诉求之后,下一步就是确定报道主题,构思创意方案。一个优秀的H5产品需要所有团队的努力。开会是策划的必经之路。会议需要各部门协同推进,包括视频部、文字编辑部、设计部等,各部门人员在头脑风暴中打破已有的思维模式,通过各种元素的组合或关键词发散来提炼创意点,找到策划方向。

(3)创意执行:确定合适的H5样式与美术风格设计。

H5样式有很多,除了在前文提到的图文型样式、交互型样式、游戏型样式、视频型样式和代入型样式这五大类型,还可以将样式组合,形成新的创意样式,如"图文+交互""游戏+图文+交互"等。至于究竟哪种样式是最适合该产品的,要结合报道主题、内容特征以及团队优势来考虑。

我们可以从以下几个方面进行思考。①哪种H5样式更切合报道主题;②以前是否有相关制作经验;③技术上是否可以支持该样式;④其设计能否在规定的时间期限内完成;⑤成本问题。

在所有条件都框定后,我们就可以明确H5的基本样式。

在选择H5的美术风格时,我们需要考虑众多因素。在这个阶段,最关键的一步就是确定美术风格。美术风格与H5样式密不可分。如果我们选择代入型样式,如微信场景,我们就需要仔细研究微信朋友圈的页面及UI设计(界面设计),如手机场景,我

---

[1] A Beginner's Guide to Content Strategy for the Web:10 Things You Need to Know[EB/OL]. (2021-11-19). https://www.wordstream.com/blog/ws/2012/11/28/content-strategy.

们就需要还原手机接听来电的细节等。如果是讲述主题故事,那么美术风格很可能会倾向于插画。① 插画式 H5 产品就需要策划出分镜脚本,进行分镜头草图的设计,并考虑每个镜头的衔接转场,保证画面内容的连贯性。另外,插画的色彩及搭配元素都要符合主题调性,关于音效、配乐的选择也要综合考虑。音效、动画、视听蒙太奇等多种表象符号与主题内容相结合,能够使产品设计产生"1+1>2"的效果。

(4)技术开发:H5 产品的落地与生成。

H5 产品一般绘制逐帧动画,需提前和技术开发人员沟通实现效果,一方面,可以避免反复沟通,提升工作效率;另一方面,各种形式的融入也需要具备技术上的可行性。

H5 产品的生成主要有两种形式。一种是代码生成,HTML5 实际上是 Web 标准的超集。它集成了许多新功能,如 video、audio 和 canvas 元素,以及可缩放矢量图形(SVG)内容的集成。② 这些元素可以分成"内容块",然后前端人员用代码编辑的方式进行内容包装,将这些元素合并成 H5 网页,进行可视化的呈现。前端的技术人员也是 H5 产品的最终执行者,他们对设计效果的还原至关重要。另一种是无代码生成,就是将素材上传至第三方平台,自己编辑并发布。③ 另外,在技术开发上,要特别注重 H5 产品的交互性,包括界面的布局、易用性和反馈性,以用户为核心去提升用户体验。

(5)产品上线:数据反馈跟踪。

H5 产品上线后,策划工作并没有结束。我们需要对 H5 产品进行数据监测,从它的点击量、跳失率、转化率等数据反馈中,可以清楚地了解该产品的亮点与不足。如果条件允许,可以及时调整,再次投放测试。最后进行工作复盘,以求在下一次产品策划中提升传播效果。

4. H5 产品案例分析——以长幅互动连环画《天渠》为例

澎湃新闻的融媒体 H5 产品《天渠》刊发于 2017 年 4 月 23 日,讲述了遵义老村支书黄大发耗尽 36 年青春,带领村民修通万米水渠脱贫致富的故事。这个项目几乎集合了 H5 产品所有的展现形式,包括声音、图集、视频、VR 全景、视差、拼图等。该作品获得了第二十八届中国新闻奖融媒界面项目一等奖。《天渠》的英文报道被世界经济论坛官网转载,并被法国国家电视二台购买落地播放。

回顾它的创作之路,大致包括以下步骤。

(1)确定整体创意与画面风格。

澎湃新闻报道项目组在接到采访任务后迅速启动、调动各方资源——由副总编辑牵头,数据新闻部、视频机动部、视觉设计部、交互体验部等多方联动,通过开会确定在前方负责沟通工作的文字记者与拍摄人员,后方记者则负责整理素材。协调会议则从主题切入,围绕人物的事迹、性格和宣传点等关键词进行头脑风暴,发散思维,在多次沟通讨论中最终确定制作方向。

---

① HTML5 的十大新特性[EB/OL].(2022-02-19). https://blog.csdn.net/feiying0canglang/article/details/121943070.

② A Beginner's Guide to Content Strategy for the Web:10 Things You Need to Know.[EB/OL].(2021-11-19). https://www.wordstream.com/blog/ws/2012/11/28/content-strategy.

③ HTML5 的十大新特性[EB/OL].(2022-02-19). https://blog.csdn.net/feiying0canglang/article/details/121943070.

在 H5 产品样式上,《天渠》采用互动连环画的样式。

H5 产品的观看是一个动态的过程,是最适合移动端传播的内容载体,相比传统的人物报道,其开放性更强,赋予了用户更多的想象空间,能够让人们在参与过程中形成自己的思考与理解,从而达到一种润物细无声的传播效果。交互式插画、分镜头漫画能够生动地呈现人物、场景、细节、语言等事实材料,构建人物形象,既弥补了影像资料的不足,又能够通过交互体验激发人们的观看兴趣。

插画的创意来源于渠水"自上而下"的特性,水渠穿越悬崖峭壁,水渠所到之处,故事人物和修渠场景徐徐展开。下拉式长幅连环画、渐进式动画、360 度全景照片、图集、音频、视频、交互式体验等多种报道形式穿插其中,带领人们穿越回 1985 年,体验绝壁造渠的艰辛,感受当代的愚公精神。

在画面风格的选择上,《天渠》以黑白灰为主色调,运用场景元素搭建了一个特定的叙事空间,渲染人物形象,营造故事氛围。场景风格要根据产品完成的时间、内容体裁、故事基调来确定。①

首先,黑白画的方式能够最大限度地节约时间成本,确保每一幅画面的优质处理。其次,在动画设计中,色彩对于暗示场景叙事基调具有重要作用,大面积的色彩能够烘托场景中的氛围,为动画的情节奠定基调,将人们的感情融入画面之中,引导他们在动画中前进。② 黑白灰的色调相较于明亮色彩其实更适合纪实题材报道的表达,为黄大发带领村民脱贫致富的故事奠定稳重大气的基调。再次,色彩的对比也是一种情节上的暗示,随着故事情节而起伏变化。③ 在《天渠》中,黄大发第一次修渠失败的背影采用写实手法,以黑白色作对比,使我们更为细腻地感受到他遭遇阻碍时的情绪变化,衬托出黄大发百折不挠的精神与意志。另外,黑白灰的大面积运用使整体画面协调统一,色彩明度与纯度的变化,给人一种视觉上的层次感,大山、草木、小鸟等色彩配合金色的点缀,细节处理使整个画面更加活泼生动(见图 8-12)。

《天渠》场景设置多元化,通过图集、音频、视频、360 航拍等元素的集合,再现天渠周边环境,动画场景元素与自然景观元素相结合,呈现了当时的故事背景,使人们身临其境地体会到当时修渠的艰辛。

(2)整理文字素材与图像素材。

新闻的本源是事实,H5 新闻产品同样要遵循这一基本原则,所有策划与创意设计要基于记者的第一手素材,包括与新闻事实相关的文字、视频、音频等。

在开启项目会议后,澎湃新闻先后派了五名记者到遵义,对黄大发修渠的故事进行全面深入的采访和拍摄,获取了鲜活的第一手素材,后方多部门根据自身技术特点和擅长的领域,全力开展相关资料的梳理和分析,其间通过微信群远程开了多次报道协调

---

① 挖掘人物 讲好故事——澎湃 H5《天渠》的创新探索[EB/OL].(2019-05-21).http://www.cac.gov.cn/2019-05/21/c_1124523289.htm.

② 贾亦男.色彩在动画场景中的作用——探究动画语言中的色彩叙事[J].艺术研究,2011(2):154-155.

③ 贾亦男.色彩在动画场景中的作用——探究动画语言中的色彩叙事[J].艺术研究,2011(2):154-155.

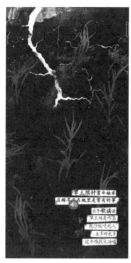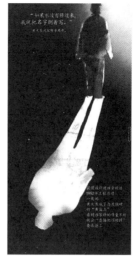

图 8-12 《天渠》画面

会,以确定用哪些前方的采访素材和用什么样的话语方式来推进故事。① 文字素材的整理是根据总编提出的大纲提炼核心信息,重新编排核对,再经过审核后确定;图像素材的整理一方面来源于前方记者,另一方面参考网络资料,通过总结黄大发的身型与面部特征,从细节上全面还原真实的人物形象,使得一个慈祥瘦弱、淳朴憨厚的农民形象跃然纸上(见图 8-13)。

图 8-13 《天渠》中黄大发的形象

(3)设计分镜头脚本。

在分镜头脚本的设计上,项目组要确保 H5 产品的篇幅既不太长也不太短,每一页故事和每一个细节都是经过深思熟虑的。篇幅过长,用户很难有耐心也没有时间全部

---

① 黄杨,李媛.典型人物报道的融媒体探索——以澎湃新闻"天渠"报道为例[J].青年记者,2018(34):42-44.

看完；篇幅过短，则无法呈现出一个饱满的人物形象。只有在有限的篇幅里，合理安排故事情节，才能以最精彩的内容抓住用户的眼球。因此，《天渠》的分镜头脚本设计以前方记者的采访素材、以往报道，加上一些村民的意见为中心素材，围绕人物角色设计故事主线与情节，通过艺术化的加工，最终划定七个主题章节来讲述故事，每个章节大概两页，讲述一个主题。①

该产品以"渠水"为核心，采用递进的叙事策略，以戏剧元素与价值元素相结合的方式来讲述人物故事。故事以现实场景开篇，衔接插画画面，以当地的大旱歌谣为引子，从开始修建到第一次修渠失败、征求意见受阻，再到自己学习水利知识、克服各种艰难，最后主渠修通。整个故事脉络清晰、层次分明，贯穿黄大发在修渠过程中的矛盾冲突以及情感变化的经历，营造了一种紧张的节奏感与代入感。故事结束后，画面插入今天的团结村与大发渠拍摄视频，借后人之口讲述黄大发的贡献，同样以歌谣为结尾，实现了历史与现实的传承（见图 8-14）。

结尾引用黄大发的话——"为了水，我愿拿命来换。沟没有修好，不好说自己是共产党人，只有埋头苦干，把家乡建设好我才放心。"其不忘初心、坚韧不拔、无私为公的党员精神深深打动了受众，引发人们的情感共鸣，同时使整个作品的核心价值得到升华。

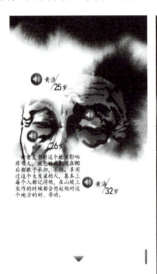

图 8-14 《天渠》的叙事策略

（4）技术开发与交互设计。

在完成初步的脚本设计之后，要与 H5 产品制作人员沟通，确保一切设计可以实现。澎湃新闻的《天渠》产品，由于制作时间紧张，前方的采访、拍摄与后方的绘制与编程同时进行，每一幅画面绘制完成后马上交给技术人员去开发，最终合并在一起。

另外，《天渠》并不是单一的 H5 产品形式，而是融合了 360 度全景与视频、音频、交互设计等多种形式组合使传播效果最大化。②

---

① 挖掘人物 讲好故事——澎湃 H5《天渠》的创新探索［EB/OL］.(2019-05-21). http://www.cac.gov.cn/2019-05/21/c_1124523289.htm.

② 李蝶.澎湃新闻的互联网创新：打造优质内容的传播平台［J］.新闻论坛,2019(5):24-27.

用户扫描二维码后,映入眼帘的是一幅极具冲击力的航拍画面,展现了村民行走于万米悬崖绝壁的震撼场景,随着手指的下滑,当地歌谣、山洪声、炸药声、坍塌声、鸟鸣声等这些环境声音元素,以小喇叭的按钮形式嵌入水渠两旁,通过点击按钮,用户仿佛亲临历史现场体会修渠的艰难(见图 8-15)。

紧接着出现了一个查看图形界面引导用户点击,利用 VR 全景技术呈现绝壁"擦耳岩"的全貌,打破了时空的限制,让用户以第一视角体会艰险的环境,所有现场信息赋予观众直观的感官体验,从而使其产生一种沉浸、交互、想象的感觉(见图 8-16)。

在讲述年轻一代传承"大发精神"时,《天渠》以多元视角呈现,插入了 4 名 80 后和 90 后的口述音频,旁观者的讲述使整个新闻报道更加真实客观,具有说服力。

整个产品交互流程遵循线性的原则,架构清晰,一气呵成,多种交互设计一步步引导用户观看到作品的最后页面,提高了作品浏览率与传播率。

图 8-15 《天渠》开篇画面　　　　图 8-16 《天渠》中 VR 全景技术的运用

(5)审稿发布。

整个 H5 产品基本完成后,需要交给总监审核,保证新闻来源真实、新闻事实要素准确,并且符合正确的价值导向,符合国家新闻出版和广播电视节目播出的有关技术规范,同时在一些错别字与画面的删减上做出调整优化。

四、慢直播策划与案例分析

慢直播相较于快直播而言,是一种新的直播形式,在直播中,不需要主持人或者主播的讲解,也不需要任何包装编辑与音乐干扰,画面全程同步播放实时场景。

慢直播的理念最早可追溯至 1963 年,美国艺术家和全能怪人安迪·沃霍尔拍摄了一部电影《沉睡》,这部电影完全没有紧张感,没有人物,也没有情节发展,只专注于诗人约翰·乔诺5小时20分钟安稳的睡觉过程。①

2009年,挪威广播公司(NRK)在庆祝挪威卑尔根线(一条横跨全国300多英里的风景铁路)100周年时,制作了一个长达7个小时的大规模广播节目"Bergen Line: Minute by Minute",被称为"标志性的慢电视节目"。该节目通过电视直播跟踪这条具有里程碑意义的铁路,从卑尔根出发,到达近300英里外的挪威首都奥斯陆,还对历史学家和乘客进行了采访,并播放了列车通过黑暗隧道时的档案剪辑。在开播的5小时内,挪威超1/5的人口观看了这场直播(见图8-17)。

图8-17 2009年挪威广播公司(NRK)铁路慢直播

除了挪威,BBC第四频道也开始了慢直播的尝试,如"BBC Four Goes Slow"系列、河道游船、英国传统的手工艺制作的慢直播。

在国内,也有不少媒体开启了慢直播的试水。

例如:央视网与成都大熊猫繁育研究基地合作推出了iPanda熊猫频道;《人民日报》联合直播地球App推出了"极昼来了"慢直播,让人24小时"云赏"北极风光;中央广播电视总台央视频5G新媒体平台联合中国电信推出"珠峰十二时辰"系列慢直播,网友足不出户便可欣赏珠穆朗玛峰壮美全景;九头鸟App推出了长江之眼汛期慢直播,成为群众在线关注武汉汛期与船舶运行的窗口;中国青年报社与北京新媒体集团推出了一场时长100个小时的中欧班列慢直播,展现了"一带一路"沿线的风情;人民日报社新媒体中心首创AI移动慢直播,报道武汉东湖樱花等。

BBC第四频道总监哈瑞森曾指出:"毫无修饰叙事中的未知部分永远抓着观众的心。"融媒体时代,慢直播凭借直播内容的自我阐释、形式上的客观真实以及陪伴感等特征,成为视听产品矩阵中的一种新形态。②

---

① Slow TV is a Leisurely Entertainment Remedy for Modern Madness[EB/OL]. (2017-10-23). https://www.themanual.com/culture/best-slow-tv-shows-movies/.

② 李庆豪. 基于接受美学视角的"慢直播"研究——以"央视频"直播武汉火神山、雷神山医院建设为例[J]. 中国广播,2020(6):52-55.

 思 考

> 慢直播是如何产生的？为什么会出现慢直播？

1. 慢直播的功能

(1)形成集体记忆。

集体记忆由法国社会学家哈布瓦赫在《记忆的社会性结构》一文中首次提出，他认为集体记忆是"一个特定社会群体之成员共享往事的过程和结果，保证集体记忆传承的条件是社会交往及群体意识需要提取该记忆的延续性"[①]。集体记忆是塑造社会认同的重要力量，在当代社会，媒介在集体记忆的保存、传播中扮演了核心角色。[②]

慢直播应用于重大公共事件的报道，能够引起全社会的高度关注与情感共鸣。在特定的时间与空间里，它所呈现的故事内涵逐渐成为一种抽象符号，与原生态的视频画面及真实场景等具象符号相结合，最终成为集体记忆，为不同个体所共享。

(2)参与式互动构建想象的共同体。

评论或弹幕文本呈现了互联网对受众的赋权，人们可以在评论区分享共同的情感经历与文化想象，这也是一种"准社会交往"，孤立的个体在互动中构建想象的共同体。慢直播的评论区或弹幕区为受众的互动参与提供了一个表达的平台，同样具有社交的功能。

不同的个体在慢直播的网络空间中凝聚成为有相同爱好的群体，构建了一个超现实、沉浸式的场景。人们可以娱乐化的方式构建群体认同，例如为直播中的物体或人物取昵称，或者通过评论表达自己的支持等。人们在慢直播的互动参与中进行意义的再生产，在意义的再生产中构建集体认同。

(3)慢节奏作为释放情绪的"解压阀"。

现代社会节奏加快，各种信息如洪流一般将人的注意力淹没，给人带来巨大的压力。

慢直播之所以行得通，是因为它与我们忙碌的生活形成了鲜明的对比。这是一个让人放慢节奏享受生活的机会。昔日那种单调乏味的生活，如今已成为现代潮流的一剂"舒缓清新剂"。它就如同看得见的白噪音一样，节奏舒缓，画面简单。例如，挪威电视台在电视上举办的"全国篝火之夜"，既没有主播的解说，也没有紧张的剧情，只有噼里啪啦的柴火声，受众全程跟着自己的节奏在走，观看者什么都不用做，只需要放空自我，尽情享受。

生活、旅游等休闲场景的慢直播起着一种释放情绪的"解压阀"作用，帮助人们在紧张的现代生活中找到一块小憩的精神家园。

(4)在线围观创造舆论监督的新模式。

慢直播为舆论监督提供了一种新模式。人们可以利用直播平台在线聚集，对真实

---

① 夏德元,刘博."流动的现代性"与"液态的记忆"——短视频在新时代集体记忆建构中的特殊作用[J].当代传播,2020(5):38-42+53.
② 周海燕.媒介与集体记忆研究:检讨与反思[J].新闻与传播研究,2014(9):39-50+126-127.

的监督客体进行集体围观,从而形成了一种强大的公共舆论场。① "传播的技术革命正在促成一种新的社会结构——"共景监狱",它是众人对个体展开的凝视和控制。"② 慢直播就提供了这样一种"共景监狱"的形式,全景式镜头,无主持人的介入,无剪辑包装,实时实景化客观呈现,给予观看者充分的监督自主权,也使得监督更加透明化。因此,慢直播对于开展网络民主监督、民主决策、民主参政有着潜在意义。

2. 慢直播策划步骤与内容

(1)直播题材的选择。

慢直播策划的重中之重在于直播题材的选择。慢直播有两种类型,一种是新闻类的慢直播,另一种是监控类的慢直播。

新闻类的慢直播要以具有新闻价值的事件作为策划题材。例如台风前后的时间段,通过固定的摄像设备进行直播,让观众体验台风登陆的惊险,或者直播一些具有特殊时代意义的事件等。③ 这些题材都可以在一个相对短的时间内吸引人们的关注。

监控类的慢直播则是对常规视频的一种补充,注重人们对长时间的关注与随时可看到的需求,常应用于一些特殊区域的监控角度,例如热门景点、地标建筑等。这类直播将镜头搬到幕后,如大型演出的后台,聚集精彩的画面,满足观众的窥探欲。

(2)现场勘探与场景机位的设置。

在确定慢直播题材后,要进行现场勘查,确定场景机位设置的可行性。慢直播可以分为单场景多机位和多场景多机位两种。单场景多机位就是围绕一个主要场景,采用不同的角度以及不同的机位去记录某一变化或风景。多场景多机位就是在不同场景不同机位呈现一系列的活动,可以应用于系列活动现场直播、重大事件跟踪报道直播等。

(3)技术设备的支持。

慢直播的"慢"突出表现在时长方面,对于应用场景和应用技术的要求较高。一是要保证视频在长时间内稳定的高清晰度和流畅度,可能是几天、几周甚至更久;二是需要良好的移动通信技术、网络传输技术;三是需要便利的移动接入端口,方便受众观看。④ 同时,还需要开发服务端系统,并实现相应功能。

视听新技术的应用为慢直播带来了更大的发展空间,例如5G技术的高速率可以保证超高清视频、全息影像等大流量数据传输的稳定性与流畅性,而5G与云计算的结合可以将内容上传至云端处理,提升了储存的效率,另外配合VR/AR技术,还能给受众带来沉浸式的观看体验。

总之,慢直播通过技术赋能,能以超高清视频画面、虚拟现实的交互设计以及立体空间的多角度呈现,为受众打造丰富的视听盛宴。⑤

(4)受众互动与解码平台的搭建。

慢直播不仅为人们参与新闻事件提供了新鲜的视角、在场的陪伴感,也为人们提供

---

① 刘国元,徐凤琴.一种新的舆论监督模式:"云监工"——基于武汉火神山、雷神山医院建设的慢直播研究[J].前沿,2020(2):86-93.
② 喻国明.媒体变革:从"全景监狱"到"共景监狱"[J].人民论坛,2009(15):21.
③ 吴越旻.浅谈"慢直播"在新闻事件中的传播优势和发展前景[J].传媒评论,2020(11):91-92.
④ 郑玄.从"慢直播"看中国视听媒体融合发展的业态创新[J].现代视听,2021(4):27-31.
⑤ 卢迪,邱子欣.新闻"移动化"与直播"常态化":5G技术推动新闻与直播深度融合[J].现代传播(中国传媒大学学报),2020(4):6-10.

了一个交流互动的平台。

观众通过评论区的弹幕留言以及社交平台上关于直播主题的讨论,可以与陌生人进行互动连接,分享自己的经历与情感体验。另外,慢直播的无剪辑与无加工也是一种留白,赋予人们更大的创作空间——人们可以猜想剧情走向,拼贴某些元素与其他文化符号,进行文本的再创作,以自身视角赋予物体以符号意义,再用符号来表达自己的感情,并在这一观看参与行为中,形成群体的身份认同。

（5）商业化运营。

加快媒体的深度融合要充分发挥市场机制的作用。作为一种新的直播生态,慢直播是融合视听产品布局的重要一环,可以通过发挥广电优势和当地资源特色优势,进行商业化运营,发挥长尾效应,提升产品的知名度与影响力。

例如,媒体可以对各地著名景点进行实时慢直播,建设具有特色的直播板块,形成差异化的竞争。同时,媒体还可以与各地的旅游部门合作,用慢直播促进旅游项目的推介,打造城市旅游名片,以线上感受渠道带动线下游玩体验,推进"媒体＋旅游"的深度合作,降低项目成本,同时增强媒体自身的造血能力。在商业区或者民宿,同样可采用慢直播的形式开展商业合作,展现地域特色。另外,媒体也可以借助慢直播打造农村电商信息化服务平台,如慢直播"云养殖"进行农产品带货,助推乡村振兴,提升经济效益与社会效益。

> **思 考**
>
> 慢直播还可以产生哪些新的商业模式？

3. 慢直播案例分析——以《疫情 24 小时》为例

2020 年 1 月 27 日晚,央视频与中国电信合作,对火神山医院和雷神山医院建造过程进行慢直播,24 小时不间断地呈现施工现场的实时画面。观看人数呈指数级增长,到 2 月 4 日,观看人数突破 1 亿,同时在线观看人数峰值超 8500 万,一时引发国内外舆论场的高度关注。2021 年 6 月,《疫情 24 小时》荣获第三十一届中国新闻奖媒体融合奖（见图 8-18）。

> **思 考**
>
> 央视频的《疫情 24 小时》慢直播为什么观看人数多？

（1）题材选择：兼顾新闻价值与情感需求。

慢直播题材的选择要以事件的价值为导向,也要以公众的需求为导向。

现代社会是一个风险社会,信息的不确定性大幅增加,而新闻媒体在人们的风险感知、风险预警中发挥着重要作用。新冠肺炎疫情是 2020 年的重大公共卫生事件,疫情的动态以及应对措施时刻牵动着亿万人民的心。雷神山医院、火神山医院的建造从新闻价值上来说具有时新性、重要性、接近性、显著性,是在特殊历史时期的特殊事件,该

图 8-18　央视频《疫情 24 小时》慢直播

题材对于慢直播式报道是可遇不可求的。《疫情 24 小时》通过直播医院工地建设情况，向公众解答了如何在十天时间内建造出两座医院，怎么建造这两座医院的问题，充分展示了医院的建设者、建设设施和建设场景，满足了公众对于自身参与感的需求。

另外，疫情早期信息的不确定性与复杂性可能会使网络负面舆论不断发酵，慢直播以客观真实的叙事画面充分满足了受众的知情权，以"云监工"的方式促进信息公开，体现了"中国速度"，同时，它也赋予了受众监督的权利。另外，受疫情影响的人们会产生一种紧张焦虑的情绪，而《疫情 24 小时》能够发挥"减压阀"的作用，让受众获得一种替代性满足。① 慢直播体现了特殊时期新闻媒体"瞭望哨"的社会功能，一方面有助于社会的协同治理，另一方面能够提升媒体的社会影响力与公信力。

(2) 现场建设与技术支撑：高质量的直播呈现。

在题材与方案设计初具雏形后，再确定施工现场的可行性，选择合适的设备型号，规划好直播线路，同时以技术为支撑保证直播的稳定流畅。

2020 年 1 月 26 日，在正式开启慢直播之前，央视频开始与武汉参与火神山医院、雷神山医院承建工作的企业对接，并与中国电信合作，由其工作人员建设现场，对接设备供应商，选取设备与拍摄角度。在这个过程中，由于疫情交通管制措施，央视频与武汉电信协商，紧急安排工作人员进行布放光缆通信通道、基站安装、设备架设等工作，优化直播设备与通信线路。

为了保证直播画面的稳定流畅，央视频采用"5G+CPE"技术和中国电信网络专

---

① 张文娟.疫情之下，慢直播何以成为"爆款"——以央视频火神山、雷神山慢直播为例[J].青年记者，2020(14):8-9.

线,进行高分辨率高清传输,同时运用远景与近景相结合的镜头叙事。① 远景交代了雷神山、火神山医院建造的整个环境背景,覆盖了整个工地与周边景象,给人震撼宏大之感,而近景表现了工地建设的细节等,为枯燥的直播画面注入新的活力。用户既可以在客户端的小屏在线交流,也可以将直播画面进行大屏投射。同时,央视频还启用多层级系统设计方案,采用"公有云+专有云+私有云"的三级云架构。即使直播间进入人数暴增,也能保障系统的高效运转。②

此外,央视频在四路慢直播中,还增加了两路 VR 直播,一路是建设医院全过程的全景呈现,另一路是机场抗疫物资运送的全景直播。③

用户无须借助可穿戴设备,通过手指触屏转动手机,就可以 360 度全景观看施工现场。而且,在此次直播的全景拍摄上,央视频采用了 8K 分辨率的全景摄像机进行画面动态实时采集拼接并编码输出,将多镜头拍摄的画面进行亮度色彩调整、对齐、畸变矫正、投影到球面后最终形成完整的一帧画面。④ 多种技术的应用为慢直播提供了高质量的画面呈现。

(3)参与式互动:形成强有力的"同屏共振"。

慢直播中的参与式互动在提升其传播力、影响力等方面发挥着重要作用。慢直播本身的高关注度就创造了一个沉浸式的参与场景,在虚拟的围观中将孤立的个体编织成"想象的共同体",受众在第二文本的创作中使其产生新的意义。

央视频《疫情 24 小时》直播页面不仅有实时评论区、疫情数据、同程查询、疫情寻人等多个板块,还设置了点亮爱心、制作头像、分享等交互按钮,既满足了人们的信息需求,又构建了一个互动仪式场景,为参与者提供了交流的平台。

作为一种开放性、景观式的影像呈现,慢直播是对新闻事件第一文本的忠实记录,没有情节设计,没有叙事语言的二次包装,制作者只是提供了一个观看的窗口。观众在凝视中可以自由发挥想象力,进行第二文本的创作。在火神山、雷神山医院建设慢直播中,画面内容本身并不产生意义,相反,是网友在直播细节的观察与交流中产生新的意义——"窃窃私语的呕泥酱"(水泥车)、"蓝忘机"(小型蓝色挖掘机)、"叉酱"(小型叉车)等。网友们对直播内容的"解码"与"再编码"赋予了慢直播新的传播价值。⑤

另外,央视频积极回应网友们的要求,主动设置议题。例如,在直播页面设置"助力榜",邀请网友为"挖掘机天团"打榜,对"叉酱""蓝忘机"的驾驶员进行采访报道,跟进报道观众关注的建设工人之间的矛盾冲突等,促进了官方舆论场与民间舆论场之间的友好互动,在社交媒体上形成"同屏共振"。

---

① 是什么云支撑了 1 亿人"云监工"?"摄政王"背后原来这么多故事[EB/OL].(2020-02-08). https://baijiahao.baidu.com/s?id=1657954004840457797&wfr=spider&for=pc.
② 是什么云支撑了 1 亿人"云监工"?"摄政王"背后原来这么多故事[EB/OL].(2020-02-08). https://baijiahao.baidu.com/s?id=1657954004840457797&wfr=spider&for=pc.
③ 是什么云支撑了 1 亿人"云监工"?"摄政王"背后原来这么多故事[EB/OL].(2020-02-08). https://baijiahao.baidu.com/s?id=1657954004840457797&wfr=spider&for=pc.
④ 是什么云支撑了 1 亿人"云监工"?"摄政王"背后原来这么多故事[EB/OL].(2020-02-08). https://baijiahao.baidu.com/s?id=1657954004840457797&wfr=spider&for=pc.
⑤ 李庆豪.基于接受美学视角的"慢直播"研究——以"央视频"直播武汉火神山、雷神山医院建设为例[J].中国广播,2020(6):52-55.

(4)价值衍生:发挥长尾效应。

慢直播也可提供实时信源或者作为媒体进行信息内容采集的手段,进行价值上的延伸。例如,慢直播作品可以延伸出一系列的短视频,发挥其长尾价值。①

例如,央视频从慢直播的珍贵影像出发,延伸出短视频作品《慢直播与疫情赛跑的中国速度——见证火神山、雷神山崛起》。

该短视频以不同时间节点的"云监工"人数统计、医院施工现场的"变速"呈现、网友评论的词云分析以及被网友赋予拟人化称呼的挖掘机等回顾了在新冠肺炎疫情之下的中国速度,体现了中国抗击疫情的决心与信心。见证医院建造的这个网络行为,也激发了公众对于中华民族共同体的身份认同与情感共鸣。

中央广播电视总台也在国外多语种多平台推送了慢直播链接以及播发综述、评论等方式。截至2020年1月31日上午9时,"与疫情赛跑"慢直播被FOX、BBC、CNN等45个国家和地区的495家电视台(频道)选用,累计播出1191次,播出总时长3小时35分53秒,不仅展现了中国速度,也生动讲述了中国人民的抗疫故事,从侧面塑造了一个信息公开透明、负责任的大国形象,从而将慢直播作品的价值最大化。

 讨 论

> 1.融合视听产品是节目还是栏目?
> 2.融合视听产品还有哪些种类?

---

① 知乎.解读"慢直播"的价值新定义[EB/OL].(2020-06-02). https://zhuanlan.zhihu.com/p/145328082

后记
POSTSCRIPT

  本书写作成稿花了两年时间,但却是二十多年实践经验和理论探讨的一个阶段性积累。感谢武汉大学新闻学院强月新教授的授课邀请,恰好是这个契机让我动了将从业经验和理论探索汇集成书的念头。感谢我的博士导师石长顺教授,他严谨认真的态度给我了极大的启发和鞭策。感谢中南财经政法大学新闻与文化学院,以及部校共建项目给予的大力资助。本书很多图片来自节目截图和节目组宣推图文,在此向相关节目及制作人员表示感谢。感谢华中科技大学出版社策划编辑杨玲和责任编辑林珍珍的鼓励督促和细心校对。最后特别感谢中央高校教改项目"融合传播人才培养模式创新"团队的老师和研究生,是他们的积极参与,让本书得以最终完成。

  本书由石永军进行总体框架设计、统筹和审定。中央高校教改项目"融合传播人才培养模式创新"团队的老师和研究生参与了本书的编写。具体分工如下。

第一章:石永军;

第二章:石永军、万子微;

第三章:石永军、杨昇、杨帆;

第四章:徐锐、李文慧、张汇源;

第五章:石永军;

第六章:黄进、刘元、杨昇;

第七章:石永军、罗扬、张馨;

第八章:张雯、罗扬。

  王大丽负责全书的文字修订,杨昇、张煜晨负责视听节目音视频资料的搜集和整理。

2022 年 6 月 18 日于武汉

与本书配套的二维码资源使用说明

  本书部分课程及与纸质教材配套数字资源以二维码链接的形式呈现。利用手机微信扫码成功后提示微信登录，授权后进入注册页面，填写注册信息。按照提示输入手机号码，点击获取手机验证码，稍等片刻收到4位数的验证码短信，在提示位置输入验证码成功，再设置密码，选择相应专业，点击"立即注册"，注册成功。（若手机已经注册，则在"注册"页面底部选择"已有账号？立即注册"，进入"账号绑定"页面，直接输入手机号和密码登录。）接着提示输入学习码，需刮开教材封面防伪涂层，输入13位学习码（正版图书拥有的一次性使用学习码），输入正确后提示绑定成功，即可查看二维码数字资源。手机第一次登录查看资源成功以后，再次使用二维码资源时，只需在微信端扫码即可登录进入查看。

引用作品的版权声明

为了方便学校教师教授和学生学习优秀案例，促进知识传播，本书选用了一些知名网站、公司企业和个人的原创案例作为配套数字资源。这些选用的作为数字资源的案例部分已经标注出处，部分根据网上或图书资料资源信息重新改写而成。基于对这些内容所有者权利的尊重，特在此声明：本案例资源中涉及的版权、著作权等权益，均属于原作品版权人、著作权人。在此，本书作者衷心感谢所有原始作品的相关版权权益人及所属公司对高等教育事业的大力支持！